交通地下工程风险管理

吴　波　蒙国往　吴承霞　李栋伟　王振华　编著

人民交通出版社股份有限公司

北　京

内 容 提 要

本书结合交通地下工程风险管理规范指南及案例，详细介绍了交通地下工程安全风险管理的相关理论、方法和实践应用。全书共分6章。第1章介绍了交通地下工程风险管理概况；第2章介绍了风险管理内容；第3章介绍了城市轨道交通地下工程风险管理；第4章介绍了铁路交通地下工程风险管理；第5章介绍了公路交通地下工程风险管理；第6章介绍交通地下工程风险管理发展趋势。

本书可作为高等院校地下工程及相关专业师生参考用书，也可供从事地下空间工程设计、施工、管理和研究的人员参考。

图书在版编目(CIP)数据

交通地下工程风险管理/吴波等编著. —北京：人民交通出版社股份有限公司，2021.3

ISBN 978-7-114-17085-0

Ⅰ. ①交… Ⅱ. ①吴… Ⅲ. ①交通工程—地下工程—风险管理 Ⅳ. ①U491

中国版本图书馆 CIP 数据核字(2021)第 029472 号

书　　名： 交通地下工程风险管理
著 作 者： 吴　波　蒙国往　吴承霞　李栋伟　王振华
责任编辑： 张一梅
责任校对： 孙国靖　魏佳宁
责任印制： 张　凯
出版发行： 人民交通出版社股份有限公司
地　　址： (100011)北京市朝阳区安定门外外馆斜街3号
网　　址： http://www.ccpcl.com.cn
销售电话： (010)59757973
总 经 销： 人民交通出版社股份有限公司发行部
经　　销： 各地新华书店
印　　刷： 北京交通印务有限公司
开　　本： 787×1092　1/16
印　　张： 15.75
字　　数： 369千
版　　次： 2021年3月　第1版
印　　次： 2021年3月　第1次印刷
书　　号： ISBN 978-7-114-17085-0
定　　价： 80.00元
(有印刷、装订质量问题的图书由本公司负责调换)

前言 Preface

安全是人类最重要和最基本的需求，安全生产是社会文明和进步的重要标志，是经济社会发展的综合反映，是企业生存、发展的基本要求。

在交通地下工程建造过程中，如何充分整合、利用所具有资源，减少和控制施工危害、降低风险事故，已成为交通地下工程中必须解决的难题。交通地下工程风险管理针对施工风险事故，通过预测、评估、控制、应急等环节，减少事故发生及其损失，以保护作业人员健康与人民财产安全。

尽管交通地下工程施工安全风险管理的重要性和紧迫性日益为大家所认识，该领域的理论研究也成为当前热点，但广大工程科技人员在实践应用中仍感难以入手，迫切需要一本理论和实际紧密结合、有助于系统掌握理论体系、方便实际应用的书籍。

鉴于此，作者以现行风险管理规范指南和工程实践应用案例作为本书的出发点，在广泛吸收国内外相关研究成果基础上，紧密结合交通地下工程特点、规范以及具体工程实例，对交通地下工程施工安全风险管理技术体系进行了系统梳理和深入研究，具有较强的实用性和指导性。

全书共分 6 章内容，第 1 章主要介绍了交通地下工程风险管理发展概况及存在的一些问题；第 2 章主要论述了交通地下工程风险管理的常用评估方法；第 3 章～第 5 章主要从城市轨道交通、铁路交通以及公路交通三方面论述了交通地下工程风险管理流程以及在案例中的应用；第 6 章主要介绍了交通地下工程风险管理发展趋势。

本书主要由东华理工大学吴波教授，广西大学蒙国往博士，广州城建职业学院吴承霞教授，东华理工大学李栋伟教授、王振华老师编著而成。宁波轨道交通集团何山和石雷教授级高工、东华理工大学刘聪和李扬波博士、宁波工程学院陈立平博士和赵勇博老师也参与了部分章节的编著。此外，吴波教授负责总体策划，蒙国往博士负责全文修改，研究生黄劲松、刘家粱、李锦、张子仪、刘娉婷、李想、吴昱芳、丘伟兴、叶扬春、徐世祥、黄惟、孙文涛、吴兵兵、郭方雨、蔡琦、朱林萍、朱若男等参与了本书相关章节内容的整理录入和编撰辅助工作。在此谨向为本书付出过辛勤劳动的各位作者和参与者表示衷心感谢。

本书出版得到国家自然科学基金项目（51678164、51478118、42061011、41977236、41672278）、广东省高等职业院校珠江学者岗位计划资助项目（2019）、浙江省土木工程工业化建造工程技术研究中心、广西科技项目（2018GXNSFDA138009、桂科 AD18126011）、新疆兵团科技计划项目（2020AB003）、江西省高等学校教学改革研究课题（JXJG-20-6-1、JXJG-20-6-16、

JXJG-20-6-33、JXJG-20-6-17、JXJG-20-6-27）、江西省自然科学基金（20192ACBL20002）、东华理工大学核资源与环境国家重点实验室、江西省地质环境与地下空间工程研究中心等的资助支持，在此一并表示感谢。

交通地下工程风险管理是一门发展迅速的交叉综合性学科，涉及领域非常广泛，理论和方法体系以及实践应用还在不断研究和探索中，虽然作者在系统性、整体性、前瞻性和实用性等方面付出了极大的努力，但由于水平和实践有限，书中疏漏与不足之处在所难免，恳请读者批评指正。

作　者

2020 年 9 月

目录 Contents

名 词 术 语

(1)风险 risk

在工程设计和施工期间发生人员伤亡、环境破坏、财产损失、工程经济损失、工期延误等潜在的不利事件的概率和后果的集合。

(2)风险事件 hazard

工程中发生的人员伤亡、环境破坏、财产损失、工程经济损失、工期延误等偶然性事件，也称风险事故。

(3)风险因素 hazard factor

导致风险事件发生的潜在原因，是促使风险事件发生概率和(或)损失幅度增加的因素。

(4)损失 loss

非预期的不利后果，包括人员伤亡、环境破坏、财产损失、工程经济损失、工期延误等直接或间接损失。

(5)风险识别 risk identification

对存在于工程项目中的风险因素(事件)进行确认和分类。

(6)风险估计 risk estimation

对工程中各种风险发生的可能性及不利后果进行估算。

(7)风险分析 risk analysis

对风险进行识别和估计。

(8)风险评价 risk evaluation

对风险因素和风险事件进行分析和等级评定。

(9)风险评估 risk assessment

对风险进行识别、估计和评价，是辨识其不确定性及评价其影响程度的过程。

(10)风险处理 risk treatment

对风险因素进行处置和应对，其内容包括风险接受、风险减轻、风险转移和风险规避。

(11)风险监测 risk monitoring

风险管理过程中，对风险进行的全过程的监测，包括对运营线路以及周边环境对象的安全状态、变化特征及其发展趋势的信息。

(12)风险控制 risk control

对风险进行处理、监测、预警等。

(13)风险管理 risk management

参与工程建设的各方通过风险分析、风险估计、风险评价、风险处理和风险监测，以求减少风险的影响，以较低、合理的成本获得最大安全保障的管理行为。

(14)风险接受准则 risk acceptance criteria

工程参与各方及第三方可接受或可容忍的最大风险，采用定性或定量的等级指标描述。

(15)风险指标体系 risk index system

按照风险产生的根源或类别等建立的体现风险因素与事件分类及层次关系的树状或层状结构。

(16)初始风险 initial risk

工程建设各阶段未采取风险处理措施前就已存在的风险。

(17)残留风险 residual risk

对初始风险采取处理措施后自留或转移到下一阶段的风险。

(18)风险登记 risk register

对识别的风险进行记录,包括风险处理的详细描述。

(19)第三方 third party

不直接参与工程设计和施工,但受到工程活动影响的相关个人、群体及其设施。

第1章　交通地下工程风险管理概况

1.1　风险管理发展概况

1.1.1　风险管理发展起源

18世纪,法国著名的“经营管理之父”法约尔,第一次把风险管理列为企业管理的重要职能。风险管理从20世纪30年代开始萌芽,美国是最先开始进行风险管理理论与实践研究的国家。第一次世界大战以后,美国开始研究风险的负担、除去和转嫁方法,并在企业中建立有关组织机构,对风险管理进行交流和技术研究。1938年以后,美国企业对风险管理开始采用科学的方法,并逐步积累了丰富的经验。20世纪50年代,风险管理发展成为一门学科,风险管理一词才形成。

1953年8月3日,美国通用汽车公司的自动变速装置失火,造成5000万美元的巨额损失,这场灾难震动了美国的企业界和学术界,成为风险管理科学发展的契机。一方面,美国各研究机构加强了对风险管理理论的研究,学术活动十分活跃;另一方面,美国的大中企业纷纷设立风险管理部门及风险经理职务。到了20世纪60年代,风险管理作为一门新的管理科学,首先在美国正式形成。

20世纪70年代后逐渐掀起了全球性的风险管理运动,法国有关学者围绕经营管理中偶发风险的控制问题和资产保全问题,研究讨论经营管理型和保险管理型风险管理理论,并取得进展。德国经营学者提出风险管理的主要手段是风险的限制、分散、补偿、分割、防止、阻断、抵消等,并根据企业的实际状况加以灵活运用。

近20年来,美国、英国、法国、德国、日本等国家先后建立起全国性和地区性的风险管理协会。1983年,在美国召开的风险和保险管理协会年会上,世界各国专家学者云集纽约,共同讨论并通过了“101条风险管理准则”,它标志着风险管理的发展已进入了一个新的发展阶段。

1986年,由欧洲11个国家共同成立的“欧洲风险研究会”将风险研究扩大到国际交流范围。1986年10月,风险管理国际学术讨论会在新加坡召开,风险管理已经由环大西洋地区向亚洲太平洋地区发展。

我国对于风险管理的研究开始于20世纪80年代。一些学者将风险管理和安全系统工程理论引入我国,在少数企业试用中感觉比较满意。我国大部分企业缺乏对风险管理的认识,也没有建立专门的风险管理机构。

20世纪80年代后期,风险管理理论的研究传入我国。虽然我国对风险管理的研究起步较晚,但近些年来发展势头很猛。特别是2006年6月,我国发布了《中央企业全面风险管理指引》,标志着我国拥有了自己的全面风险管理指导性文件,也标志着我国进入了风险管理理论研究与应用的新阶段。从世界上其他国家的实践来看,目前,安全风险管理已被广泛应用于铁路、石油、电力、核工业、航空航天等众多领域。其中,在铁路安全管理实务上,认可运输活动具有安全风险并制定相关运输安全法制化的规则,以强制运输主体进行风险管理,已经成为美国、英国等一些发达国家的主流做法。交通运输安全风险管理报告已经被美国、英国等发达国家作为法定运营审查文件。也就是说,实施安全风险管理已经是包括铁路在内的交通运输业的运营条件,安全风险管理在铁路及各种交通运输中具有极其重要的地位和作用。

1.1.2 风险管理发展动力

企业内外部日趋复杂的风险环境。自 20 世纪 90 年代末起,伴随着信息技术的发展和全球经济一体化,世界市场变化风起云涌,风险数量及其复杂性也与日俱增。据美国一家公司 2001 年的统计,一个典型的大型跨国公司可以有多达 11000 种的风险,其中能够用现有的手段管理控制的只有 2600 种左右。也就是说,所有其他 75% 的风险都由公司或者说主要由股东承担。旧的风险管理范例不足以参考以化解当今有代表性的企业所面临的风险,企业迫切需要新的风险管理方法和技术。

风险管理技术的不断提高,风险数量及其复杂性的增加促进了金融衍生品的增长,期货、期权、远期互换、资产证券化等金融衍生产品层出不穷。这些金融衍生品为企业提供了转移风险的工具,使得企业应对风险的策略和手段日益丰富。同时,信息技术的发展虽然提高了企业风险的发生水平,但也使得对许多风险的有效监控成为可能。一些更精确、更直观、更容易操作的风险度量方法和风险管理工具不断涌现,如价值修正模型(VAR)、经济附加值(EVA)等。与 20 年前相比,风险管理的手段更趋多样化、系统化,风险应对策略更趋复杂化、专业化。

国际组织及各国风险管理协会的大力推动。自 20 世纪 80 年代以来,美国、英国、法国、日本等国家先后建立起全国性和地区性的风险管理协会。这些组织积极推动各国的风险管理理论研究和实践,先后出台了各国的风险管理标准,在 1995 年由澳大利亚和新西兰联合制定了世界上第一个风险管理标准(澳大利亚标准/新西兰标准 4360,即 AS/NZS4360)后,2003 年英国制定了 AIRMIC/ALARM/IRM 标准,2004 年美国 COSO 制定了 COSO-ERM 标准等❶。与此同时,西方十国集团在 2001 年签署了《巴塞尔协议Ⅱ》,对银行的风险管理提出了更加明确的要求。

各国的立法。各国从 20 世纪 80 年代以来,加快了对公司治理结构和内控系统的立法,如英国 1998 年制定了《公司治理委员会综合准则》(*Combined Code of the committee on Corporate Governance*),该准则被伦敦证券交易所认可,成为交易所上市规则的补充,要求所有英国上市公司强制性遵守。2002 年 7 月,美国国会通过《萨班斯法案》(*Sarbanes-Oxley Act*),要求所有美国上市公司必须建立和完善内控体系。《萨班斯法案》被称为是美国自 1934 年以来最重要的公司法案,在其影响下,世界各国纷纷出台类似的方案,加强公司治理和内部控制

❶ AIRMIC 表示保险和风险经理人协会;ALARM 表示公共领域风险国家管理论坛;IRM 表示风险管理协会;COSO-ERM 表示企业风险管理框架。

规范,加大信息披露的要求,加强企业全面风险管理。到目前为止,世界上已有 30 多个国家和地区,包括所有资本发达国家和地区以及一些发展中国家如马来西亚,都发表了对企业的监管条例和公司治理准则。在各国的法律框架下,企业有效的风险管理不再是企业的自发行为,而成为企业经营的合规要求。

未来,全面风险管理将保持蓬勃发展的势头。除企业以外,将有越来越多的非营利机构,包括政府、学校等开始实施全面风险管理。将有越来越多的大学开始设置企业全面风险管理课程。虽然全面风险管理作为一种管理理论还有待进一步成熟和完善,但其理念和方法已经开始深刻影响组织的首脑、企业的首席执行官(Chief Executive Officer,CEO)。全面风险管理将不仅引发风险管理理论和方法的一场革命,而且将引发企业管理理论的一场革命。

1.1.3　风险管理存在的问题

风险评估和风险管理在当今被广泛应用。关于如何评估和管理风险的一些理论和方法已经很好地建立起来,并得到核准的标准和准则的支持。然而,风险评估和风险管理领域仍存在许多关键科学立据不明确的问题。缺乏对基本术语和原则的共识,缺乏适当的科学支持,以及对所采用的许多定义和观点的正当性,导致了目前风险管理在具体工程应用中还存在许多问题。

如今,通过研究和应用,风险评估和风险管理技术已经成熟,并且在定义、观点和挑战方面也获得了新的见识,已经(并且正在不断)加入新技术,出现了新的概念框架,甚至新一代的风险研究人员也崭露头角,出现了很多新的风险评估方法和理论。

在这一变化多端的全景图中,科学界很少回顾基础问题,也很少在期刊出版物和科学会议上讨论这些问题。交流中提出的典型研究工作涉及解决特定问题或提供对特定问题的见解的新方法。从提高知识水平和解决实际问题的角度来看,这些都是有价值的贡献。但我们也要从更根本的角度进行反思,并在相关工作中加以体现,对观点、原则和概念提出质疑、审视,这反映了知识、文化、技术和环境的演变。

在本节中,作者提出了在未来几年中应注意研究的 10 个问题,以加强风险评估和风险管理的基础。这些问题是通过对风险评估和评估中不同应用和领域的多年研究和工作经验总结而来。

问题 1:术语和基本原理

风险评估和管理领域缺乏明确定义和普遍理解的术语。例如,如果要求许多风险分析师解释风险的含义,将获得许多不同的答案,其中一些是误解,可能会严重误导决策者。一个例子是风险的解释和实际使用,将其作为综合概率和后果的期望值。具有模糊解释的概念的另一个示例是与预防原则相关的科学不确定性。要正确应用此原则,我们需要了解科学不确定性的含义,但是该领域一直在努力提供明确的指导。最近的一些出版物中讨论了此问题。

问题 2:风险评估,信息/知识,不确定性

对不确定性的适当描述、表示、传播和解释仍然是风险评估和管理的基本要素。概率风险评估(PRA)已被证明是一种广泛应用的有用工具,但越来越多的研究人员和分析师发现,基于概率的风险评估方法过于狭窄。论证遵循不同的思路，但主要的观点是，可用于分析的知识和信息（或缺乏知识和信息）不能通过概率得到适当的反映。特别值得关注的是所谓的未知和黑天鹅。

目前已经有人提出了除纯概率之外的其他方法，例如，使用区间概率、可能性或定性方法，但是在如何最好地应对这一挑战方面尚未达成共识。显然，需要在合理方法开发方面进行基础研究，以根据支持评估和决策的可用信息适当反映不确定性，从而对传统的 PRA 进行补充。

问题 3：适用于高度不确定性情况的风险管理政策

已知的问题是为应对气候变化和管理新出现的疾病而产生的。当事件的未来发生及其后果存在深刻的不确定性时，提供未来事件发生的可能性及其后果的经验证的、可信赖的风险模型已经不适用了，过去数据对预测未来结果的相关性存在疑问，专家们不同意或达成了一种不必要的共识，即用群体思维取代对不确定性和信息差距的认识，决策者们对采取何种行动来降低风险和增加收益存在分歧。然后，问题涉及在这种情况下应采取何种风险管理政策。

问题 4：关键基础设施、复杂系统和系统体系

显然需要一些工具来分析关键基础设施（如电网、运输网络等）的风险和脆弱性，这些基础设施是复杂的系统，往往是相互依存的，即系统之间的系统。一般来说，复杂系统的特征是内部结构，除了许多相互作用的组件外，还可能包括描述系统中哪些组件相互作用的网络，以及与这些相互作用相关联的空间和/或时间的多个尺度。许多复杂系统的组件是异构的，形成了一个子系统的层次结构。对这类系统进行全面的风险和脆弱性分析需要评估各种不同性质的危害和威胁，同时考虑到大量具有非线性行为和反馈回路的空间分布、相互作用的元素。不确定性被认为是复杂系统中普遍存在的一种不确定性，其表征和处理是系统行为可靠预测和有效安全控制的关键。有必要进行大量的研究和开发，以获得足够的建模和分析方法，在所需的细节层次上处理这种复杂性。

问题 5：安全应用中的概率和风险评估

在安全应用中，需要谨慎使用概率，因为它们取决于风险管理响应。针对某些特定设施的攻击，可能会分配一个高概率值，而风险管理响应是实施的保护措施。这可能会导致潜在攻击者重新考虑将设施作为合适的目标，从而降低对其进行攻击的可能性。这表明在这些情况下，概率与评估的背景知识密切相关。问题是，通过正确识别和构建背景知识，在多大程度上可以有意义地使用概率。

在安全应用中，定性评估通常基于对参与者意图和能力的判断，而不参考概率尺度。但是，将这些与使用概率来定量地获取知识维度结合起来，或者使用一些表示不确定性的替代方法（如区间概率或可能性）不是更好吗？作者认为，通过开发集成标准安全方法和限定不确定性表征方案的框架，在评估安全性的方式上有很大的改进潜力。

问题 6：因果关系和风险分析

风险分析通常用于找出事故和危害的原因或解释。例如，暴露于某一特定疾病的风险的研究可以解决一些问题，例如：疾病的起因是什么？暴露于自变量 X 会增加暴露于疾病 Y 的风险吗？风险分析的统计工具有助于揭示所研究现象涉及的各种数量之间的相关性和关联性。他们可以强调特定疾病 Y 的出现与特定自变量 X 存在相关(后者与疾病相关)。然而,他们并没有提供一个明确的答案:是什么导致了这种疾病?已经出现用于确定原因的证据分析的替代方法,例如,通过图形模型和变化/趋势分析来集中于因果建模,以解决 X 的变化是否导致 Y,这些方法似乎有希望提供因果关系的见解和知识。但是,需要对这些方法以及从“原因”概念本身的存在和潜在“真实”(客观)原因-效果的概念出发,对支撑这一研究的基本支柱进行更多的研究。事实上,人们努力致力于建立代表不同数量之间关系的模型,这些模型可以或多或少很好地解释所研究的这些现象和事件,也可以或多或少通过实际证据进行检验和验证,但是没有一个模型是真正完全能完整解释因果关系的。

问题7:科学与价值判断的分离

风险评估及其不确定性分析必须在风险和不确定性管理的背景下进行,并用于决策。如何对风险和不确定性评估进行决策存在不同的观点。严格遵守预期效用理论、成本效益分析、随机优化和相关理论,可以对什么是最优选择、解决方案、安排或措施提出明确的建议。然而,大多数风险研究者和分析师打算将他们的风险和不确定性评估用作决策支持,因为评估的结果将通知决策者,然后由决策者做出决策。从这个意义上说,决策是以掌握的所有相关信息为基础的,而不是以风险为基础的,作者认为,从评估到决策总的来说有一个重大的飞跃。这一飞跃通常被称为“管理评审和判断”。在实践中,管理评审和判断是通过对警告、预防性政策和风险感知以及除风险和不确定性外的社会和政治关注/属性。风险和不确定性评估的范围和界限在很大程度上决定了评审和判断的内容。基于窄概率的风险表征和不确定性表征方法需要更广泛的管理评审和判断,反之亦然。重要的研究问题涉及对这一管理审查和判断内容的透明和明确的定义,以澄清如何涵盖评估中未充分和充分处理的不确定性和关切,以确保在某种广义上的一致性和合理性。此外,仍然需要明确规定警示和预防政策在风险管理中的作用。

问题8:如何考虑风险的早期信号和前兆

风险管理面临的一个挑战是,避免遗漏或忽视早期的风险信号和前兆,或者在相反的方面夸大它们。在实践中,通常是指假阴性(在实际存在的情况下没有“风险”的迹象)和假阳性(在不存在的情况下存在表明某些风险的错误信号)。但是,当我们不知道所观察的事件或情况在发生之前的结果时,我们如何对这些“错误”做出判断呢?当事故、灾难或危机发生时,很容易在事后发现(并声称)我们错过了风险事件或情况。但是,考虑到大量风险源一般具有隐蔽性,如何提前知道被我们忽视或夸大了信号或前兆?我们对信号和前兆的评估不能以尚未发生的事件的未知后果或结果为参考。唯一可能的出路似乎是依靠风险和不确定性评估的结果,在这种情况下,预警系统本身可以被视为风险评估的一种形式。但是,再次重申,除非我们知道所分析的事件或情况的未来结果,否则风险评估不会提供可归类为假阴性或假阳性的结果,而我们永远不会这样做。当然,可以将要解决的研究问题与如何评估和描述风险作为时间函数的基本思路联系起来,将风险来源、后果、过去可用的知识和预测能力与其不确定性维度联系起来。这也涉及上述问题2和问题3。还与问题7讨论的管理评审和判断有着明确的联系,因为对风险事件和情况的反应性管理不可避免地意味着需要超越风险评估(被视为预警系统)的结果(信号和前兆),特别是,如果它们纯粹是基于概率的预测,因为它们可能无法提供指导决策者采取何种行动所需的所有信息。

问题9:社会风险决策

社会风险决策具有许多不同的利益相关者的特征,因此需要将所代表的各种科学、经济、社会和文化方面与风险和不确定性因素结合起来。用于整合的过程包括各种多方面、多参与者的风险活动,但也需要考虑其他相关因素,如机构安排(例如,确定参与者关系、角色和责任的监管和法律框架),协调机制(如市场、激励或自我强加的规范)和政治文化,包括对风险的不同认识。这里需要重点关注的一些挑战和研究问题,除其他外,涉及以下两个方面:

①如何对风险和不确定性评估的结果进行最好的描述、可视化和沟通,以便在上述涉及多个不同利益相关者的社会决策过程中提供信息。

②如何看待风险可接受性问题,与用于判断风险可接受性的测量工具相关;在社会层面上说明价值产生过程,以及在这种情况下,应如何定义管理评审和判断(见问题7)。

问题10:风险评估的范围和科学性

许多分析家和研究者认为,定量风险评估(QRA)是统计学的一种应用,建立在自然科学范式的基础上。然而,这种范式的前提是对一些真实的潜在风险参数的准确估计,从这个意义上说,QRA作为一种科学方法显然是失败的,因为这种估计在许多情况下是无法提供的。另一种观点是将QRA视为一种描述与未知感兴趣量相关的不确定性的方法。问题是如何建立一个合适的方法来支持这一观点。了解QRA方法的支柱应该是什么。需要界定相关概念并给予充分的解释,需要确立与评估的各种特征的质量以及由此在专家判断的建模和使用等方面所使用的知识和信息相联系的基本原则。贝叶斯概率框架代表了对这一挑战的一个可能的答案,但是,正如上面所讨论的,有必要开发更广泛的框架,在这里我们可以看到用超越概率来测量不确定性。

除了上述10个问题外,在此还提出了许多其他问题,例如:

(1)领域科学(心理学、技术、医学等)和风险分析是如何相互作用和整合的?界面是什么?为什么会这样?

(2)在政治过程和话语中,如何对待风险?决策和政治过程的界限是什么?

(3)在代际决策的情况下,可采用的框架和观点是什么?还有其他选择吗?什么时候不同的框架比其他框架更合适?我们如何抓住当前和未来的关键知识问题和不确定性?我们对后代负有什么样的责任?

(4)我们如何能够清晰明确地将风险分析(包括不确定性判断)和决策分析(包括价值判断)分开?

(5)如何扩展决策理论来解决以群体决策为特征的实际风险管理问题?

(6)我们如何建立一个综合框架,将分析和认知方法与风险科学联系起来?

(7)在安全科学理论的理解和发展过程中,我们为什么要有我们所拥有的安全原则?这些原则与PRA方法有什么关系?

(8)如何将风险感知和风险管理的文化方面(不限于安全文化)与国家、政治和激励因素联系起来?

(9)我们到底有多了解风险?我们如何根据现有的(定性和定量的)知识(可能包括信号、前兆、未遂事故、警告等)来定义风险分析的适当级别?

(10)我们如何以一种对决策者有用的方式来描述和表示风险评估的结果？这种方式能够清楚地说明所作的假设及其与评估所依据的知识相关的理由？

(11)我们如何才能显示风险信息而不歪曲我们所知道和不知道的？

(12)我们如何准确地表示和解释不确定性，以适当证明对风险结果的信心？

(13)我们如何陈述专家的判断有多好？如何改进它们？

(14)我们是否可以构建方法/量度（定性或定量）来有效描述危险的可探测性/可预见性/可控性？

(15)我们如何判断一种风险比另一种风险大？

(16)我们如何帮助社区更好地管理风险？我们如何确定哪些信息对帮助社区管理风险最有价值？

(17)我们如何才能更好解释并将价值的异质性纳入风险可接受性的定义中？

(18)在何种情况下，风险分析能够就风险达成共识，从而就保护行动达成共识？

(19)不同国家的不同风险管理和治理结构如何影响科学的使用、作用和争议？

(20)如何在整个社会（国家、团体、个人）的风险和利益分配中考虑公平？

(21)在未遂事故分析中，应如何构建不同情景间因果接近的多维空间，以衡量“未遂事故离实际事故有多近”？

上述清单涵盖从风险评估的重要特征到风险管理和治理的整体方面的问题。通过本书中给出的考虑，我们希望激发对这些基本主题的辩论。相信其他研究人员将补充这里提出的问题，以获得更全面的了解。

1.2 交通地下工程风险管理发展概况

1.2.1 交通地下工程发展历程

最古老的隧道是古代巴比伦城连接皇宫与神庙间的人行隧道，建于公元前 2180 年至公元前 2160 年间。古代使用原始工具挖掘修建隧道，由于工具原始、设施简陋，隧道开挖进尺非常缓慢，速度最慢者是驱使 3 万名奴隶挖掘，每周进尺仅 75mm。图 1-1 是古希腊的萨摩斯隧道。

图 1-1 古希腊萨摩斯隧道

当今人类正在向地下、海洋和宇宙开发。向地下开发可归结为:地下资源开发、地下能源开发和地下空间开发三个方面。地下空间的利用也正由"线"的利用向大断面、大距离的"空间"利用发展。

20 世纪 80 年代,国际隧道协会(ITA)提出"大力开发地下空间,开始人类新的穴居时代"的口号。顺应于时代的潮流,许多国家将地下开发作为一种国策,如日本提出了向地下发展,将国土扩大 10 倍的设想。从某种意义上来讲,地下空间的利用历史是与人类文明史相呼应的,它可以分为四个时代:

第一时代

从出现人类至公元前 3000 年的远古时期。人类原始穴居,天然洞窟成为人类防寒暑、避风雨、躲野兽的处所。

第二时代

从公元前 3000 年至 5 世纪的古代时期。埃及金字塔、古代巴比伦引水隧道,均为此时代的建筑典范。我国秦汉时期的陵墓和地下粮仓,已具有相当技术水准和规模。

第三时代

从 5 世纪至 14 世纪的中世纪时代。世界范围矿石开采技术出现,推进了地下工程的发展。

第四时代

从 15 世纪开始的近代与现代。欧美产业革命,诺贝尔发明黄色炸药,成为开发地下空间的有力武器。日本明治时代,隧道及铁路技术开始引进并得到发展。

现代地下工程发展迅速,各种典型工程比比皆是。世界已有数百个城市修建了地下铁路;英法海峡隧道长 50km,海底长度 37km,历时 7 年建成;著名的公路隧道,如穿越阿尔卑斯山、连接法国和意大利的勃朗峰隧道和连通日本群马县和新潟县的关越隧道,它们的长度均超过 10km。各类地下电站迅速增长,其中地下水力发电站的数目,全世界已超过 400 座,其发电量达 45 亿 kW · h 以上。

修筑隧道和利用地下空间从原始时代起就已成为人类营生的一种方式。随着近代文明的发展,才使它成为土木工程学的一个学科,并应用近代工程技术修筑了很多隧道。隧道是修筑在地面下的通路或空间,但孔径太小,属于所谓管道范畴的除外。1970 年经济合作与发展组织(OECD)的隧道会议对隧道所下的定义为:以某种用途,在地面下用任何方法按规定形状和尺寸修筑的断面面积大于 2 倍的洞室。

当前隧道除用于铁路、公路交通和水力发电、灌溉等水工隧洞外,也用于上下水道、输电线路等大型管路的通道,另外还将过去理解为地下通路的隧道概念,扩大到地下空间的利用方面,包括诸如地下发电变电所、地下汽车停车场、大型地下车站、地下街道等适用隧道工程技术的建筑物。

我国最早的交通隧道是位于今陕西汉中市的"石门"隧道,建于公元 66 年。我国地下空间的开发利用也分为四个阶段。

第一阶段(1950—1960 年)

20 世纪 50 年代是新中国隧道施工技术发展的起步阶段,隧道开挖以人工手持钢钎、大锤进行隧道的掘进工作,以黎湛铁路、鹰厦铁路为代表。

第二阶段(1960—1970 年)

20 世纪 60 年代,隧道开挖以手风枪打眼、轨道翻斗车运输为主,以襄渝铁路大巴山隧道为代表。

第三阶段(1970—1990 年)

20 世纪 70 年代至 80 年代是新中国隧道施工技术发展创新阶段,隧道开挖采用轻型凿岩机分部开挖和进口液压凿岩台车全断面开挖,接受"新奥法"施工,以京广铁路、大秦铁路为代表。

第四阶段(1990 年至今)

20 世纪 90 年代以来是新中国隧道施工技术发展跨越阶段,以西康铁路秦岭特长隧道为里程碑,中铁隧道局集团在国内首次采用隧道掘进机(TBM)全断面掘进技术施工。这标志着中国隧道及地下工程施工技术发展又进入一个新时期,开始形成传统与现代相结合,大型机械配套的钻爆法施工与全断面掘进机工厂化施工相结合的新局面。

从钢钎、大锤掘进,手风枪掘进,到液压凿岩台车掘进,再到使用全断面隧道掘进机施工,使隧道施工实现了三级跳跃。我国隧道及地下工程施工方法经历了人力工具、小型机具、半机械化、大型配套机械化到全断面掘进机工厂化施工的发展过程。实现掘进、出渣、喷锚、支护、衬砌一条龙作业,大大提高了人身安全和生产率。从另一个侧面反映了我国近 60 多年来,特别是改革开放 40 多年来的巨大成就。

1.2.2　交通地下工程发展现状

中国土木工程学会理事长郭允冲在"2016 中国隧道与地下工程大会暨中国土木工程学会隧道及地下工程分会第十九届年会"开幕式上总结了我国隧道及地下工程领域近年来取得的成绩,他指出:在隧道建设技术上,高速铁路隧道技术体系已基本形成;艰险山区复杂地质条件长大隧道建造技术不断取得进步;大断面软弱围岩隧道建造技术取得了很大进展;城市大跨浅埋隧道、越江跨河水下隧道的建造技术都已取得突破;隧道掘进机研发与制造取得了很多进步。这些都标志着我国隧道建设技术达到了一个新的发展水平。

城市地下空间的开发利用近年来也呈现出快速发展的势头,城市地下铁道、地下管廊、地下商业、地下公路交通、地下停车场、地下交通枢纽以及城市地下防灾工程等建设工程越来越多;城市地下空间的开发利用已经由原来的"单点建设、单一功能、单独运转"逐步向"多功能集成、规模化建设"转变。

21 世纪是地下空间作为资源加以大力开发利用的世纪,也是隧道与地下工程大发展的世纪,隧道与地下工程建设难度越来越大,建设技术标准要求也越来越高。面对机遇和挑战,需要在隧道及地下工程建设中不断创新、攻坚克难,为把我国建成隧道强国而努力。

我国隧道及地下工程事业自 20 世纪 80 年代以来,特别是进入 21 世纪以来得到了快速发展。随着经济的持续发展、综合国力的不断提升及高新技术的不断应用,我国隧道及地下工程得到了前所未有的迅速发展。

我国正处于社会主义经济发展的重要时期,而基础设施建设在国民经济中一直占有举足轻重的地位。近年来,由于我国经济的迅速发展、城市人口的急剧增长以及复杂的国际局势和我国周边态势,为解决人口流动与就业点相对集中给交通、环境等带来的压力,满足国家环境和局势变化需求，修建各种各样的隧道及地下工程（如城市地铁、公路隧道、铁路隧道、水下隧道、市政管道、地下能源洞库等）成为必然趋势，这给隧道及地下工程的发展建设带来了机遇。隧道及地下工程事业的发展有利于国土资源的充分开发利用，具有环保和节能优势，特别是在改变我国水资源条件及油气能源储备等方面，具有重要的作用，但是同样面临着诸多严峻的挑战。

经过几代建设者几十年的不懈努力，我国的隧道及地下工程修建水平已跻身国际先进行列。在隧道修建长度方面，我国成功修建了 9 座 20km 以上的交通隧道，最长的已建隧道是 32.69km 的青藏铁路关角隧道；在建长度超过 20km 的隧道有 6 座，最长的在建隧道是 34.5km 的大瑞铁路高黎贡山隧道。已建和在建的长度超过 20km 的隧道见表 1-1。除了上述已建和在建的特长隧道之外，我国在近期规划了 23 座 20km 以上的待建隧道，数量上超过了已建和在建隧道的总和。我国已经完全掌握 20km 级隧道的修建技术，正在向修建 30km 级以上特长隧道的水平发展。在水下隧道方面，2017 年 7 月 7 日全线贯通的港珠澳大桥沉管隧道是世界上最长、埋入海底最深（50m）、单个沉管体量最大的公路沉管隧道，多项修建技术引领全球。在城市地下综合体方面，深圳前海综合枢纽工程建成后将达到世界第二、亚洲第一的规模，代表着我国对城市地下空间的开发利用已经达到世界水准。同时，引人瞩目的还有我国高端施工设备设计制造能力的快速提升，以及数字信息技术的行业融合等。

我国已建及在建长度超过 20km 的隧道 表 1-1

隧道名称	隧道长度(m)	隧道名称	隧道长度(m)
新关角隧道	32690	青云山隧道	22175
西秦岭隧道	28236	南吕梁山隧道	23443
太行山隧道	27839	高黎贡山隧道(在建)	34538
中天山隧道	22449	当金山隧道(在建)	20100
乌鞘岭隧道	20050	小相岭隧道(在建)	21775
吕梁山隧道	20785	云屯堡隧道(在建)	22923
燕山隧道	21153	平安隧道(在建)	28426

随着“十四五”发展规划的深入推进和交通强国战略目标的明确提出，我国的交通建设由规模速度型发展时期转向质量效率型发展时期。在综合交通运输基础设施加速成网、交通运输业加快转型升级、现代治理能力持续提升、现代综合交通运输体系加快构建的黄金机遇期，隧道及地下工程领域在得到了全面发展的同时，也在一路前行中不断迎接新的机遇和挑战。

自“2016 中国隧道与地下工程大会暨中国土木工程学会隧道及地下工程分会第十九届年会”在成都召开以来，我国隧道及地下工程的建设取得了长足的发展：各领域的隧道总数与总长度快速增长，铁路、公路、地铁都达到了每年上千千米、千座隧道的增长速度；在建的重难点隧道及地下工程特色突出、难点集中，总体进展顺利；多项修建技术取得了突破。

2016—2019 年我国交通基建重点工程规划项目数及投资额见表 1-2。在国家基本建设的许多领域，隧道及地下工程作为建设项目的重要组成，其地位和作用也日益突出，进而受到大家的高度关注，隧道及地下工程的发展有着良好的历史机遇。

2016—2019 年我国交通基建重点工程规划项目数及投资额　　表 1-2

工程类型	2016 年		2017 年		2018 年		2019 年	
	项目数	投资总额（亿元）	项目数	投资总额（亿元）	项目数	投资总额（亿元）	项目数	投资总额（亿元）
铁路	34	7803	29	4946	23	6994	—	8029
公路	27	2449	14	1309	13	2000	—	21895
水路	3	39	4	503	3	54	—	1137
机场	16	1745	12	1198	22	1664	—	969.4
城市轨道交通	51	9098	33	4804	19	2576	—	5958
合计	131	21134	92	12760	80	13288	—	37988

主要领域的隧道建设进展情况如下：

(1)铁路隧道

截至 2019 年底，我国铁路营业里程达 13.9 万 km，较 2018 年增加 0.8 万 km。其中投入运营的铁路隧道 16084 座，总长 18041km。全国在建铁路隧道 2950 座，总长 16326km。规划铁路隧道 6395 座，总长 16326km。

(2)高速铁路隧道

截至 2019 年底，我国已投入运营高速铁路总长 3.5 万 km。共建成高速铁路隧道 3442 座，总长 5515km。其中，10km 以上特长隧道 71 座，总长 908km。在建的北京—张家口高速铁路八达岭地下车站，地下建筑面积 3.6 万 m^2，是迄今为止世界上最大的高铁地下站，车站两端的渡线隧道开挖跨度 32.7m，是国内单拱跨度最大的暗挖铁路隧道。截至 2019 年底，我国规划的有隧道工程项目的高速铁路共 86 条，总长 19718km；共有隧道 3208 座，累计长度约 7975km。其中，10km 以上特长隧道 139 座，总长 1882km。

(3)公路隧道

截至 2019 年底，我国（不含港澳台地区）等级公路上运营的隧道有 19067 座，总长约 18966km。目前运营的最长公路隧道是位于陕西省的终南山隧道，长 18.02km；在建的最长公路隧道是位于甘肃省的木寨岭隧道，长 15.22km；新近贯通的港珠澳大桥水下沉管隧道，长达 5.66km，最大覆水深度 44m，是迄今为止世界上最长的海底沉管隧道。

(4)城市轨道交通隧道

截至 2019 年底，我国（不含港澳台地区）共计 40 个城市、208 条城市轨道交通线路投入运营，运营地铁线路长度达 6736.2km。目前，共有 65 个城市的城市轨道交通线网规划获批，规划线路总长 7399.4km。

(5)水工隧洞

截至 2019 年底，规划兴建的 172 项节水供水水利工程已有 134 项开工建设，在建投资规模超过 1 万亿元。辽宁省新的西北部引水工程、云南滇中引水工程相继开工建设。根据功能需要，水工隧洞的长度往往远超交通隧道。如：陕西省引汉济渭工程穿越秦岭的隧洞长达 98.30km；吉林省引松供水工程隧洞长约 133.99km；新近开工建设的新疆北部引水工程喀双隧洞长达 283.27km，堪称世界同类之最；辽宁省新的西北部引水工程隧洞总长也达到了 230.20km。

(6)综合管廊

截至 2017 年底,我国地下综合管廊开工长度已达 4700km,形成廊体约 2500km,在建管廊约 150km,在"十三五"期间投资 200 亿元,建成地下综合管廊 300km,未来地下综合管廊建设将超 3 万 km,投资规模将达 1.8 万亿元。

1.2.3 交通地下工程施工风险

包括隧道、地铁等在内的地下工程项目在建设实施中具有各类不确性风险因素,为了减轻这些风险因素的恶劣影响,需要针对地下工程系统实施科学而有效的风险管理研究,通过识别风险源,找到各类不确定因素,及时采取相应的安全管理和技术措施,从而确保工程项目的安全实施。

目前对地下工程项目建设施工中的风险还没有达到认识上的统一,不同的人在不同部门、不同阶段对此都有不同的理解。

本书借鉴《地铁及地下工程建设风险管理指南》给出的工程风险内涵:"若存在与预期利益相悖的损失或不利后果,或由各种不确定性造成对工程建设参与各方的损失,均称之为工程风险",针对地铁、隧道等地下工程,可以将工程风险的内涵定义为:在以工程项目正常施工为目标的行动过程中,如果某项活动或客观存在足以导致承险体系发生各类直接或间接损失的可能性,那么就称这个项目存在风险。

(1)地下工程项目安全风险的属性

根据地下工程项目风险的内涵,项目潜在的风险因素导致了安全风险事故的发生,而一旦发生安全风险事故,一定会产生损失,因此地下工程的安全风险属性包括:风险因素、风险事故、风险损失。

(2)地下工程安全风险因素

地下工程安全风险事件的来源很复杂,由于安全风险事件不只在项目建设施工阶段发生,还包括很多早在地下工程项目的规划设计阶段就开始萌发的直接或间接的相关事件。为了降低安全风险对实现地下工程项目目标构成的巨大威胁,必须在项目前期对风险事件开展仔细研究,对地下工程项目进行安全风险分析,以其作为参考,制定项目安全风险应对策略,从而确保项目目标的顺利实现。

造成地下工程施工安全事故的因素有很多,包括水文地质条件的复杂性、技术人员和技术方案的复杂性、工程管理决策的复杂性和工程项目周围环境的复杂性等。大致可以把各类因素分为自然因素和人为因素两大类。

自然因素主要包括以下几个方面:

①工程地质条件。

工程地质条件异常复杂,主要是指不良地质,包括软弱地层、断层、松散地层、溶洞、膨胀性岩层和高应力区等。大量的工程事实表明,地质因素是地下工程坍方、塌陷事故发生的决定性因素。2008 年,杭州地铁 1 号线湘湖站基坑发生坍塌事故,被称为我国地铁建设史上伤亡最为严重的事故。该事故发生地所处的地层为淤泥质黏土,其含水的流失性强,围岩属于软弱围岩,是典型的不良地质地段。

②水文地质条件。

大量的试验统计结果表明，岩土体的水文地质参数是十分离散和不确定的，具有较高的空间变异性。地下水影响地下工程隧道围岩稳定性，其影响主要有三个方面：一是软化围岩，软质岩土体受水饱和后，其强度会有不同程度的降低；二是软化结构面；三是承压水作用，围岩受到水压作用后，更易失去稳定。

③气候条件。

如果工程施工所处地区属于持续、高强度降雨区，这时气候条件就是一个重要的诱发事故的因素。持续性、高强度降雨使得地底砂土流动性加大，从而引起隧道周围土体稳定性下降，此时就可能诱发基坑失稳、隧道坍方事故。

④地质灾害。

地下工程建设过程中面临着一系列地质灾害的威胁，在目前技术经济条件下，还难以提前准确判断。例如，地震对地下工程的影响较大，特别是特大地震，往往引起地下工程骤然坍塌，造成重大损失。震级低的地震同样可能使地下工程发生坍塌事故，其机理主要是由于地震使岩石的节理、夹层、裂隙等松动和错位，从而致使围岩失去稳定。

⑤工程周边环境。

工程周边环境主要包括邻近建筑物、已有隧道、地下管线和道路等。隧道及地下工程所建区域周围的地面和地下环境设施一般都很复杂，尤其是城市繁华地带。周边环境的复杂性主要体现在：地面构筑物的使用年限、结构类型（框架结构、砖混结构、砖结构）、基础类型（条形基础、桩基等）和文物价值；构筑物与隧道及地下工程之间的空间位置关系；邻近已有的隧道和地下工程运营保护状况；周边道路及管线的类别、年限、材料及施工方法；周围生态环境状况和社会群体等。在隧道及地下工程的建设过程中，无论采用何种工法或工艺都会不可避免地对以上这些构筑物和人群造成直接或间接的影响。

人为因素主要包括以下几点：

①地质勘察不准确，工程设计不完善。

通过地质勘探，查明工程项目所处位置的工程地质和水文地质情况，是确保地下工程安全施工的前提。在实际勘探过程中，由于受工程工期、勘探工作量和资金等方面原因的影响，使得勘探时间缩短、勘探内容简化，造成勘探结果不够准确，因此便留下了工程施工安全隐患。由于地质条件的异常复杂，而地下结构形式又是多样的，使得地下工程的设计规范、设计准则和标准均存在一定程度上的不足，再加上勘探工作的不细致，使得在地下工程设计阶段便可能埋下导致工程事故的风险因素。

②工程决策与管理难度大。

工程决策和管理是隧道及地下工程风险的外在孕险因素。在工程的规划、设计、施工和运营等全寿命周期内，最主要的问题是建设的决策、管理和组织。隧道及地下工程与其他工程项目相比，由于工程本身的隐蔽性、复杂性和不确定性等突出特点，导致工程投资风险很大，无论是哪个阶段，都会遇到很多工程决策、管理和组织问题。从工程立项规划开始，工程建设选址、工程的设计与施工技术方案决策、工程的施工组织管理、施工安全和质量监控、技术人员的人为判断或操作失误等，每项中都存在大量风险因素，工程决策和管理决定工程内在孕险因素是否最终发生风险。

③工程施工监管不到位,缺乏安全教育。

事故的发生往往暴露出工程安全生产责任没有落实,工程安全管理还不到位;对发现的事故隐患治理不够及时、彻底;施工人员的安全培训不到位,技术人员缺乏安全意识,无法落实安全施工施工现场管理不规范等。

④施工技术和方案不合理、设备和操作不确定。

施工技术和方案不合理、设备和操作的不确定性是工程风险发生的导火索,即风险的致险因子。地下工程建设中,建设队伍、机械设备、施工操作技术水平等对工程的建设风险都有直接的影响。由于工程施工技术方案与工艺流程复杂,且不同的工法有不同的适用条件,贸然采取某种方案、技术和设备,如出现设备类型与水文、地质和边界条件不匹配,则机械设备易发生停机、故障或失效,势必会导致施工风险事故的发生。同时,整个工程的建设周期长、施工环境条件差,施工人员很容易发生人为不良操作或操作失误,进一步加剧各种风险事故发生的可能性和风险损失后果。

地下工程施工具备投入大、工程复杂以及施工周期较长等多种特点,因此,在具体的施工过程中,存在大量风险因素,尤其是一些不容易被发现的风险因素,潜伏在工程施工中,加之当前我国地下工程施工安全风险管理体系还不完善,相关的工程安全管理规范也不健全,增加了地下工程安全事故的发生率,给现代社会经济与环境带来了许多不良影响。

对于任何一个项目而言,其施工过程中存在的风险都比较客观,这种风险不会受人的意志影响而发生改变,但又超越了人类的意志。在地下工程的施工中,随时都可能会发生安全风险,由于地下工程大部分都需要在十分复杂的地层或地质体开展施工,工程施工风险也比较复杂,且隐蔽性与不确定性比较强,因此,难以采用准确的风险分析方法对施工过程中存在的风险进行分析和处理。

作者认为,在实际的工程施工中,发生安全事故主要是由一些意外的能量释放造成的,而这种意外能量释放的原因主要是管理者或者操作者没有及时感觉到工程中的异常变化,进而在施工决策计划时未能考虑到这些因素而导致的错误或者是人为失误,最终导致在施工过程中无法对各类不安全的行为或状态进行有效控制或者屏蔽,进而引发安全事故。而在地下工程施工安全风险管理的实践过程中,难免会发生无法预料的变化,这种变化虽然不一定完全是有害的,但还是需要对这类安全风险进行及时考虑,并及时采取合理的对策进行处理。

与其他工程施工中的风险相比,地下工程施工的风险更具突发性,由于在工程中,安全风险不是在风险源最初出现时发生,而是在所有的风险源都积聚到一起或者一定程度上才爆发出来,导致管理人员无法对事件进行提前预知,因此,施工管理人员在日常的施工中,应该把握各类施工细节,以便将施工安全风险始终控制在可以接受的范围之内。

1.2.4 交通地下工程重大事故案例

由于我国地铁建设规模大、发展快,目前建筑市场上施工、监理单位良莠不齐,技术和管理力量难以充分保证的客观原因,以及对地下工程安全风险认识不客观,风险管理不科学,风险管理投入不到位等主观原因,使近几年来地铁建设事故频发,安全生产形势严峻。据不完全统计,自 1981 年至今,国内地铁工程建设共发生百余起安全事故,如 2019 年 7 月 4 日青岛地铁1号线发生塌陷事故，2019年5月13日深圳市轨道交通8号线一期工程发生物体打击事故，总共造成直接经济损失约40亿元，社会影响很大。

由于受地铁与地下工程建设特点和水文地质等多方面的不确定性因素的影响，地铁与地下工程的建设不可避免地存在许多工程建设风险，其中很大部分需要在设计阶段充分考虑，从而规避。一旦出现工程事故，事故调查往往首先从设计源头开始分析原因，问题往往是由于一些细节方面的疏漏引起的，下面列举我国在建设轨道交通过程中发生过的重大安全事故（事件）。

1）上海轨道交通4号线事故

上海轨道交通4号线事故地段为浦东南路站到南浦大桥站隧道区间，该区间隧道上行线长2001m，下行线长1987m，其中江中段440m，区间隧道底部最大埋深为37.35m。区间采用盾构法施工。事故的发生点（图1-2）位于隧道的联络通道处，联络通道采用冰冻法进行施工。

图1-2　事故发生点示意图

7月1日凌晨，联络通道发生流沙涌水，导致隧道上下行线严重积水，进泥沙。同时以风井为中心的地面开始出现裂缝、沉降。2—3日，音像市场倾斜加剧，楼板断裂；文庙泵站发生突沉；临江花苑大厦沉降速率加快，沉降量达12.2mm，地下室出现裂缝。河床严重扰动、下沉、滑移，近30m防汛墙倒塌，近70m防汛墙结构严重破坏，黄浦江水冲向风井，并由风井进入地下隧道，加剧险情发展（图1-3、图1-4）。

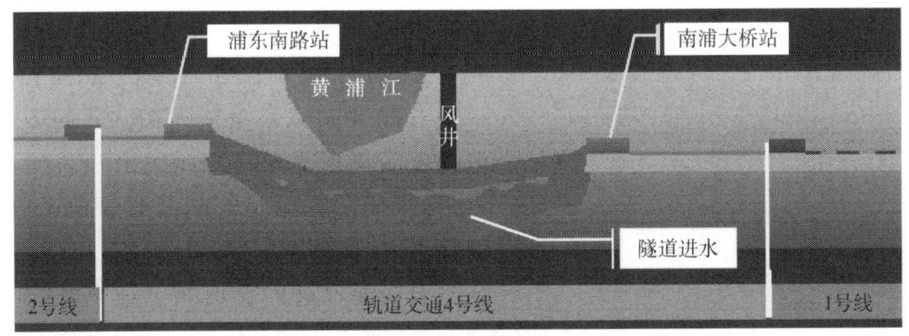

图1-3　事故侧面图

事故发生原因：冷冻设备发生故障、险情征兆出现、工程已经停工的情况下，没有及时采取有效措施排除险情，现场管理人员违章指挥施工，导致这起事故的发生。同时，施工单位未按规定程序调整施工方案，且调整后的施工方案存在欠缺。总包单位现场管理失控，监理单位现场监理失职。

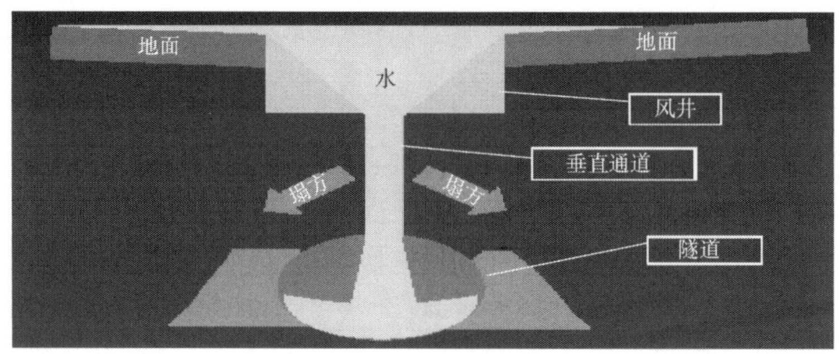

图 1-4　隧道剖面图

经过专家组讨论一致认为:《冻结法施工方案调整》存在缺陷,施工中冻土结构局部区域存在薄弱环节,忽视承压水对工程施工中的危害。承压水突涌是事故发生的直接原因。

缺乏风险意识、对风险估计不足以及应对风险准备不充分,是导致本次事故的主要因素。

2)杭州地铁 1 号线湘湖站事故

湘湖站为杭州地铁 1 号线的起始站。车站(图 1-5)为南北向,总长 934.5m,标准宽 20.5m,为 12m 宽岛式站台车站。车站全长分为 8 个基坑,发生事故点为南北走向的 2 号基坑,该基坑长 107.8m,宽 21.05m,基坑深度 15.7 ~ 16.3m。基坑采用“地下连续墙 +4 道钢管内支撑支护”,地下连续墙厚度 0.8m,嵌入基坑底面以下深度 17.3m。

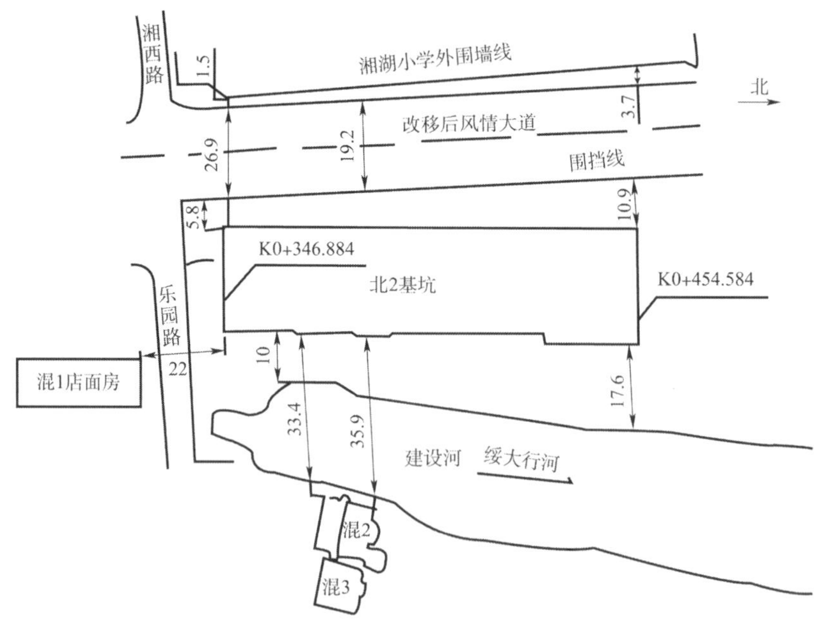

图 1-5　车站平面图(尺寸单位:m)

2008 年 11 月 15 日 15:20。杭州地铁 1 号线萧山湘湖站工地发生坍塌事故。路面坍塌长度 75m,并下陷 15m,正在路面行驶的 11 辆车陷入深坑。一个长达 100m、宽约 50m 的深坑被瞬间撕开,现场路基下陷 6m(图 1-6、图 1-7)。来自施工现场东侧河沟以及断裂的地下自来水管、排污管的污水淤泥倾泻而下,淹没了很多人员。

图 1-6　路基下陷

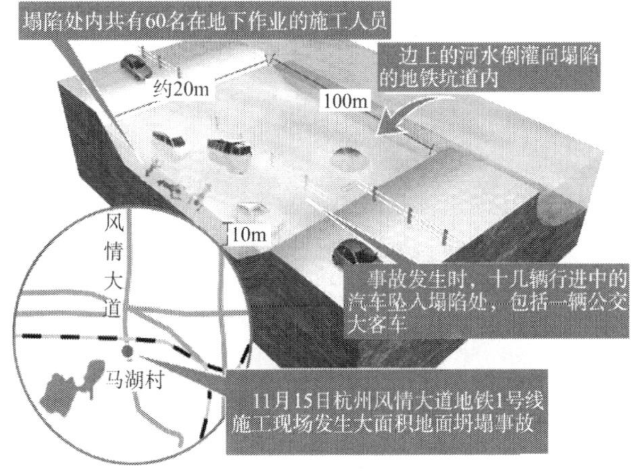

图 1-7　事故发生点示意图

事故发生原因：

(1)直接原因

①操作原则不规范，土方超挖：设计文件规定，基坑开挖至支撑设计高程以 0.5m 时，必须停止开挖，及时设置支撑，不得超挖。但实际开挖时，在拟设置下一道支撑时，有的地段已挖至基坑底，支撑架设和垫层浇筑不及时；

②施工过程中建设单位过于求快；

③对施工人员的安全技术培训流于形式，甚至不培训就上岗；

④"项目部管理"成了转包；

⑤地铁路线多次改动。

(2)间接原因

①施工技术问题。

施工过程中违规操作、冒险作业，施工过程中基坑严重超挖，支撑体系存在严重缺陷，钢管支撑架设不及时，垫层未及时浇筑，加之基坑监测失效，未采取有效补救措施，造成基坑周边地面塌陷。

②土地太软造成土地滑移。

土质太软造成的土地滑移是此次事故的直接原因。土质流失性强、来往车流量大、雨水浸泡等原因造成了基坑内外压差较大，当内外压差积累到一定程度时，土体移动就不可避免。如果在施工过程中能根据土质条件的变化灵活应变，遵循动态设计、动态施工的原则，是不会出问题的。

3)北京地铁熊猫环岛站基坑坍塌事故

2005 年 11 月，北京朝阳区地铁 10 号线 22 标段，因自来水管道老化，一根直径 60cm 的水管断裂渗水，导致位于正在施工中的熊猫环岛站基坑发生坍塌(图 1-8)。

4)北京地铁 10 号线京广桥附近路面坍塌事故

2006 年 1 月，污水管线发生漏水引起暗挖隧道塌方事故(图 1-9)。

5)北京地铁 10 号线苏州街站施工断面塌方事故

2007 年 3 月 28 日 9:30，北京地铁 10 号线苏州街站西南出口施工过程中，由于对施工复杂的地质情况不清，当施工断面发生局部塌方和导洞拱部产生环向裂缝的险情时，未制订并采取保护抢险人员的安全技术措施，指挥作业人员实施抢险，发生二次塌方，造成6人死亡（图1-10）。

a)

b)

图1-8　事故现场图

a)

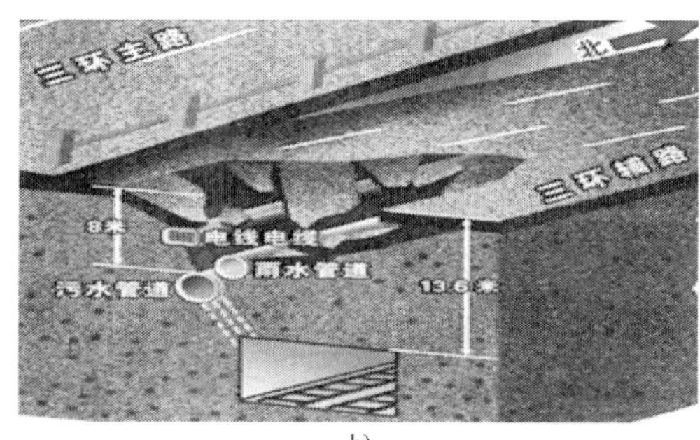

b)

c)

d)

图1-9　事故现场图

a)

b)

图1-10　事故现场图

6)广州地铁6号线文化公园站施工引起地面坍塌

2013年1月28日,广州地铁6号线施工引起康王路地面坍塌,面积超过半个篮球场、深达10多米的大坑,6间商铺、2棵大树陷入。房屋坍塌导致两条10kV电缆故障,造成周边居民停电。初步统计,此次事件已造成超过3000户客户停电(图1-11)。

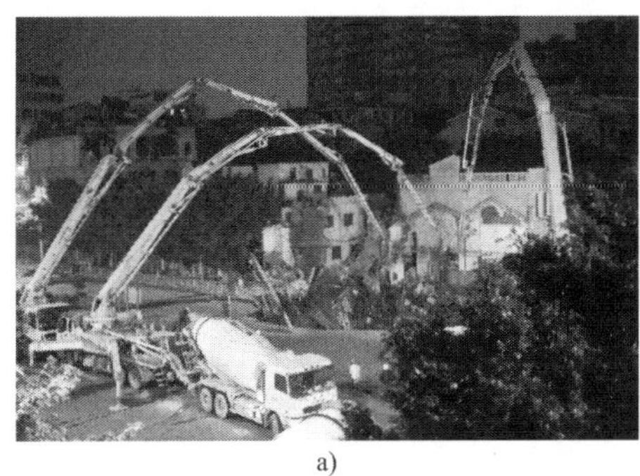

a)

b)

图1-11　事故现场图

7)南京地铁2号线茶亭站基坑土体滑坡事故

2007年5月28日8:00左右,南京水西门大街地铁2号线茶亭站施工现场,正在施工的地铁坑道第六段一侧,高达十多米的软土段突然发生基坑土体滑坡,数百立方米黑土向坑道里倾泻而下,将在基坑里进行防水作业的3名工人掩埋,其中一名工人被工友用手扒土,及时救起,另两名工人被埋在土下。事故现场如图1-12所示。

a)

b)

图1-12　事故现场图

8)西安地铁3号线通胡区间拱架突然整体下沉

通胡区间总长727.937m,洞顶覆土8.3～11.6m,线间距11～17m,在西安市东二环金花北路地下,由暗挖段和盾构段组成。暗挖段为F4地裂缝施工段,且在高层建筑和二环高架桥之间的夹缝中。暗挖左线全长258.79m,右线全长273.733m;盾构区间从暗挖洞内始发,连续下穿三栋高层建筑物后立即到达通化门站。区间设置一盾构始发井,兼作暗挖施工竖井,始发井北侧左右线暗挖隧道净距为3m,距离F4地裂缝右线为62m(左线为75m)。通胡区间平面图如图1-13所示。

事故发生在通化门至胡家庙区间盾构始发井内,左北线隧道暗挖施工现场,该隧道开挖断面宽8.08m,高8.6m。上台阶进尺8m,完成2个封闭环,正在安装第三个仰拱架。5月6日2:40,施工中拱架突然整体下沉3.2m(图1-14)。

图 1-13　通胡区间平面图

a)

b)

图 1-14　事故现场图

9)2・7 佛山路面塌陷事故

2018 年 2 月 7 日,位于广东省佛山市禅城南庄的佛山地铁 2 号线绿岛湖至湖涌盾构区间工地突发透水,作业工人尝试堵漏未果,当日 20:40 分左右,现场透水面积扩大,导致隧道管片变形及破损,引发地面 30 多米路段坍塌(图 1-15)。

a)

b)

图 1-15　事故现场图

此次发生事故的佛山地铁 2 号线呈东西走向,建成后将成为联系佛山与广州的快轨通道。一期规划线路长度 32.3km,其中地下线 22.9km,地面和高架线路 8.3km。此次塌陷事故发生在绿岛湖至湖涌盾构区间,这段施工区间正位于季华路下面。塌陷路段发生在季华西路一环桥底到佛山国际卫浴城附近路段之间,周围多是厂房和物流仓库,建筑密度低,比较空旷,已确认 11 人死亡,8 人受伤,1 人失联。直接经济损失约 5323.8 万元。

事故的直接原因:

(1)事故发生段存在深厚富水粉砂层且临近强透水的中粗砂层,地下水具有承压性,盾构机穿越该地段时发生透水、涌砂涌泥、坍塌的风险高;

(2)盾尾密封装置在使用过程密封性能下降,盾尾密封被外部水土压力击穿,产生透水、涌砂通道;

(3)涌泥涌砂严重情况下在隧道内继续进行抢险作业,撤离不及时;

(4)隧道结构破坏后,大量泥沙迅猛涌入隧道,在狭窄空间范围内形成强烈泥沙流和气浪向洞口方向冲击,导致部分人员逃生失败,造成了人员伤亡的严重后果。

10)12·1 广州地铁地面塌陷事故

2019 年 12 月 1 日 9:28,在广东省广州市广州大道北与禺东西路交界处出现地面塌陷。事发路段为 11 号线沙河站施工区域,有一辆清污车和一部电动摩托车陷入。事故现场如图 1-16 所示。

a)

b)

图 1-16 事故现场图

目前事故原因仍在调查中,但不难发现,地下工程施工是存在很高的危险系数的,在很多时候没有任何先兆事故就发生了,所以我们必须做好风险防范工作,将风险降到最低,争取地下工程施工零死亡率。

1.2.5 地下工程风险管理发展简述

风险管理是20 世纪 50 年代由美国、德国等国发展起来的一种管理方法,是项目管理的重要组成部分。20 世纪 70 年代,美国 Einstein. H. H 将风险分析引入了隧道及地下工程中,随后风险管理的研究在欧美国家取得了一定的研究成果,并开始大量应用于实践中。风险管理理论在隧道工程中应用较晚,而且由于风险因素众多、风险因素相互之间交错影响大,在风险定量分析方面进展缓慢。直到 2002 年,国际隧道协会(International Tunneling Association,ITA)出版了 *Guidelines for Tunneling Risk Management*,为隧道工程(以岩石隧道为主)的风险管理提供了一整套参照标准和方法。在国内,随着我国交通事业的蓬勃发展,以及大力发展西部地区所遇到的隧道建设问题,风险管理在隧道及地下工程中的应用受到了前所未有的关注,各大设计院、保险公司及高校都在近几年内开始了相关研究,并取得了丰富的成果。

1)工程建设风险管理的基本概念

凡事都有两面性,工程建设者应当明白工程项目建设意向与工程项目建设风险是相生相伴的关系,工程建设风险管理是在工程项目建设过程中控制反意向事件发生的专业行为。工程建设风险管理应贯穿于工程项目建设的全过程和全方位,即在工程项目的规划立项、可行性研究、设计、咨询、招标、采购、施工、安装和交验、试用等各时段,对建设者、设计者、施工者、供货商和工程监理等各个参建方存在的风险进行跟踪、监测、辨识、评估并实施有效控制。对于工程项目建设目标的各个方面来说，如使用功能，社会效益，安全、质量，工期、成本，环境保护等，也都存在着相应的差误乃至失败的风险。工程建设风险管理的专业属性十分明显，它有独特的功用使命、技术手段和工作方式。在其整个工作内容中，安全风险管理是重点之一，但却远远不止于安全管理。

2）工程建设施工安全风险管理一般流程

（1）风险管理计划的制订

工程风险管理计划是工程风险管理组织进行风险管理的重要工具，是全部风险管理过程的基础环节。

施工阶段的风险管理应首先针对工程特点、设计阶段风险评估成果、施工水平和对风险进行再识别、再评估的基础上制订风险管理计划。

风险管理计划中明确相关人员及组织机构，订制计划和策略，确定风险评估对象和目标、风险等级标准和接受准则，收集基本资料，提出风险识别和评价方法等。

制订风险管理计划应包含下列内容：①确定风险目标、原则和策略；②规定相关报告的内容及格式；③提出阶段性工作目标、范围、方法与评估标准；④明确工程参与各方的职责；⑤组织开展各方自身与相互之间的风险管理及协调工作。

（2）风险辨识

风险管理的第二步是风险辨识，工程风险辨识就是明确风险辨识对象，选取适当的风险辨识方法，按照一定原则辨识出工程施工环节中可能存在的风险，哪些风险可能影响项目的进展，并记录每个风险因素所具有的特点。

风险识别是一个连续的过程，因为项目建设是一个发展的过程，情况在不断地变化，风险因素当然也就不会一成不变，即使某工程进行了一次大规模的风险识别工作，但在一段时间后，旧的风险可能消失或减少，新的风险可能出现，因此，风险识别是一个持续不断的过程。

（3）风险估计

在辨识出工程存在的主要风险后，接下来需要进行工程风险估计，对识别出来的风险尽可能量化，估算风险事件发生的概率，估计风险后果的大小，确定各风险因素的大小，对风险出现的时间和影响范围进行确认。或者说，风险估计是对个别风险因素及其影响进行量化，并以此为基础形成风险清单。衡量工程风险可以采用模糊评估方法，根据风险属性将其定级，以不同的风险等级区分风险大小。

风险因素的发生概率估计分为主观和客观两种，客观的风险估计以历史数据和资料为依据，主观的风险估计无历史数据和资料可参考，而凭借人的经验和判断力，一般情况下这两种估计都要做。

（4）风险评价

风险评价就是对各风险事件的后果进行评价，并确定不同风险的严重程度顺序，重点是综合考虑各种风险因素对项目总体目标的影响。确定对风险应该采取何种应对措施，同时也要评价各种处理措施可能需要花费的成本，即综合考虑风险成本效益。

风险评价方法有定性和定量两种，进行风险评价时，还要提出防止、减少、转移或消除风险损失的初步方法，并将其列入风险管理阶段要进一步考虑的各种方法之中。

在实践中，风险识别、风险估计、风险评价绝非互不相关，而常常是互相重叠，需要反复交替进行。

(5)风险处理

在明确了工程所有存在的风险,并估计和评价了风险损失对项目目标的影响程度之后,应该采取一定的风险处置对策来避免风险的发生或者减少风险造成的损失。处置工程风险的方法有三大类,即风险回避、风险自留、风险转移。根据工程风险环境的不同,每类工程风险处置方法中的具体处置措施是不同的,工程风险安排方案也会不同。

(6)风险监控

风险因素及风险管理过程并非一成不变,随着工程项目的进展并采取相关措施,影响项目目标的各种因素都会发生变化,只有适时对风险新的变化进行跟踪,才可能发现新的风险因素,并及时对风险管理计划和措施进行修改和完善。

(7)风险应急

事前以预防为主,做好应急预案及演练;事中以应急响应和抢险救灾为主,避免二次灾害发生;事后以功能及生产恢复为主。

1.2.6　交通地下工程风险管理中存在问题

随着隧道及地下工程项目规模和难度的增大、项目数量的增加、资金来源方式的增多、事故发生影响的增大及社会重视程度的提高,风险管理成为建设单位、设计单位、监理单位、施工单位及管理单位的热点。然而,国内许多单位对于风险管理在认识上仍存在许多误区或实施中不完善、不规范的地方,主要体现在以下几个方面:

(1)不合理的地下空间规划和利用

①在实际的地下工程施工中,对地下空间进行规划时,相关的专项立法还一片空白。

②负责进行空间规划、开发以及利用的职能部门,对应的职能未得到明确,由于空间规划的不合理,对该地区的整体规划与轨道交通建设造成了较大的影响,导致地下工程施工无法顺利进行,提升施工的难度,而对空间开发和利用的不合理,因为几个参与的职能部门之间协调不合理,出现管理交叉和无人管理等现象,降低了工程施工的综合效益,且增加了地下工程开发的难度和风险。

(2)安全风险管理体系不健全

在当前的地下工程施工安全风险管理中,虽然我国也颁布了一部分具有指导性的文件,但是在地下工程施工中的安全风险管理方面,始终未构建一套相对完善的法律法规体系,无法将工程施工中的风险管理的地位和重要性准确定位出来,致使地下工程施工安全风险管理还处于一个无序的状态,管理的内容与过程都没有一套标准规范作为依据,导致地下工程施工安全风险管理难以取得理想的效果。

(3)安全风险管理的经费不足

由于在地下工程施工预算中,未明确施工安全风险管理需要投入的成本和使用标准,导致施工承包方为了提高自身的经济利益,减少了施工安全隐患风险管理方面的资金,导致安全风险管理资金严重不足,很多管理工作都无法正常开展,为地下工程的施工埋下安全隐患。

(4)工程监测工作不到位

监控工程的施工质量是一个重要的风险规避策略,很多实践表明,如果可以进一步加强工程质量监测,科学、合理地对整个工程施工的安全风险进行评估,可有效提高地下工程施工的安全性,降低安全风险的发生率。但就目前而言,在大部分地下工程施工中,工程监控市场都没有一套有效的标准,对工程监测数据的有效性与准确性造成了较大的影响,无法为安全风险管理工作的开展提供科学、准确的数据信息。

(5)仍采用被动式风险管理体系

我国目前的风险管理体系属于被动式风险管理体系,是以某类安全事故的教训为基础的。科学合理的风险管理体系应该是主动的风险管理体系,用科学的手段去研究与工程有关因素的发展规律,以适应不断变化的情况所需。

我国目前的风险管理体制更侧重于以技术为主线达到风险管理的目的,具有更直接、见效快的特点,但尚未达到"绿色、智能、安全、高效"的建设要求,科学合理的风险管理应该是以人为本,从科学和可持续发展的角度进行安全的评估和控制,达到整体风险管理的目的。

1.2.7 交通地下工程风险管理政策

近年来,中国政府十分重视地下建筑安全风险管理的法律法规。习近平总书记在2016年初对加强安全管理工作提出"必须坚决遏制重特大事故频发势头,对易发重特大事故的行业领域采取风险分级管控、隐患排查治理双重预防性工作机制,推动安全生产关口前移,加强应急救援工作,最大限度减少人员伤亡和财产损失。"《国务院安委会办公室关于实施遏制重特大事故工作指南构建双重预防机制的意见》(安委办〔2016〕11号)文件中也提出了全面推行安全风险分级管控的要求,并进一步强化企业隐患排查治理,实现企业安全风险自辨自控、隐患自查自治,提升安全生产整体预控能力。我国的安全风险管理法律法规体系是若干法律法规和技术标准的结合,可分为以下四个等级:

①法律等级。

②制度级:行政法规类和地方法规类。

③法规等级:部级法规等级和地方政府法规等级。

④标准等级:国家标准等级、工业标准等级、地方标准等级和公司标准等级。一般而言,我国的地下建筑安全风险管理法律法规体系是根据《中华人民共和国宪法》《中华人民共和国建筑法》和《中华人民共和国生产安全法》实施的;行政法规,包括《建设项目安全生产管理规定》和《安全生产许可证规定》,以及相应法规和标准的补充说明。近十年来在建立法律法规方面的主要进展可总结如下:

1)城市轨道交通

住房和城乡建设部于2010年1月发布了《城市轨道交通工程安全质量管理暂行办法》,对城市轨道交通项目风险评估、风险监测和应急处置做出了明确规定,并强调"安全质量风险管理必须在整个城市轨道交通项目建设中予以加强"。它明确规定了参与城市轨道交通建设的各方的责任。例如,要求项目所有者在初步设计阶段评估安全和质量风险并组织专家论证。同时,还需要专家对抗震性和抗风性进行具体评估。风险评估、现场监测和环境调查的费用应包括在预算中。地质调查阶段应明确地质风险。如有必要,应事先准备特殊地质条件调查指南。如果预计会有高风险,设计机构应就设计方案、环境监测和控制标准组织专家论证。同时,一系列相关法规,同时,为规范城市轨道交通建设工程质量安全事故应急预案管理,完善应急预案体系，增强应急预案的针对性、实用性和可操作性，依据《中华人民共和国突发事件应对法》《建设工程安全生产管理条例》和《突发事件应急预案管理办法》等有关法规、规定，制定了《城市轨道交通应急预案管理》。住房和城乡建设部还于2011年发布了《城市轨道交通地下工程建设风险管理规范》（GB 50652—2011），以规范风险管理的技术细节。

2）铁路隧道

铁路建设工程安全风险管理工作最早开始于原铁道部提出尽快开展铁路隧道风险评估指南编制工作的通知；随后，2007年印发了《铁路隧道风险评估与管理暂行规定》，在铁路隧道工程中开始实行风险管理工作；2010年，原铁道部在总结隧道工程风险管理经验的基础上，印发《铁路建设工程安全风险管理暂行办法》，提出安全风险管理的具体要求，在铁路工程中全面实施安全风险管理工作。具体要求包括：①勘察设计单位按照要求开展施工设计风险评估，确定风险等级，提出风险控制措施和风险防范注意事项，开展风险工点设计交底工作，并做好有关设计配合；②建设单位制订风险管理办法，组织对勘察设计单位提出的高风险工点及风险等级的论证，对风险实施动态管理，对高风险工点实施领导包保；③施工单位成立风险管理机构，配备风险管理人员，制订风险管理实施细则，针对危险性较大工程、高风险工点，编制专项施工方案和风险管理措施，编制风险工点作业指导书，开展教育培训和技术交底工作，对高风险工点实施领导包保和带班制度；④监理单位按要求参与风险等级评审，审查施工单位上报的风险管理实施细则和专项施工方案，督促施工单位落实具体风险管控措施。

2014年，中国铁路总公司发布了《铁路建设工程风险管理技术规范》（Q/CR 9006—2014），进一步加强对铁路建设风险管控的管理监督工作，并在2016年发布了针对铁路隧道施工风险管理的规范《铁路隧道工程风险管理技术规范》（Q/CR 9247—2016），旨在完善铁路隧道建设工程的风险管理体系。

3）公路隧道

在交通工程方面，交通运输部于2010年发布了《公路桥梁和隧道设计安全风险评估指南》；2011年发布了《公路桥梁和隧道施工安全风险评估指南》，该指南提供了评估公路桥梁和隧道施工中常见风险的详细可行的方法。

我国建立了涵盖多层次的法律、法规和行业标准的安全风险管理法律体系。但是，在法律制度的实施中还有许多挑战。

4）隐患排查治理体系

近年来，随着中国城市化进程的迅速推进，国内城市轨道交通建设迎来了线网建设的高峰期，但部分施工现场安全隐患管理工作还处于传统排查模式，存在管理人员意识淡薄、隐患治理不及时及同类隐患反复出现等问题，安全隐患管理形势尤为严峻。同时《中华人民共和国安全生产法》《安全生产事故隐患排查治理暂行规定》《房屋市政工程生产安全重大隐患排查治理挂牌督办暂行办法》，以及正在起草的《城市轨道交通工程安全质量事故隐患排查治理暂行规定》，都对隐患排查治理工作提出了新的要求，并鼓励建设单位、施工单位等加强施工现场安全监控管理，建立健全隐患排查治理机制，提高事故防范能力。

然而，大部分建设单位并未重视隐患信息的管理与安全生产意识的培养，只是简单地人工巡检抽查、记录检查情况，这就会造成隐患排查不彻底、隐患上报不及时及监督人员排查不到位等问题。为了真正实现国家关于安全生产“安全第一、预防为主、综合治理”方针的目的，最有效的方法就是建立和健全隐患排查制度，通过信息化手段，建立标准、规范程序、强化考核，实现全面彻底的隐患排查，及时闭合的隐患治理，大幅度减少安全质量事故隐患，降低工程建设安全质量事故的发生。由此可见，安全生产隐患排查治理工作是城市轨道交通工程建设安全管理的重要内容，必须严格执行。

早在2015年铁路工程就开始推进风险管理信息化系统的建设，到2016年国家提出风险分级管控和隐患排查治理双重预防机制的要求，各地城市轨道交通建设单位陆续建立隐患排查治理体系。体系建立的重要两点：一是隐患分类分级，二是建立责任排查治理。第一点可基于《城市轨道交通工程质量安全检查指南》，参考许州炬对地铁质量安全隐患排查机制的研究，将安全隐患分为22个大类，质量隐患分为18个大类，具体详细分类由于各地施工工法、地质条件、周边环境都不同，需根据自身情况进行详细分类，也可借鉴许州炬文中的详细分类。而隐患分级则基本都分为4个等级（Ⅰ～Ⅳ级）。第二点是响应机制的设计，隐患等级不同，响应的单位不同，响应的职位人员也不同，而如何设计这一响应机制，宁波地铁做了深入研究，并制订响应方案，在实际应用中取得不错的效果。可借鉴其响应机制，如图1-17所示，为施工单位发布一级隐患的响应流程。其他流程由于篇幅所限就不一一列出。

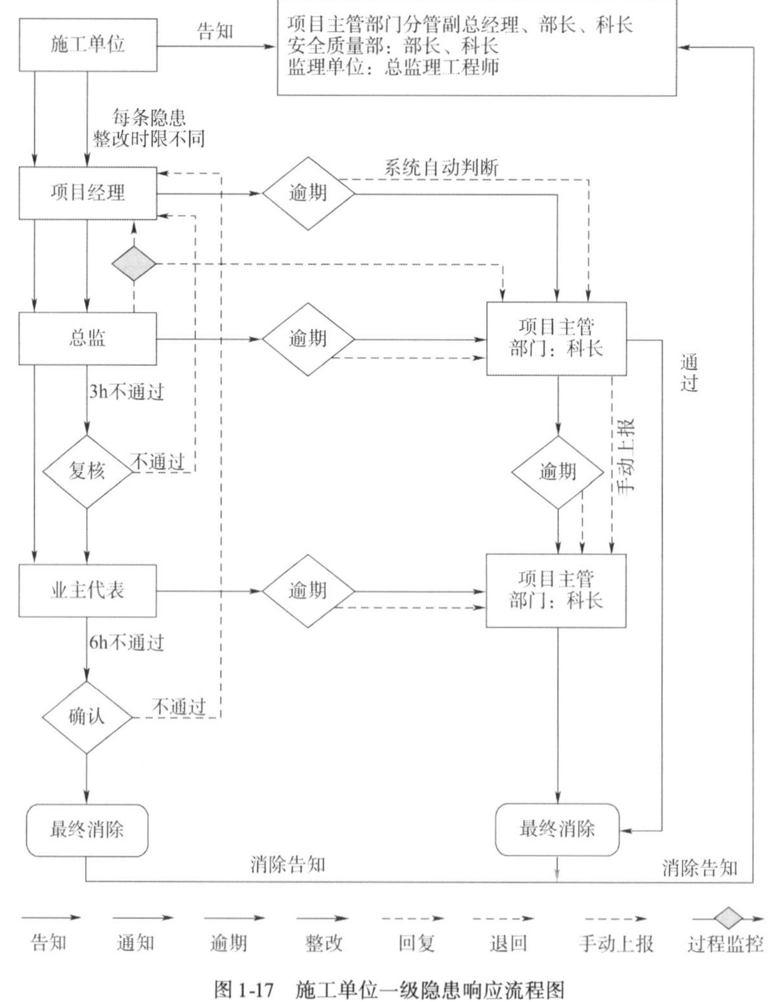

图1-17 施工单位一级隐患响应流程图

第 2 章　风险管理内容

2.1　风险评估管理方法

2.1.1　定性风险评估方法

2.1.1.1　检查表法

为了查找工程、系统中各种设备设施、物料、工件、操作、管理和组织措施中的危险、有害因素，事先把检查对象加以分解，将大系统分割成若干小的子系统，以提问或打分的形式，将检查项目列表逐项检查，避免遗漏，这种表称为安全检查表。

安全检查表的目的是分析利用检查条款按照相关的标准、规范等对已知的危险类别、设计缺陷以及与一般工艺设备、操作、管理有关的潜在危险性和有害性进行判别检查。

为了编制一张标准的检查表，评价人员应确定检查表的标准设计或操作规范，然后依据缺陷和不同差别来编制检查表。

随着具体情况不同采用不同的检查表，我们可以简单分为检查结果的定性化、半定量化，或定量化的安全检查表（但要注意安全检查表只能作定性分析不能定量，也就是说它们不能提供危险度的分级）。

1）检查结果定性化

安全检查表应列举需查明的所有导致事故的不安全因素，通常采用提问方式，并以“是”或“否”来回答，“是”表示符合要求，“否”表示还存在问题，有待于进一步改进，“部分符合”表示有一部分符合条件，另一部分不符合条件。回答“是”的符号为“√”，表示“否”的符号为“×”，表示“部分符合”的符号为“≈”。所以在每个提问后面也可以设有改进措施栏，每个检查表均需要注明检查时间、检查者、直接责任人，以便分清责任。

为了使提出的问题有所依据，可以收集有关此项问题的规章制度、规范标准，在有关条款后面注明名称和所在章节（表 2-1）。

提问型安全检查表　　表 2-1

序号	检查项目和内容	检查结果		标准依据	备注
		是	否		

2）检查结果的半定量

菲利浦石油公司安全检查表采用了检查表判分-分级系统，在这里作为安全检查表的判分系统采用的是三级判分系列 0-1-2-3，0-1-3-5，0-1-3-5-7。其中，评判的“0”为不能接受的条款，低于标准较多的判给“1”，稍低于标准的条件判给仅低于最大值的分数，符合标准条件的判给最大的分数。

判分的分数是一种以检查人员的知识和经验为基础的判断意见，检查表中分成不同的检查单元进行检查。为了得到更为有效的检查结果，用所得总分数除以各种类别的最大总分数的比值，以便衡量各单元的安全程度。

在汇总表上(表2-2)，分数的总和除以所检查种类的数目，此数表示所检查的有效的平均百分数。

半定量打分法的安全检查表 表2-2

<table>
<tr><th rowspan="2">序号</th><th rowspan="2">检查项目和内容</th><th colspan="2">检查结果</th><th rowspan="2">备　注</th></tr>
<tr><th>可判分数</th><th>判给分数</th></tr>
<tr><td rowspan="5"></td><td rowspan="4">检查条款</td><td>0-1-2-3(低度危险)</td><td></td><td rowspan="4"></td></tr>
<tr><td>0-1-3-5(中度危险)</td><td></td></tr>
<tr><td>0-1-5-7(高度危险)</td><td></td></tr>
<tr><td>总的满分</td><td>总的判分</td></tr>
<tr><td colspan="4">百分比 = 总的分数/总的可能的分数 = 判分/满分</td></tr>
</table>

注：选取0-1-2-3时，条款属于低危险程度，对条款的要求为“允许稍有选择，在条件许可的条件下首先应该这样做”；选取0-1-3-5时，条款属于中等危险程度，对条款的要求为“严格，在正常的情况下均应这样做”；选取0-1-5-7时，条款属于高危险程度，对条款的要求为“很严格，非这样做不可”。

3)检查结果的定量化

根据安全检查表检查结果及各分系统或子系统的权重系数，按照检查表的计算方法，首先计算出各子系统或分系统的评价分数值，再计算出各评价系统的评价得分，最后计算出评价系统(装置)的评价得分，确定系统(装置)的安全评价等级。

(1)划分系统

①以装置作为总系统，例如将评价系统划分为生产运行、储存运输、公用动力、生产辅助、厂区与作业环境职业卫生，检测和综合安全管理等若干个系统，其中综合安全管理系统对其余7个系统起制约和控制作用。

②每个系统又依次分为若干分系统和子系统，对最后一层各子系统(或分系统)根据不同的评价对象制订出相应的安全检查表。

(2)评分方法

①采用安全检查表赋值法，安全检查表按照检查内容和要求逐项赋值，每一张检查表以100分计。

②不同层次的系统、分系统、子系统给予权重系数，同一层次各系统权重系数之和等于1。

③评价时从安全检查表开始，按实际得分逐层向前推算，根据子系统的分数值和权重系数计算上一层分系统的分数值，最后得到系统的评价得分。系统满分应为100分。

(3)安全检查表检查的实施方法

每张检查表归纳了子系统(或分系统)内应检查的内容和要求，并制订评分标准和应得分。依照制订的安全检查表中各项检查的内容及要求，采取现场检查或查资料、记录、档案或抽考有关人员等方法，对评价对象进行检查。对不符合要求之项，根据“评分标准”给予扣分，扣完为止，不计负分。根据检查表检查的实得分，按系统划分图逐层向前推算，计算出评价系统的最终得分，并根据分数值划分安全等级。最后，汇总安全检查中发现的隐患，提出相应的整改措施。

(4)安全评价结果计算方法

①系统或分系统评价分数值计算：

$$M_i = \sum_{j=1}^{n} k_{ij} m_{ij} \tag{2-1}$$

式中：M_i——分系统或子系统分数值；

k_{ij}——分系统或子系统的权重系数；

m_{ij}——分系统或子系统的评价分数值；

n——分系统或子系统的数目。

②缺项计算：

用检查表检查如出现缺项的情况，其检查结果由实得分与应得分之比乘以 100 得到，即：

$$m_i = \frac{\sum_{j=1}^{n} k_{ij} m_{ij}}{\sum_{j=1}^{n} k_{ij}} \times 100 \tag{2-2}$$

式中：m_i——安全检查表评价得分；

m_{ij}——安全检查表实得分；

k_{ij}——安全检查表除去缺项应得分。

③装置最终评价结果计算：

$$A = \frac{g}{100} \sum_{i=1}^{7} K_i M_i \tag{2-3}$$

式中：A——装置最终评价分数值；

g——综合安全管理分系统分数值；

K_i——各系统权重系数；

M_i——各系统评价分数值。

装置满分应为 100 分。

(5)系统(装置)安全等级划分

根据评价系统最终的评价分数值，按表 2-3 确定系统(装置)的安全等级。

系统(装置)安全评价等级划分　　表 2-3

安全等级	系统安全评价分值范围	安全等级	系统安全评价分值范围
特级安全级	$A \geqslant 95$	临界安全级	$50 \leqslant A < 80$
安全级	$80 \leqslant A < 95$	危险级	$A < 50$

4)安全检查表的优缺点与适用性

安全检查表具有下列优点：

①能根据预定的目的要求进行检查，突出重点、避免遗漏，便于发现和查明各种危险及隐患；

②可针对不同行业编制各种安全检查表，使安全检查和事故分析标准化、规范化；

③可作为安全检查人员履行职责的凭据，有利于落实安全生产责任制，有利于安全人员提高现场安全检查水平；

④安全检查表关系到每位工人的切身利益，它能将安全工作推向群众，做到人人关系安全生产、个个参加安全管理，达到“群查群治”的目的。

安全检查表的主要缺点是不能进行定量评价。

安全检查表分析可适用于工程、系统的各个阶段。安全检查表可以评价物质、设备和工艺，常用于专门设计的评价。检查表法也能用在新工艺（装置）的早期开发阶段，判定和估测危险，还可以对已经运行多年的在役（装置）的危险性进行检查（安全检查表常用于安全验收评价、安全现状评价、专项安全评价，而很少推荐用于安全预评价）。

2.1.1.2 专家调查法

专家调查法也是常用的风险辨识方法，专家调查法中被调查的专家主要分为两类，一类是从事工程项目风险管理的技术人员和管理人员，另一类是从事与工程项目相关领域研究的工作人员。专家调查法主要包括德尔菲法和头脑风暴法。

1）德尔菲法

用德尔菲法进行项目风险预测和辨识的过程是由项目风险小组选定与该项目有关的专家，并与一定数量的专家建立直接的函询联系（目前还可结合手机短信、网络、电话、传真），通过函询收集专家意见，然后加以综合整理，再匿名反馈给各位专家，再次征询意见，这样反复经过四~五轮，逐步使专家的意见趋向一致，作为最后预测和辨识的根据。

2）头脑风暴法

头脑风暴法一般是在一个专家小组内进行，通过专家会议，发挥专家的创造性思维，这就要求主持专家会议的人在会议开始时的发言应能激起专家们的思维灵感，促使专家们感到急需回答会议提出的问题，通过专家之间的信息交流和相互启发，从而诱发专家们产生思维共振，以达到相互补充的目的，并产生组合效益，获取更多的未来信息，使预测和辨识的结果准确。

3）专家调查法的优缺点与适用性

专家调查法的优点主要是可防止由于专家多而产生当面交流困难、效率低，避免了因权威作用或人数多而压倒其他意见而多次征询意见。

其缺点主要是由于专家不能当面交流，缺乏沟通，可能会坚持错误意见；由于是函询法，且又多次重复，会使某些专家最后不耐烦而不仔细考虑填写。

专家调查法适用范围：

①难以借助精确的分析技术而可依靠集体的直观判断进行预测的风险分析问题；

②问题复杂、专家代表不同的专业并没有交流的历史；

③受时间、经费限制，或因专家之间存有分歧、隔阂不宜当面交换意见。

2.1.2 定量风险评估方法

2.1.2.1 层次分析法

应用层次分析法（Analytic Hierarchy Process，AHP）进行多目标决策，首先要把问题条理化、层次化，构造出能够反映系统本质属性和内在联系的递阶层次结构模型。在这种层次结构模型中,根据系统分析的结果,弄清楚系统与环境的关系、系统所包含的因素、因素之间的相互联系和隶属关系等,将具有共同属性的元素归并为一组,作为结构模型的一个层次。同一层次的元素既对下一层的元素起着制约作用,同时又受到上一层次元素的制约,这样就构造出了递阶层次结构模型。

根据所识别的风险,建立层次分析法风险评估模型,主要包括风险总目标层、风险子目标层、分部风险目标层以及风险事件层四个层次,如图 2-1 所示。

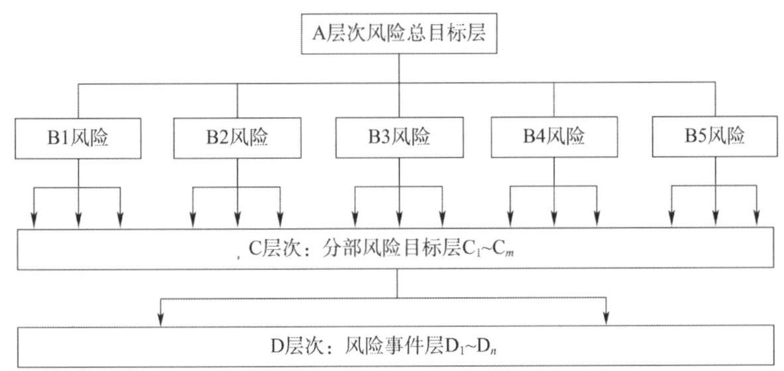

图 2-1 层次分析法风险评估模型

1)构造判断矩阵

在构建了递阶层次结构后,决策就转换为层次元素排序的问题。AHP 采用重要性权值作为元素排序的评判指标。重要性权值是一种相对度量数,其数值介于 0 ~ 1。数值越大,表示元素越重要。最低层元素关于最高层总目标的重要性权值,是通过递阶层次从上到下逐层计算得到的:先进行层次单排序,再进行层次总排序。这个过程称为递阶层次权重解析过程。

递阶层次权重解析的基础,是测算每一层次各元素关于上一层次某元素的重要性权值。这种测算是通过构造判断矩阵实现的,也就是以相邻上一层某元素为准则,该层次元素两两比较判断,按照特定的评分标准将比较结果数量化,形成判断矩阵,见表 2-4,元素之间两两对比,对比采用相对尺度,设要比较各准则 $C_1, C_2, \cdots, C_n$ 对目标 O 的重要性,要由 $\boldsymbol{A}$ 确定 $C_1, \cdots, C_n$ 对 O 的权向量:

$$C_i : C_j \Rightarrow a_{ij}$$

$$\boldsymbol{A} = \{a_{ij}\}_{n\times n}, a_{ij} > 0, a_{ji} = \frac{1}{a_{ij}}$$

两两判断矩阵 表 2-4

风 险 i	风 险 j			
	A_1	A_2	…	A_n
A_1	a_{11}	a_{12}	…	a_{1n}
A_2	a_{21}	a_{22}	…	a_{2n}
⋮	⋮	⋮	…	⋮
A_n	a_{n1}	a_{n2}	…	a_{nn}

注:a_{ij} 表示元素 i 相对于元素 j 的重要性评分数值。

构建判断矩阵评判准则标准如表 2-5 所示。

判断矩阵评判准则表　　表 2-5

标度	含　义
1	表示两因素相比,具有同样重要性
3	表示两因素相比,一个因素比另一个因素稍微重要
5	表示两因素相比,一个因素比另一个因素明显重要
7	表示两因素相比,一个因素比另一个因素强烈重要
9	表示两因素相比,一个因素比另一个因素极端重要
2、4、6、8	上述两相邻判断中间值,如 2,为属于同样重要和稍微重要之间

通过对层次结构中较低一层次的各元素相对于其隶属的上一层次某元素的重要程度两两对比,从而构建判断矩阵。判断矩阵可表示为:

$$\boldsymbol{A}=\begin{bmatrix} a_{11} & a_{12} & \cdots & a_{1n} \\ a_{21} & a_{22} & \cdots & a_{2n} \\ \vdots & \vdots & \ddots & \vdots \\ a_{n1} & a_{n2} & \cdots & a_{nn} \end{bmatrix}$$

$\boldsymbol{A}$ 是正互反矩阵,通过一致性检验比较,例如 $a_{21}=2(C_2:C_1)$,$a_{13}=4(C_1:C_3)$,可得出 $a_{23}=8(C_2:C_3)$,与实际的进行比较。允许出现不一致的情况,但不一致要在一定范围内。

考察完全一致的情况,$\boldsymbol{W}$ 可作为一个排序向量,令 $a_{ij}=W_i/W_j$,成对比较,满足 $a_{ij}\times a_{jk}=a_{ik}$,$i,j,k=1,2,3,\cdots n$ 的正互反矩阵 $\boldsymbol{A}$ 成为一致阵。

$$\boldsymbol{A}=\begin{bmatrix} \frac{W_1}{W_1} & \frac{W_1}{W_2} & \cdots & \frac{W_1}{W_n} \\ \frac{W_2}{W_1} & \frac{W_2}{W_2} & \cdots & \frac{W_2}{W_n} \\ \vdots & \vdots & \ddots & \vdots \\ \frac{W_n}{W_1} & \frac{W_n}{W_2} & \cdots & \frac{W_n}{W_n} \end{bmatrix}$$

一致阵性质:$\boldsymbol{A}$ 的秩为 1,$\boldsymbol{A}$ 的唯一非零特征根为 n;非零特征根 n 所对应的特征向量归一化后可作为权向量。$\boldsymbol{Aw}=n\boldsymbol{w}$。

对于不一致(但在允许范围内)的成对比较阵 $\boldsymbol{A}$,Saaty 等人建议用对应于最大特征根的特征向量作为权向量 $\boldsymbol{w}$,即 $\boldsymbol{Aw}=\lambda\boldsymbol{w}$。

对应于判断矩阵最大特征根 λ_{max} 的特征向量,经归一化(使向量中各元素之和等于 1)后记为 $\boldsymbol{W}$。$\boldsymbol{W}$ 的元素为同一层次因素对于上一层次因素某因素相对重要性的排序权值,这一过程称为层次单排序。能否确认层次单排序,需要进行一致性检验,所谓一致性检验是指对 $\boldsymbol{A}$ 确定不一致的允许范围。

定理:n 阶一致阵的唯一非零特征根为 n。

定理:n 阶正互反阵 $\boldsymbol{A}$ 的最大特征根 $\lambda\geqslant n$,当且仅当 $\lambda=n$ 时,$\boldsymbol{A}$ 为一致阵。

由于 λ 连续的依赖于 a_{ij},则 λ 比 n 大的越多,$\boldsymbol{A}$ 的不一致性越严重。用最大特征值对应的特征向量作为被比较因素对上层某因素影响程度的权向量，其不一致程度越大，引起的判断误差越大。因而可以用 $\lambda - n$ 数值的大小来衡量 $\boldsymbol{A}$ 的不一致程度，即定义一致性指标：

$$\mathrm{CI} = \frac{\lambda - n}{n - 1} \tag{2-4}$$

CI = 0，有完全的一致性；

CI 接近于 0，有满意的一致性；

CI 越大，不一致越严重。

为衡量 CI 的大小，引入随机一致性指标 RI。方法为随机构造 500 个成对比较矩阵 $\boldsymbol{A}_1$，$\boldsymbol{A}_2$，…，$\boldsymbol{A}_{500}$，则可得一致性指标 CI_1，CI_2，…，CI_{500}。

$$\mathrm{RI} = \frac{\mathrm{CI}_1 + \mathrm{CI}_2 + \cdots + \mathrm{CI}_{500}}{500} = \frac{\dfrac{\lambda_1 + \lambda_2 + \cdots + \lambda_{500}}{500} - n}{n - 1} \tag{2-5}$$

Saaty 得出的结果如下。

定义一致性比率：$\mathrm{CR} = \frac{\mathrm{CI}}{\mathrm{RI}}$，当一致性比率 $\mathrm{CR} = \frac{\mathrm{CI}}{\mathrm{RI}} < 0.1$ 时，认为 $\boldsymbol{A}$ 的不一致程度在容许范围之内，有满意的一致性，通过一致性检验。可用其归一化特征向量作为权向量；否则要重新构造成对比较矩阵 $\boldsymbol{A}$，对 a_{ij} 加以调整。

一致性检验：利用一致性指标（一致性比率 <0.1）及随机一致性指标的数值表，对 CR 进行检验的过程。

2）层次单排序，并做一致性检验

正互反阵最大特征根和特征向量的简化计算（精确计算复杂且不必要）的思路：一致矩阵的任一列向量都是特征向量，一致性尚好的正互反阵的列向量都应近似特征向量，可取其某种意义下的平均值。

和法：取列向量的算术平均值，将 $\boldsymbol{A}$ 列向量归一化，求行和，得到 $\boldsymbol{w}$，计算出 $\boldsymbol{Aw}$，之后根据 $\boldsymbol{Aw} = \lambda \boldsymbol{w}$ 关系，计算 λ。

例如：

$$\boldsymbol{A} = \begin{bmatrix} 1 & 2 & 6 \\ 1/2 & 1 & 4 \\ 1/6 & 1/4 & 1 \end{bmatrix}$$

列向量归一化得出：

$$\boldsymbol{A} = \begin{bmatrix} 0.6 & 0.615 & 0.545 \\ 0.3 & 0.308 & 0.364 \\ 0.1 & 0.077 & 0.091 \end{bmatrix}$$

求行和归一化得出：

$$\begin{Bmatrix} 0.587 \\ 0.324 \\ 0.089 \end{Bmatrix} = \boldsymbol{w}$$

根据 $\boldsymbol{Aw} = \lambda \boldsymbol{w}$，有：

$$\lambda = \frac{1}{3}\left(\frac{1.769}{0.587} + \frac{0.974}{0.324} + \frac{0.268}{0.089}\right) = 3.009$$

而精确结果：$\boldsymbol{w} = \{0.588, 0.322, 0.090\}^{\mathrm{T}}, \lambda = 3.010$。

在构造判断矩阵的基础上，计算判断矩阵的最大特征值和对应的特征向量，以特征向量各分量表示该层次元素的重要性权重，这种排序称为单排序。排序计算沿着递阶层次结构，从上到下逐层进行。

在实际工程中，并不要求过高的精度，方根法就是一种常用并有效的近似算法，具体步骤如下：

①求判断矩阵每行所有元素的几何平均值$\overline{w}_i$：

$$\overline{w}_i = \sqrt[n]{\prod_{j=1}^{n} a_{ij}} \tag{2-6}$$

式中，$i = 1, 2, 3, \cdots, n$，n 为判断矩阵阶数。

②将$\overline{w}_i$ 归一化，计算本层次隶属于上一层次某元素的第 i 个元素重要性的权值 w_i：

$$w_i = \frac{\overline{w}_i}{\sum_{i=1}^{n} \overline{w}_i} \tag{2-7}$$

③计算判断矩阵的最大特征值 $\lambda_{\max}$：

$$\lambda_{\max} = \sum_{i=1}^{n} \frac{(\boldsymbol{Aw})_i}{n w_i} \tag{2-8}$$

式中：$\boldsymbol{A}$——判断矩阵；

w——$\boldsymbol{w} = (w_1, w_2, \cdots, w_n)^{\mathrm{T}}$；

$(\boldsymbol{Aw})_i$——向量$(\boldsymbol{Aw})$的第 i 个元素。

④一致性检验：

为了考察判断矩阵对于各元素重要性的对比设定是否标准一致，需要在各层次单排序中进行一致性检验。当一致性比率 CR <0.1 时，判断矩阵才有满意的一致性；否则需要调整判断矩阵，直到检验通过。

$$\mathrm{CI} = \frac{\lambda_{\max} - n}{n - 1} \qquad \mathrm{CR} = \frac{\mathrm{CI}}{\mathrm{RI}}$$

平均随机一致性指标见表 2-6。

平均随机一致性指标表 表 2-6

阶数	1	2	3	4	5	6	7	8
RI	0	0	0.52	0.89	1.12	1.26	1.36	1.41
阶数	9	10	11	12	13	14	15	
RI	1.46	1.49	1.52	1.54	1.56	1.58	1.59	

层次总排序及其一致性检验：计算某一层次所有因素对于最高层（总目标）相对重要性的权值，称为层次总排序。这一过程是从最高层次到最低层次依次进行的。

A 层 m 个因素 $A_1, A_2, \cdots, A_m$，对总目标 Z 的排序为 $a_1, a_2, \cdots, a_m$，B 层 n 个因素对上层 A 中的因素为 A_j的层次单排序为 $b_{1j}, b_{2j}, \cdots, b_{nj}(\mathrm{j} = 1, 2, 3, \cdots, n)$，B 层的层次总排序为：

$$B_1: a_1 b_{11} + a_2 b_{12} + \cdots + a_m b_{1m}$$
$$B_2: a_1 b_{21} + a_2 b_{22} + \cdots + a_m b_{2m}$$
$$\vdots$$
$$B_n: a_1 b_{n1} + a_2 b_{n2} + \cdots + a_m b_{nm}$$

即B层第 i 个因素对总目标的权值为 $\sum_{j=1}^{m} a_j b_{ij}$（表2-7）。

层次总排序计算表　　表2-7

B	A				B层的层次总排序
	A_1	A_2	…	A_m	
	a_1	a_2	…	a_m	
B_1	b_{11}	b_{12}	…	b_{1m}	$\sum_{j=1}^{m} a_j b_{ij} = b_1$
B_2	b_{21}	b_{22}	…	b_{2m}	$\sum_{j=1}^{m} a_j b_{2j} = b_2$
⋮	⋮	⋮	…	⋮	⋮
B_n	b_{n1}	b_{n2}	…	b_{nm}	$\sum_{j=1}^{m} a_j b_{nj} = b_n$

层次总排序的一致性检验，设B层 $B_1, B_2, \cdots, B_n$ 对上层（A层）中因素 $A_j (j=1,2,\cdots,m)$ 的层次单排序一致性指标 CI_j，随机一致性指标为 RI_j，则层次总排序的一致性比率为：

$$CR = \frac{a_1 CI_1 + a_2 CI_2 + \cdots + a_m CI_m}{a_1 RI_1 + a_2 RI_2 + \cdots + a_m RI_m}$$

当 $CR \leqslant 0.1$ 时，认为层次总排序通过一致性检验。层次总排序具有满意的一致性，否则需要重新调整那些一致性比率高的判断矩阵的元素取值。

3）计算总体的风险指数 R

进行施工期间安全风险评估时，采用层次分析法与专家打分相结合的综合评判方法。项目部组织内部专业技术人员，经过充分讨论对层次分析法模型中底层风险因素发生可能性以及发生后的后果非效用值进行评分，结合层次分析法中各层次风险权重的计算，计算出各层次风险的风险系数，作为衡量风险因素、风险水平的最终指标，进而根据风险等级的评定标准来判断各风险因素的风险等级。

2.1.2.2　蒙特卡罗模拟分析法

蒙特卡罗模拟分析法的基本思想是将待求的风险变量当作某一特征随机变量。通过某一给定分布规律的大量随机数值，作为解释该数字特征的统计量和所求风险变量的近似解。具体方法是通过随机变量函数发生器产生一定随机数的概率模拟，理论上试验次数越多，分布越接近真实值，但实际上达到50～300次后分布函数便不再有显著变化，趋于稳定。

①实施步骤。编制风险清单；采用专家调查法确定风险因素的影响程度和发生概率；建立数学模型；用随机变量函数发生器产生随机数序列，产生模型（系统模拟）输出，在每种情况下，计算机以不同的输入运行模型多次（经常到10000次）并产生多种输出；将随机抽样的

数据进行模拟试验,取得计算结果后从中找出规律;分析与总结,标准差检验结果,确定模拟可靠度程度,并根据可靠性确定是否另行实验。

一般来说,蒙特卡罗模拟分析法要求一系列输入数据互相影响来确定输出结果;输入数据与输出结果之间的关系表述为合乎逻辑的代数关系,输入数据存在不确定性,因此输出结果也存在不确定性。蒙特卡罗模拟分析法的输出结果可能是个单值,也可能是表述为概率或频率分布的结果,或是对输出结果产生最大影响的模型内的主要功能的识别。

②输入。进行蒙特卡罗模拟分析时,需要构建一个可以很好地描述系统特性的模型。模型中各变量的输入数据需要依据其分布随机产生。为此,均匀分布、三角分布、正态分布和对数分布经常被使用。

③输出。输出结果可能是单个数值;也可能是表述为概率或频率分布的结果。一般来说,蒙特卡罗模拟分析法可用来评估可能出现的结果的整体分布,或是个体分布的关键测评:期望结果出现的概率;在某个置信概率下的结果值。对输入数据与输出结果之间关系的分析,可以说明目前发挥作用因素的相对重要性,同时可识别那些旨在减少结果不确定性的工作的有用目标。

④优点。蒙特卡罗模拟分析法的优点包括:从原则上讲,该方法适用于任何类型分布的输入变量;依赖于能够代表参数不确定性的有效分布;实际产生的任何影响或关系都可以进行表示,包括微妙的影响,如条件依赖;可以用于识别较强及较弱的影响;模型便于理解,因为输入数据与输出结果之间的关系是透明的;提供了一个结果准确性的衡量;软件便于获取且成本较低。

⑤局限性。结果准确性取决于可执行的模拟次数(随着计算机运行速度的加快,这一限制越来越小);依赖于能够代表参数不确定性的有效分布;大型复杂的模型可能对建模者具有挑战性,很难使利益相关方参与到该过程中;由于抽样效率的限制,该方法对于组织最为关注的严重结果/低概率的风险事件预测效力不足。

⑥适用范围。蒙特卡罗模拟分析法适用于较为复杂的大中型项目风险管理。

2.1.2.3 可靠度分析法

1)结构可靠度的基本概念

在自然界及人类生活中,由于时间、地点及各种影响因素和控制条件的不同,同一事件将会产生不同的结果,在数学上称这种不确定性为随机性。在结构工程中,为保证结构的可靠性,就要从结构的组成材料、使用条件和环境、施工等方面研究可能存在的各种随机不确定性,并利用适当的数学方法将这些随机不确定性与结构的安全性或可靠性联系起来,这就是近年发展起来的结构可靠度理论。以可靠度理论为基础对结构进行极限状态设计是工程结构设计理论中的一个重大发展。

根据当前国际上的一致看法,结构可靠性定义为:结构在规定的时间内,在规定的条件下,完成预定功能的能力。这里所说的“规定时间”是指设计假定的结构使用时间,即设计基准期。“规定条件”是指结构正常设计、正常施工和正常使用等条件。“预定功能”是指下面三项基本要求:

①安全性。即要求结构在规定条件下应能承受可能出现的各种作用(包括荷载、外加变形和约束变形等)以及遇到偶然事件时应能保持必需的整体稳定性。

②适用性。即要求结构在正常使用时应具有良好的工作性能,例如,不能有过大的变形和开裂等。

③耐久性。即要求结构在正常维护下应能满足预定的功能要求,并具有足够的耐久性能。

通常,我们将结构的安全性、适用性和耐久性总称为结构的可靠性,这是一种对结构功能的定性概念。结构可靠度是对结构可靠性的概率度量,它是建立在统计数学的基础上经计算分析后确定的,是一种定量概念。研究结构的可靠度就是为了使结构能以最经济的途径,即适当的可靠度来满足各种预定功能的要求。

2)结构的功能函数与极限状态

在结构可靠度分析中,当 $\boldsymbol{X}=[X_1\ X_2\cdots\ X_n]^{\mathrm{T}}$ 表示影响结构某一功能的基本随机向量时,则与此功能对应的结构功能函数为:

$$Z=G(\boldsymbol{X}) \tag{2-9}$$

一般情况下,也可将影响结构功能的因素归纳为两个综合变量,即结构的荷载作用效应 S 和结构抗力 R,此时结构功能函数可表达为:

$$G(R,S)=R-S \tag{2-10}$$

如果对功能函数做一次观测,可能出现三种情况:

①当 $Z>0$ 时,结构处于可靠状态;

②当 $Z=0$ 时,结构达到极限状态;

③当 $Z<0$ 时,结构处于失效状态。

通常,我们把方程:

$$G(X)=0 \tag{2-11}$$

称为结构的极限状态方程,它是结构可靠度分析的重要依据。

在结构可靠度分析中,为了正确描述结构的工作状态,必须明确规定结构安全、适用、耐久以及结构失效的界限(结构模糊可靠度除外),这样的界限称为结构的极限状态。极限状态的概念是苏联学者在20世纪50年代初提出来的,现已为世界工程界所公认。我国《工程结构可靠性设计统一标准》(GB 50153—2008)对结构极限状态的定义为:整个结构或结构的一部分超过某一特定状态就不满足规定的某一功能要求,此特定状态即为该功能的极限状态。极限状态是判别结构工作状态为可靠还是失效的分界线。对于结构的各种极限状态,均应明确规定其标志和限值。根据结构不同的功能要求,结构的极限状态可划分为两类:承载能力极限状态、正常使用极限状态。

(1)承载能力极限状态

这种极限状态对应于结构或构件达到最大承载能力或出现不适于继续承载的变形。承载能力极限状态直接关系到结构的安全性,任何工程结构均需做承载能力极限状态的设计,且要求其出现的失效概率相当低。当结构或构件出现下列情况之一时,即认为其超过了承载能力极限状态:

①整个结构或结构的一部分作为刚体失去平衡(如滑动、倾覆等)。

②结构构件或连接处超过了材料的强度而破坏(包括疲劳破坏),或因过度变形而不适于继续承载。

③结构转变为机动体系。

④结构或构件丧失稳定(如压屈等)。承载能力极限状态的发生概率应当很低,因为这种状况一般将导致人员伤亡和重大财产损失。

(2)正常使用极限状态

这种极限状态对应于结构或构件达到正常使用或耐久性能的某项规定限值,关系到结构的工作条件和耐久程度。一般来说,公路桥梁结构均需做正常使用极限状态的设计。当结构或构件出现下列情况之一时,即认为其超过了正常使用极限状态:

①影响正常使用或外观的变形;

②影响正常使用或耐久性能的局部破坏(包括裂缝);

③影响正常使用的振动;

④影响正常使用的其他特定状态。

与承载能力极限状态相比较,正常使用极限状态对安全的危害较小,故可降低可靠度要求,但是仍然应予以足够的重视。对于桥梁结构,构件有稍大的变形虽然一般不会导致破坏,但若梁的扰动过大,会导致桥面行车的不平顺,影响车辆通行速度,且使桥面易于积水和破坏,由于梁端的转动而使支撑面积改变,车辆行驶时将会引起过大的冲击和振动,产生噪声或引起人们心理上的不安全感和生理上的不舒适感;对于钢筋混凝土构件,过大的裂缝,影响结构的耐久性,有碍观瞻,有时还会导致重大的工程事故;钢结构中的微裂纹常常导致疲劳破坏,这样的灾难性事故时有发生。

目前,结构可靠度设计一般是将赋予概率意义的极限状态方程转换为极限状态设计表达式,此类设计均可称为概率极限状态设计。工程结构设计中应用概率意义上的可靠度、失效概率及可靠指标来衡量结构的安全程度,是工程结构设计思想和设计方法上的一大进步。实际上,结构的设计不可能也不必须是绝对可靠的,最多说它的不可靠概率或失效概率相当小,关键在于结构失效的概率小到何种程度人们才能比较放心接受。

3)结构的可靠指标及几何意义

(1)结构的可靠指标

结构可靠性是用可靠度来度量的,结构可靠度定义为在规定的时间内和规定的条件下结构完成预定功能的概率,表示为 P_{r}。相反,如果结构不能完成预定的功能,则称相应的概率为结构失效的概率,表示为 P_{f}。结构的可靠与失效为两个互不相容事件,因此,结构的可靠概率 P_{r} 与失效 P_{f} 是互补的,即:

$$P_{\mathrm{r}} + P_{\mathrm{f}} = 1 \tag{2-12}$$

结构设计要解决的根本问题在于:在保证结构安全使用的前提下,力求经济,使结构满足各项预定的功能。从概率的观点考虑,要求结构绝对可靠是没有必要的,设计时只要使结构的失效概率小到人们能接受的程度,就可以认为结构是可靠的。结构可靠度分析的核心问题就是根据随机变量的统计特性和结构功能计算结构的失效概率。按照结构可靠度的定义和概率论的基本原理,若结构中的基本随机向量为 $\boldsymbol{X} = [X_1 X_2 \cdots X_n]^{\mathrm{T}}$,相应的概率密度函数为 $f_X(x)$,由这些随机变量表示的结构功能函数为 $Z = G(X)$,则结构的失效概率表示为:

$$P_{\mathrm{f}} = P(Z < 0) = \int_{Z<0} \int \cdots \int f_{X_1 X_2 \cdots X_n}(x_1, x_2, \cdots x_n) \mathrm{d}x_1 \mathrm{d}x_2 \mathrm{d}x_n \tag{2-13}$$

若随机变量 $X_1,X_2,\cdots,X_n$ 相互独立，则式(2-5)变为：

$$P_f = P(Z<0) = \int_{Z<0}\int\cdots\int f_{X_1}(x_1)f_{X_2}(x_2)\cdots f_{X_n}(x_n)\mathrm{d}x_1\mathrm{d}x_2\mathrm{d}x_n \tag{2-14}$$

由数值积分法直接计算结构的失效概率，即使对于最简单的结构功能函数也是非常麻烦的。式(2-13)或式(2-14)显然是求解一个多维积分，而实际的结构可靠度分析中随机变量的数目往往很多，且结构功能函数多为隐式的复杂非线性函数，积分区域是难以确定的，因此直接通过数值积分计算结构的失效概率，目前来讲，在实际工程中是难以实现的。目前，人们通常采用比较简便的近似方法计算，而且往往先求得结构的可靠指标，然后再求得相应的失效概率。

考虑到直接应用数值积分方法计算结构失效概率的困难性，所以需要研究便于工程应用的计算方法，为此引入了结构可靠指标的概念。可靠指标 β 与可靠度的关系定义为：

$$\beta = \Phi^{-1}(P_r) \tag{2-15}$$

利用式(2-15)还可以导出可靠指标 β 与失效概率的关系为：

$$\beta = \Phi^{-1}(1-P_f) = -\Phi^{-1}(P_f) \tag{2-16}$$

由式(2-16)可知，由结构失效概率 P_f 可唯一确定可靠指标 β，β 与 P_f 或 P_r 具有一一对应的数量关系，β 越大，则失效概率 P_f 越小，可靠度 P_r 越大；反之亦然。因此，可靠指标 β 是失效概率的度量，可以表示结构的可靠程度。

由式(2-10)可知，结构功能函数可以假定为由相互独立且服从正态分布的随机变量 R 和 S 表示的线性函数：

$$Z = G(R,S) = R - S \tag{2-17}$$

则功能函数 Z 也服从正态分布，根据概率知识有：

$$P_f = P(Z<0) = \int_{-\infty}^{0}\frac{1}{\sqrt{2\pi}\sigma_Z}\exp\left[-\frac{1}{2}\left(\frac{z-\mu_Z}{\sigma_Z}\right)\right]\mathrm{d}z \tag{2-18}$$

现将服从正态分布 $N(\mu_Z,\sigma_Z^2)$ 的 Z 转换为服从标准正态分布 $N(0,1)$ 的 t，即令：

$$t = \frac{z-\mu_Z}{\sigma_Z} \quad \mathrm{d}z = \sigma_Z\mathrm{d}t \tag{2-19}$$

由上式可见，当 $z\to-\infty$ 时，$t\to-\infty$；当 $z=0$ 时，$t=\frac{-\mu_Z}{\sigma_Z}$。代入式(2-18)后得：

$$P_f = \int_{-\infty}^{\frac{-\mu_Z}{\sigma_Z}}\frac{1}{\sqrt{2\pi}}\exp\left(-\frac{t^2}{2}\right)\mathrm{d}t = \Phi\left(-\frac{\mu_Z}{\sigma_Z}\right) \tag{2-20}$$

式中：$\Phi(\cdot)$——标准正态分布函数。

结合式(2-16)可知，此时

$$\beta = \frac{\mu_Z}{\sigma_Z} \tag{2-21}$$

由于 R 和 S 都服从正态分布，且其平均值和标准差分别为 μ_R、μ_S 和 σ_R、σ_S，则功能函数 Z 也服从正态分布，其平均值和标准差分别为 $\mu_Z=\mu_R-\mu_S$ 及 $\sigma_Z=\sqrt{\sigma_R^2+\sigma_S^2}$，由式(2-21)可得：

$$\beta=\frac{\mu_Z}{\sigma_Z}=\frac{\mu_R-\mu_S}{\sqrt{\sigma_R^2+\sigma_S^2}} \tag{2-22}$$

由式(2-22)可知,当结构功能函数 Z 服从正态分布时,可靠指标 β 等于 Z 的平均值和标准差之商,如果同时结构功能函数是由服从正态分布的随机变量组成的线性函数,则只需得到各个随机变量的平均值和标准差,就可以得到可靠指标 β,进而得到结构的失效概率,从而将计算结构失效概率从复杂的数值积分方法中解放出来。

但是在实际工程中,结构功能函数不一定服从正态分布,也不一定为线性函数,假定基本随机向量 $X=[X_1X_2\cdots X_n]^{\mathrm{T}}$ 中各随机变量相互独立且服从正态分布,结构功能函数

$$Z=G(X) \tag{2-23}$$

不再是线性函数,显然,这时精确求解 Z 的平均值和标准差是非常困难的,即使能够求得,Z 也不服从正态分布。为了计算可靠指标 β,需将功能函数 Z 近似为由服从正态分布随机变量组成的线性函数,对于服从非正态分布的随机变量则需通过数学变换为正态分布的随机变量。这时,由式(2-21)或式(2-22)求得的值与可靠指标 β 已不再具有精确关系,只是一种近似关系。

(2)可靠指标的几何意义

①功能函数为线性函数的情况。

为简单起见,依然不失一般性地考虑结构功能函数由两个基本随机变量构成的情况,假定 R 和 S 互相独立并分别服从正态分布 $N(\mu_R,\sigma_R^2)$ 和 $N(\mu_S,\sigma_S^2)$,则功能函数 Z 也服从正态分布。对 R 和 S 做标准化变换:

$$\begin{cases}\widehat{S}=\dfrac{S-\mu_S}{\sigma_S}\\ \widehat{R}=\dfrac{R-\mu_R}{\sigma_R}\end{cases} \tag{2-24}$$

显然,$\widehat{S}$ 和 $\widehat{R}$ 均服从 $N(0,1)$ 分布。将上式代入极限状态方程(2-17),有:

$$\widehat{R}\sigma_R+\mu_R-(\widehat{S}\sigma_S+\mu_S)=0 \tag{2-25}$$

用 $-\sqrt{\sigma_{\mathrm{R}}^2+\sigma_{\mathrm{S}}^2}$ 除式(2-25),得:

$$\left.\begin{aligned}&\widehat{S}\cos\theta_S+\widehat{R}\cos\theta_R-\beta=0\\ &\cos\theta_S=\frac{\sigma_S}{\sqrt{\sigma_R^2+\sigma_S^2}}\\ &\cos\theta_R=\frac{-\sigma_R}{\sqrt{\sigma_R^2+\sigma_S^2}}\end{aligned}\right\} \tag{2-26}$$

由解析几何知,在标准正态坐标系 $\widehat{S}\widehat{O}\widehat{R}$ 中,式(2-26)为结构极限状态直线的标准法线式方程。β 即为原点 $\widehat{O}$ 到结构极限状态直线的法线距离 $\widehat{O}P^*$,如图2-2 所示。β 的几何意义为标准正态坐标系中原点 $\widehat{O}$ 到结构极限状态直线的最短距离 d,坐标原点到结构极限状态直线垂线的垂足为验算点(图2-2 中 P^* 点)。

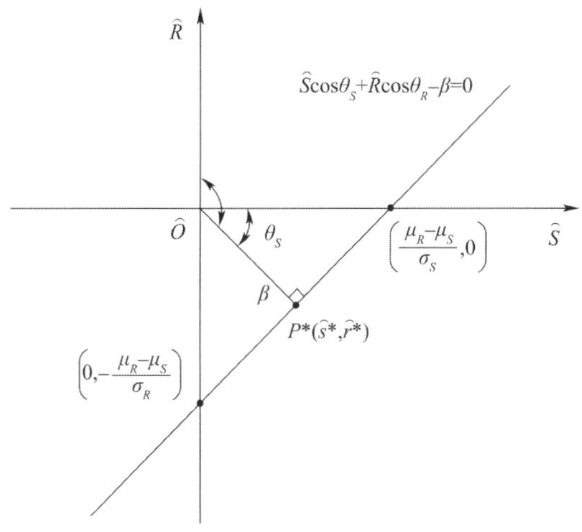

图2-2 $\widehat{S}\widehat{O}\widehat{R}$ 坐标系下的失效边界

对于包含多个随机变量的线性结构功能函数的情况。假设基本随机向量 $\boldsymbol{X}=[X_1X_2\cdots X_n]^{\mathrm{T}}$ 相互独立且服从正态分布，且平均值 $\boldsymbol{\mu}_X=[\mu_1\mu_2\cdots\ \mu_n]^{\mathrm{T}}$，标准差 $\boldsymbol{\sigma}_X=[\sigma_{X_1}\ \sigma_{X_2}\cdots\ \sigma_{X_n}]^{\mathrm{T}}$。

$$Z=G(\boldsymbol{X})=c_0+\sum_{i=1}^{n}c_iX_i \tag{2-27}$$

先将随机向量 $\boldsymbol{X}$ 变换为标准正态随机向量 $\boldsymbol{Y}$：

$$Y_i=\frac{X_i-\mu_{X_i}}{\sigma_{X_i}}\quad(i=1,2,\cdots,n) \tag{2-28}$$

将式(2-28)代入式(2-27)，则结构功能函数可表示为：

$$Z=G(Y)=c_0+\sum_{i=1}^{n}c_i\mu_{X_i}+\sum_{i=1}^{n}c_i\sigma_{X_i}Y_i \tag{2-29}$$

类似于两个正态变量的情况，这时可靠指标 β 等于标准正态空间中原点 $\widehat{O}$ 到结构极限状态超平面的最短距离 d。

②功能函数为非线性函数的情况。

对于结构功能函数为若干互相独立、正态的变量组成的非线性函数情况，同样可以证明 β 的合理近似取值为标准正态坐标系中原点 $\widehat{O}$ 到失效边界曲面的最短距离 d。

4)结构可靠度常用基本分析方法简介

(1)一次二阶矩法

在通常情况下，随机变量的统计信息中一阶矩(均值)和二阶矩(方差和协方差)最容易得到。一次二阶矩法(First-order Second-moment method，FOSM)就是只利用随机变量的前二阶矩去求解结构可靠度的方法。这类方法需要将功能函数在某点用泰勒级数展开并仅取其常数项和一次项，然后通过数理统计直接计算结构的可靠度，故称为一次二阶矩法。

设结构功能函数为基本随机向量 $\boldsymbol{X}=[X_1X_2\cdots X_n]^{\mathrm{T}}$ 的函数，表示为：

$$Z=G(\boldsymbol{X}) \tag{2-30}$$

相应的极限状态方程为：

$$G(\boldsymbol{X})=0 \tag{2-31}$$

将功能函数在某点 $x_0=[x_{10}x_{20}\cdots x_{n0}]^{\mathrm{T}}$ 用泰勒级数展开，得：

$$Z=G(x_0)+\sum_{i=1}^{n}\frac{\partial G}{\partial X_i}\bigg|_{x_0}(X_i-x_{i0})+\sum_{i=1}^{n}\frac{\partial^2 G}{\partial X_i^2}\bigg|\frac{(X_i-x_{i0})^2}{2}+\cdots \tag{2-32}$$

为了获得线性方程，近似地只取到一次项，得：

$$Z\approx G(x_0)+\sum_{i=1}^{n}\frac{\partial G}{\partial X_i}\bigg|_{x_0}(X_i-x_{i0}) \tag{2-33}$$

因此，极限状态方程为：

$$G(x_0)+\sum_{i=1}^{n}\frac{\partial G}{\partial X_i}\bigg|_{x_0}(X_i-x_{i0})=0 \tag{2-34}$$

式中：$\frac{\partial G}{\partial X_i}\Big|_{x_0}$——$G$ 在某点 x_0 处关于随机变量 X_i 的偏导数。

根据线性化点 x_0 的不同选择，一次二阶矩法又分为均值一次二阶矩法和改进一次二阶矩法。

(2)均值一次二阶矩法

顾名思义，均值一次二阶矩法就是将结构功能函数的线性化点取为均值点 $\boldsymbol{\mu}_X=[\mu_{X_1}\mu_{X_2}\cdots\mu_{X_n}]^{\mathrm{T}}$。由式(2-33)得结构功能函数为：

$$Z\approx G(\mu_X)+\sum_{i=1}^{n}\frac{\partial G}{\partial X_i}\bigg|_{\mu_X}(X_i-\mu_{X_i}) \tag{2-35}$$

利用式(2-35)求得 Z 的均值与标准差，当各随机变量相互独立且服从正态分布时

$$\mu_Z=G(\mu_X) \tag{2-36}$$

$$\sigma_Z=\left[\sum_{i=1}^{n}\left(\frac{\partial G}{\partial X_i}\bigg|_{\mu_X}\sigma_{X_i}\right)^2\right]^{\frac{1}{2}} \tag{2-37}$$

式中：σ_{X_i}——X_i 的标准差 $i=(1,2,\cdots,n)$。

由可靠指标的定义，可靠指标近似为：

$$\beta\approx d=\frac{\mu_Z}{\sigma_Z}=\frac{G(\mu_X)}{\left[\sum_{i=1}^{n}\left(\frac{\partial G}{\partial X_i}\bigg|\sigma_{X_i}\right)^2\right]^{\frac{1}{2}}} \tag{2-38}$$

均值一次二阶矩法的优点是计算简便，具有明确的物理概念。当结构的可靠指标较小时，计算精度能满足工程实际的需要。其缺点是功能函数线性化会产生误差，并随着均值点到失效边界距离的增大而增大。另外，均值一次二阶矩法有一个致命的缺陷：由相同力学含义、数学表达式不同的极限状态方程，求得的可靠指标值不同。

(3)多项式响应面法

多项式响应面法(Polynomial Response Surface Method，PRSM)采用简单的多项式响应面函数形式，当基本随机变量数目为2时，响应面如图2-3所示。

关于多项式函数的形式，由于隐式结构功能函数形式事先并不知道，因此只能假设，线性多项式函数计算量较小，但它不能反映隐式结构功能函数方程的非线性。高阶多项式函数计算量较大，在高阶非线性形式可以较好逼近结构功能函数方程，可以得到精度较高的解，但是如果引入不适当的高阶项，也有可能造成较大的计算误差。综合考虑计算量、计算

稳定性和计算精度等方面的因素，目前主要采用的多项式响应面函数形式是二次多项式形式，其中又分为不含交叉项和包含交叉项两种情况。

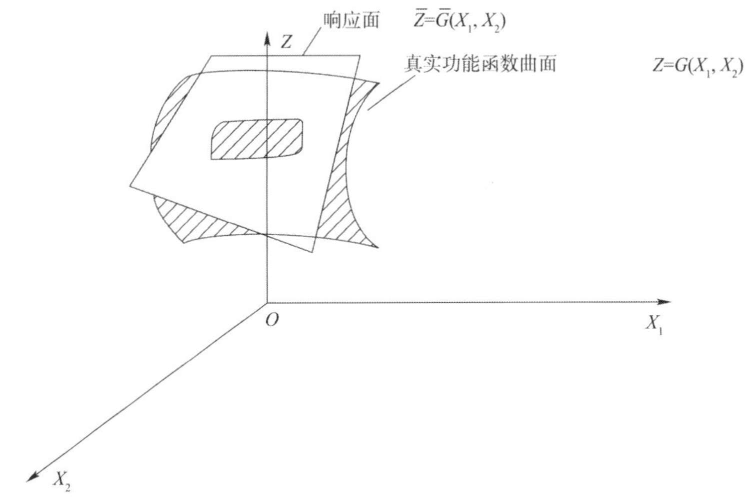

图 2-3　响应面示意图

①不含交叉项的二次多项式（Quadratic Polynomial，QP）：

$$\overline{Z}=\overline{G}(X)=a+\sum_{i=1}^{n}b_iX_i+\sum_{i=1}^{n}c_iX_i^2 \tag{2-39}$$

②包含交叉项的完全二次多项式（Perfect Quadratic Polynomial，PQP）：

$$\overline{Z}=\overline{G}(X)=a+\sum_{i=1}^{n}b_iX_i+\sum_{i=1}^{n}\sum_{j\leqslant i}^{n}d_{ij}X_iX_j \tag{2-40}$$

式中：$a,b_i,c_i,d_{ij}(i=1,2,\cdots,n)$——表达式的待定系数。从响应面函数表达式可以看出，如果考虑 n 个随机变量，对于不含交叉项的二次多项式，共有 $2n+1$ 个待定系数；对于完全二次多项式，则共有 $(n+1)(n+2)/2$ 个待定系数。

响应面法中另一个重要的概念是试验设计（Experiment Design，ED）。试验设计就是如何在设计空间中选取试验点的位置和个数 N，从而确定式(2-39)或式(2-40)中的待定系数，试验点的选取将会很大程度上影响多项式响应面逼近结构功能函数的精度和构建响应面的计算量。目前使用最为广泛的试验设计是 Bucher 设计和中心复合设计（Central Composite Designs，CCD）。

CCD 由 Box 和 Wilson 于 1951 年提出。当基本随机变量数目 n 为 3 时，CCD 如图 2-4 所示，抽样点包括立方体的中心点，坐标轴线上的 $2n$ 个轴点和立方体上 $2n$ 个角点。当响应面函数选取为二次多项式时，待定系数为 $2n+1$ 个，则试验点选取为中心点和轴点，试验点数 $N=2n+1$，可唯一确定待定系数值，即 Bucher 设计；当响应面函数选取为二次完全多项式时，待定系数为 $(n+1)(n+2)/2$ 个，则试验点选取为中心点、轴点和角点，试验点数 $N=2^n+2n+1$，由最小二乘法拟合得到待定系数值。

试验点在 n 维坐标系中的坐标如下：

①一个中心点的试验点坐标 $(x_1^{(k)},\cdots,x_i^{(k)},\cdots,x_n^{(k)})$。

②$2n$ 个轴点的试验点坐标 $(x_1^{(k)},\cdots,x_i^{(k)}\pm f\sigma_i,\cdots,x_n^{(k)})$。

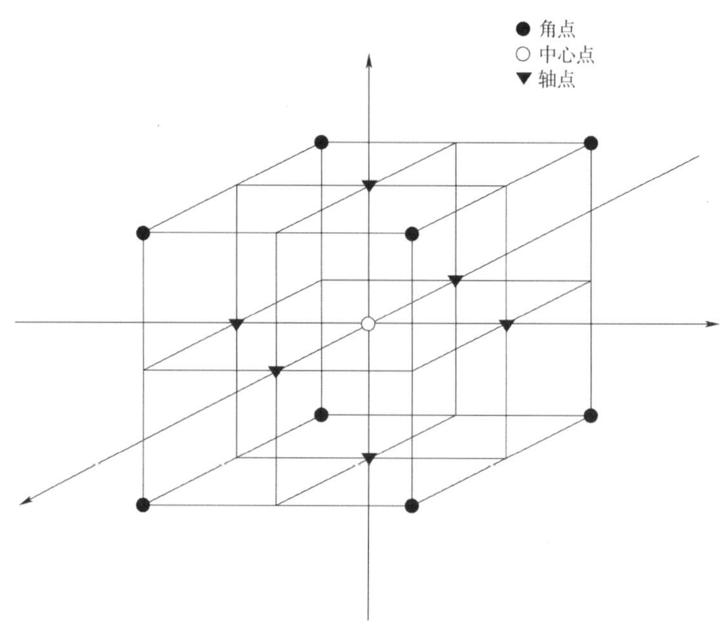

图 2-4　中心复合设计

③$2^n$ 个角点的试验点坐标($x_1^{(k)} \pm f\sigma_1, \cdots, x_i^{(k)} \pm f\sigma_i, \cdots, x_n^{(k)} \pm f\sigma_n$)。

其中,f 为插值系数;σ_i 为第 i 个随机变量的标准差;k 表示第 k 步迭代。

多项式响应面法的计算步骤如下:

①假定初始迭代点 $x^{(0)} = [x_1^{(0)} x_2^{(0)} \cdots x_n^{(0)}]^{\mathrm{T}}$,初次计算一般取均值点。

②根据多项式响应面函数的形式,按中心复合设计选取 N 个试验点(当响应面函数为二次多项式时,$N = 2n + 1$;当响应面函数为完全二次多项式时,$N = 2^n + 2n + 1$),再利用有限元数值试验计算得到 N 个功能函数值。其中,系数 f 的取值决定展开点的分布范围,范围过大可能使多项式对功能函数的拟合程度不好,过小则设计验算点不在该范围内,因此在第一轮估计中一般取 2,在以后的迭代计算中取 1。

③利用步骤②求得的 N 个函数值,可以解出待定系数值,进而确定结构的响应面函数。

④利用一般常用的可靠度求解方法如 JC 法等求解该响应面下的验算点 $x^{*(k)}$ 和可靠指标 $\beta^{(k)}$,其中上标 k 表示第 k 步迭代。

⑤判断收敛条件 $|\beta^{(k)} - \beta^{(k-1)}| < \varepsilon$ 是否满足(ε 为收敛精度)。若满足则停止迭代;否则选择 $x^{*(k)}$ 作为新的迭代点,并返回到步骤②,进行下一轮迭代,直至收敛条件满足为止。

可以看出,结构可靠度计算的响应面法可以直接利用确定性有限元分析程序进行结构的可靠度计算,在工程方面具有广泛的应用价值和研究意义。但响应面法仍需结合改进一次二阶矩法求解,所以响应面法同得到的可靠指标仍是原点到极限状态曲面的最小距离,由此会带来一定的误差。

2.1.2.4　数值模拟法

近年来,随着计算机技术和有限元软件的不断优化和发展,数值模拟法得到越来越多的应用,它是利用有限元软件对实际工程进行模拟分析,结合监测预警规范来达到风险评估的一种方法。该方法在使用过程中不需要大量的工程样本资料和丰富的工程经验,避免了评估过程中人为因素的影响进而更具有科学性和可靠性。

数值模拟法多应用于动态风险评估中,其评估依据主要来源于有限元模拟结果,因此,对模型的精确度和准确性要求较高。同时,数值模拟法的评估对象应当是能够通过软件计算得到的,在反映施工变形特征方面尤为适用。但这也意味着,数值模拟法无法评估施工过程中一些定性的风险,例如施工管理方面的风险。以某基坑工程中的围护墙变形情况为例,对其进行动态风险评估。

1)选取评估对象

对于围护结构的变形情况,结合监测规范要求,选择由3个参数组成:围护墙顶部水平位移、围护墙顶部竖向位移和围护墙深层水平位移。该基坑共分为6个工况,具体内容见表2-8。

施工工况 表2-8

工况序号	内容
1	开挖至第一道钢筋混凝土支撑底部,开挖高度1.5m;施工桩顶冠梁和第一道混凝土支撑及联系梁
2	开挖第二层土方,开挖高度为2.2m
3	开挖第三层土方至第二道钢支撑底部标高下0.5m,开挖高度2.2m,在标准段架第二道钢支撑
4	开挖第四层土方,开挖高度2.7m,端头井架第三道钢支撑,开挖至钢支撑以下0.5m
5	开挖第五层土方,标准段开挖至第三道钢支撑底部标高下0.5m,端头井开挖至第四道钢支撑以下0.3m,开挖高度2.7m
6	开挖第六层土方至基坑底以上0.3m,开挖高度2.8m,开挖前先在中部掏槽,然后再倒退开挖其余部分土方;人工清理基底0.3m厚土方

根据工程规范要求,三项变形参数的预警值见表2-9。

项目监测控制及预警值(mm) 表2-9

监测项目	控制值	黄色预警	橙色预警	红色预警
围护墙顶竖向位移	10	20	25	40
围护墙顶水平位移	22	20	25	40
围护墙深层水平位移	见表2-10	45	50	75

围护墙深层水平位移监测控制值见表2-10。

围护墙深层水平位移监测控制值(mm) 表2-10

监测项目	工况1	工况2	工况3	工况4	工况5	工况6
围护墙顶竖向位移	10	15	20	22	22	22

2)建立模型

根据相关工程资料,可建立基坑模型,本例选择使用有限元软件Midas GTS NX建立基坑的三维模型,采用修正摩尔—库仑土体本构模型,如图2-5所示。

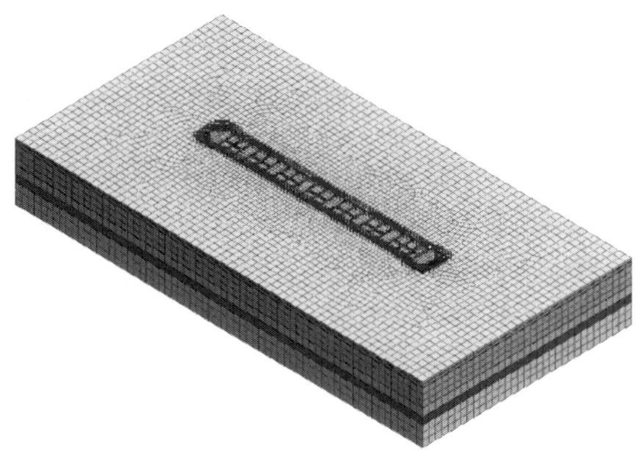

图 2-5 基坑三维模型

根据有限元软件计算,各工况完成时的围护墙绝对最大变形量,见表 2-11。

围护墙变形数据(mm) 表 2-11

工况序号	围护墙顶竖向位移	围护墙顶水平位移	围护墙深层水平位移
1	6.20	3.8	3.80
2	7.93	5.0	5.00
3	8.36	6.7	15.05
4	9.86	7.9	23.59
5	13.65	9.3	29.57
6	17.84	9.9	36.28

3)风险评估

将模拟结果与监测控制及预警值进行分析比较,可以得到评估结果如下:

从单项目变形数据来看,围护墙顶的竖向位移最大为 17.84mm,约为最小值 6.20mm 的 3 倍;从工况阶段来看,围护墙顶竖向位移自工况 5 起,超过了所规定的控制量,但均未达到预警值。各工况下开挖深度的位移变化分别为 4.10mm/m、0.79mm/m、0.20mm/m、0.56mm/m、1.40mm/m、1.50mm/m,这表示围护墙顶竖向位移量增长速度先增加(工况 1)、后减小(工况 2、工况 3)、最后再增加(工况 4—工况 6)。因此,在实际施工时,需要特别注意工况 5 和工况 6 阶段下围护墙的稳定性,以免由于其位移值超过控制量和变化速度增加过快而导致风险事故的发生。对于围护墙顶水平位移和围护墙深层水平位移,可用类似方法进行分析,此处不再赘述。

事实上,利用数值模拟法进行风险评估时并无严格的流程规范,更多情况下,仅是将数值模拟当作一种手段来作为参考评价,具体实施时需结合相关人员的风险评估思路才能达到预期效果。

2.1.2.5 模糊数学综合评判法

地铁车站深基坑工程施工的风险都是模糊的,难以准确定义的。因此,非常适宜用模糊方法对其进行分析和评估。采用通常的方法进行风险评估,其结果是单一的,评估的结果往往用一个数值来表示,即风险的影响用大、中、小等来衡量,这显然不是完全合理和使用的。

在项目的风险评估过程中，往往要考虑很多因素。不同的风险因素重要程度不同，评级标准和自然状态模糊，也就是说，在做任何一个评估时，都必须对多个相关因素作综合考虑，在作出任何一个决策时，都必须对多个相关因素做综合考虑，这就是所谓的综合评估。综合评估问题是多因素、多层次决策过程中所遇到的一个带有普遍意义的问题，而且评估的结果也往往不是用单一指标就能够完全表达的，这就需要进行所谓的综合评估。而采用模糊数学综合评估就可以较好地解决上述问题。由于在进行系统安全评价时，使用的评语常带有模糊性，所以宜采用模糊数学综合评价方法。由于数学模型简单，容易掌握，对多因素、多层次的复杂问题评价效果比较好，因而这一应用方法得到很好推广和应用。

模糊数学综合评判法是应用模糊关系合成的原理，从多个因素对被评判事物隶属度等级状况进行综合评判的一种方法。模糊数学综合评判包括六个基本要素：

①评判因素论域 U。U 代表综合评判中各评判因素所组成的集合。

②评语等级论域 V。V 代表综合评判中，评语所组成的集合。它实质是对被评事物变化区间的一个划分，如安全技术中"三同时"落实的情况可分为优、良、中、差四个等级，这里优、良、中、差就是综合评判中对"三同时"落实情况的评语。

③模糊关系矩阵 $\boldsymbol{R}$。$\boldsymbol{R}$ 是单因素评价的结果，即单因素评价矩阵。模糊数学综合评判所综合的对象正是 $\boldsymbol{R}$。

④评判因素权重向量 $\boldsymbol{A}$。以代表评价因素在被评对象中的相对重要程度，在综合评判中用来对 $\boldsymbol{R}$ 作加权处理。

⑤合成算子。合成算子是指合成 $\boldsymbol{A}$ 与 $\boldsymbol{R}$ 所用的计算方法，也就是合成方法。

⑥评判结果向量 $\boldsymbol{B}$。它是对每个被评判对象综合状况分等级的程度描述。

上述的模糊关系矩阵 $\boldsymbol{R}$ 作为一个从因素集 U 到评语集 V 的 Fuzzy（模糊）变换器，每输入一组因素的权重向量 $\boldsymbol{A}$，就可以得到一组相应的评判结果 $\boldsymbol{B}$。这个关系可用图 2-6 来表示，即模糊综合评判的基本模型。

图 2-6 模糊综合评判基本模型

模糊综合评判的数学模型可分为一级模型和多级模型。根据对评价因素的分析，有些因素之间是并列关系，有些因素彼此之间是因果关系。即这些因素之间具有不同的层次级别，这是客观存在的现实问题。权重难以细致分配，由于权重总值要满足归一化，这样，每一因素所分得的权重值 a_i 必然很小，如果采用主因素突出型算子，微小的权数将会使相应的单因素评价值失去意义。

2.1.2.6 贝叶斯网络方法

贝叶斯网络方法以概率论基本知识作为理论基础的，专门用来处理不确定性较强的问题的方法。贝叶斯网络简单来说由两部分组成：第一部分即网络的图形结构，第二部分便是网络中的参数。一般的贝叶斯网络从直观上表现为一个复杂的包含有节点和弧的网图。其中，每个节点表示一个变量，节点的状态对应着风险因素发生概率的度量；各变量之间的弧代表了变量之间存在的关系。贝叶斯网络的参数主要是指贝叶斯网络的条件概率表集合。

每个节点都有一个条件概率表(CPT),用来表示该节点和其父节点的相关关系,通常表现为一个条件概率,表示相邻节点之间的依赖关系。

贝叶斯网络可以表示为 $N=\{(V,X),P\}$。其中,V 表示网络节点,X 表示有向无环图的边,P 表示节点的概率分布。对于离散节点变量 $V=\{E_1,E_2,\cdots,E_n\}$ 表示网络中的变量节点集合,P 实际上代表的是节点间的可能性约束关系。每个节点都会附带一个包含有父节点条件概率的条件概率表。贝叶斯网络的内在规则是在特定的网络结构下,通过先验概率和后验概率的计算,来学习参数优化参数。

假设 $V=\{E_1,E_2,\cdots,E_n\}$ 节点满足互相条件独立,即:

$$P(X=x_i \mid Y=y_j)=\frac{P(X=x_i)\times P(A_i \mid B)}{P(Y=y_j)} \tag{2-41}$$

而在此条件下的联合概率分布为:

$$P(X=x_i \mid Y=y_j)=P(X=x_i)\times P(Y=y_j \mid X=x_i) \tag{2-42}$$

根据条件独立的前提,可得边缘概率为:

$$P(Y)=\sum_{i=1}^{n}P(X=x_i)\times P(Y=y_j \mid X=x_i) \tag{2-43}$$

由此可以给出贝叶斯公式:

$$P(X=x_i \mid Y=y_j)=\frac{P(X=x_i)\times P(Y=y_j \mid X=x_i)}{P(Y=y_j)} \tag{2-44}$$

贝叶斯定理的意义在于,能在出现一个新的补充事件的概率 $P(B \mid A_i)$ 条件下,新修正原有事件 A_i 概率的估计,即计算出后验概率分布 $P(A_i \mid B)$。将贝叶斯理论应用于地铁项目施工阶段的风险评价等管理过程中,贝叶斯动态性的特点可以实现地铁项目风险评价的要求。用于贝叶斯网络开发的软件较多,其中由加拿大 Norsys 公司开发的 Netica 软件在国内外相关文献中应用较多。此软件可在随机变量的情况下良好运行,建模较为方便,可以自主编程。

贝叶斯网络构建需要进行的主要工作有以下几个方面:

①确定贝叶斯网络结构。直观表现为网络的图形结构,变现为网络节点间的约束状态。依据节点间的因果关系,将各节点联系起来,形成具有可传递关系的网状结构。结合现有的有关研究和领域专家的知识,可以建立起贝叶斯网络的基本结构;在实际的应用中,可能存在需要对初步的网络结构进行修正的情况,如需要引入新的变量,随即需添加新的节点等。

②定义网络节点变量的基本信息。网络结构和节点参数共同决定了一个贝叶斯网络的基本信息和运算内容。这里需要明确的节点信息主要包括节点类型以及网络节点的先验概率和可能取值。在贝叶斯网络结构中,主要的节点类型主要有自然节点、决策节点和效用节点等。此外,对于主要使用的自然节点,也可以继续细分为 M 类节点和 N 类节点。贝叶斯网络节点表示的是施工阶段的风险事件或者风险因素,这些节点一般都被定义为 N 类节点,该类节点可通过用发生与不发生的概率直接描述,每个节点的状态变量有两个,即 Y 和 N,分别表示该节点所描述风险因素是否发生。M 类节点的分析可以通过 0-1 分析得出;为了使风险因素的设定更加地符合实际情况,可以对此类节点设定一个小概率 θ 的发生概率。

③确定贝叶斯网络参数。网络中需要确定的参数主要是指节点的概率分布,即节点的边缘概率以及各节点的条件概率表(CPT)。在特定的网络结构下,依据变量之间的因果关

系以及独立依赖关系,可以按照各节点条件概率表给定的数据进行相关的概率演算,最终求出各节点的边缘概率。

2.1.3　综合风险评估方法

2.1.3.1　专家信心指数法

1)理论

在传统的专家调查法中,每一位专家的评分都是有绝对信心的。但实际上专家都有自己研究的领域,总会存在擅长或不擅长,这样得到的调查评分是失效的。基于信心指数的修正方法,对信心专家调查数据进行修正。这样做,在肯定了专家在擅长领域的权威性的同时,保留了其在不擅长领域的意见性,提高了风险估计的准确性。

2)专家信心指数法的实施步骤

专家调查法通过向专家发放设计图纸、施工组织方案和风险因素表,收集专家填写的风险因素表,整理出各区域风险因素。每一位专家需填写专家调查表和专家信息表(权重指标为0.9~1.1之间取值),本次风险评估结论根据7位专家调查结果分析而得出(专家信心指数为5~10之间取值)。

A专家认为风险因素Z的风险评级为Ⅲ,其信心指数为8,则认为,其认为风险因素Z的风险评级为Ⅱ和Ⅳ的信心指数分别为(10-8)/2=1。B专家认为风险因素Z的风险评级为Ⅳ,其信心指数为7,则认为,其认为风险因素Z的风险评级为Ⅲ的信心指数为10-7=3。

选取最大倾向指数的风险评级为最终的风险评级,因而风险因素Z的风险定级为Ⅲ级。

2.1.3.2　模糊层次综合评估方法

模糊层次综合评判方法是以模糊数学为理论基础,通过隶属度函数来描述模糊信息,将事物的相关评价信息考虑进来,对其做出合理的划分,再结合传统数学方法进行处理,将模糊不清,不易定量化的因素进行定量化的一种风险评估方法。

模糊层次综合评估方法的核心是模糊和综合。模糊表现在:

①被评价对象的评估结果有差异的隶属度属于评价集中的各个等级;

②指标因素对评价对象的影响有差异的隶属度属于不同的影响等级。综合表现在影响因素的多种类和多层次性。该方法适用于解决多因素、难量化及不确定性问题。

模糊综合评估法流程如图2-7所示,具体步骤如下:

①确定风险因素集 $U=\{u_1,u_2,\cdots,u_n\}$,其中 $u_i=(i=1,2,\cdots,n)$ 表示被评估对象的影响因素。

②利用专家打分、层次分析等方法确定指标因素权重。对应于指标因素组成权重集 $W=\{W_1,W_2,\cdots W_n\}$,W 应满足两个条件:①$\sum_{i=1}^{n}W_i=1$;②$W_i\geqslant 0,i=1,2,\cdots n$。

③建立评估对象的评价集 $V=\{V_1,V_2,\cdots,V_m\}$。

④评估由下到上,先从一个因素开始。若对因素集 U 中第 i

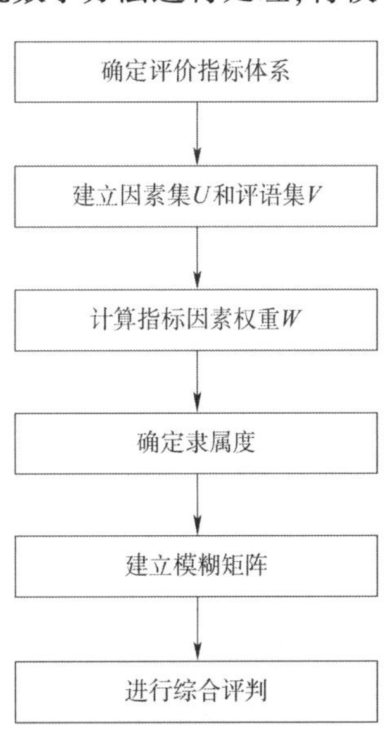

图2-7　模糊层次综合评估方法流程图

个因素 u_i 进行评价，U 中因素 u_i 对应 V 中等级 V_j 的隶属关系记为 r_{ij}，则 u_i 的评价结果可用模糊集合表示为 $R=\{r_{i1},r_{i2},\cdots r_{im}\}$。整合得到因素集 U 对评估对象的模糊关系矩阵 $\boldsymbol{R}$：

$$\boldsymbol{R}=\begin{bmatrix} r_{11} r_{12}\cdots r_{1m} \\ r_{21} r_{22}\cdots r_{2m} \\ \vdots\ \vdots\ \vdots\ \vdots \\ r_{n1} r_{n2}\cdots r_{nm} \end{bmatrix}$$

⑤将模糊关系矩阵 $\boldsymbol{R}$ 和权重集 W 进行合成，计算得到最终的模糊综合评价。b_i $(i=1,2,\cdots,m)$ 为综合考虑因素集 U 中的因素，被评价对象为评价集中第 j 个元素的隶属度。

$$\boldsymbol{B}=\boldsymbol{W}\cdot\boldsymbol{R}=\{w_1,w_2,\cdots w_n\}\cdot\begin{bmatrix} r_{11} r_{12}\cdots r_{1m} \\ r_{21} r_{22}\cdots r_{2m} \\ \vdots\ \vdots\ \vdots\ \vdots \\ r_{n1} r_{n2}\cdots r_{nm} \end{bmatrix}=\{b_1,b_2\cdots b_m\}$$

2.1.3.3 风险评价矩阵法

1）理论

（1）概述

风险矩阵是用于风险识别和对其进行优先排序的有效工具。风险矩阵可以直观显示组织风险的分布情况，有助于管理者确定风险管理的关键控制点和风险对应方案。一旦组织的风险被识别，就可以根据其对组织的影响程度和发生的可能性等维度来绘制风险矩阵。

（2）用途

风险矩阵通常作为一种筛查工具用来对风险进行排序，根据其在矩阵中所处的区域，确定哪些风险更需要细致的分析，或是应首先处理哪些风险。风险矩阵也可以用于帮助在全组织内沟通对风险等级的共同理解。设定风险等级的方法和赋予它们的决策规则，应当与组织的风险偏好一致。

（3）优点

风险矩阵作为一种简单、易用的结构性风险管理方法，在项目管理实践中具有以下优点：

①可识别哪一种风险是对项目影响最为关键的风险；

②加强项目要求、技术和风险之间相互关系的分析；

③允许工业部门在项目风险管理前期就加入进来；

④风险矩阵方法是在项目全周期过程中评估和管理风险的直接方法；

⑤项目风险和风险管理提供了详细的可供进一步研究的历史记录。

（4）局限性

风险的局限性表现在：

①必须设计出适合具体情况的矩阵，因此，很难有一个适用于组织各相关环境的通用系统；

②很难清晰界定等级；

③该方法的主观色彩较强，不同决策者之间的等级划分结果会有明显的差别；

④无法对风险进行累计叠加（例如，人们无法将一定频率的低风险界定为中级风险）。

2)风险矩阵法的实施步骤

建立原始风险矩阵:原始风险矩阵栏目包括风险栏、风险影响栏、风险发生概率栏、风险等级栏和风险管理栏。

风险矩阵方法将风险对评估项目的影响分为5个的等级,并提供了风险发生概率的解释说明。风险影响等级和风险发生概率的说明分别见表2-12、表2-13。

风险影响的等级说明　　表2-12

风险影响等级	风险影响量化值	定义或说明
关键	4~5	一旦发生风险事件,将导致项目失败
严重	3~4	一旦风险事件发生,会导致经费大幅增加,项目周期延长,可能无法满足项目的二级需求
一般	2~3	一旦风险事件发生,会导致经费一般程度的增加,项目周期一般性延长,但仍能满足项目的一些重要的要求
很小	1~2	一旦风险事件发生,经费只有小幅增加,项目周期延长不大,项目需求的各项指标仍能保证
可忽略	0~1	一旦风险事件发生,对项目没有影响

风险发生概率说明　　表2-13

风险概率范围(%)	解释说明	风险概率范围(%)	解释说明
0~10	非常不可能发生	61~90	可能发生
11~40	不可能发生	91~100	极可能发生
41~60	可能在项目中期发生		

通过将风险影响栏和风险概率栏的值输入风险矩阵来确定风险等级,风险等级对照见表2-14。

风险等级对照表　　表2-14

风险概率范围(%)	风险影响				
	可忽略	微小	一般	严重	关键
0~10	低	低	低	中	中
11~40	低	低	中	中	高
41~60	低	中	中	中	高
61~90	中	中	中	中	高
91~100	中	高	高	高	高

2.1.3.4　故障树分析法

故障树分析法是一种逻辑演绎法,以一种树状的图形出现,由一些基本的图形元素(包括逻辑门符号、中间事件及底事件符号等)依据一定的逻辑关系组合,形成整个故障树图形。故障树图形反映了各个故障树事件之间的因果逻辑关系。

故障树分析法(FTA)常用的基本符号和术语介绍如下。

(1)故障树

它是一种特殊树状(一般为倒立树状)的逻辑图形。图形中由规定的事件符号、逻辑门符号以及其他一些符号等图形元素组合而成,利用图形元素表达系统中各个事件间的因果逻辑关系,其中输入逻辑门事件是输出逻辑门事件的“因”,而输出逻辑门事件是输入逻辑门事件的“果”,所以故障树是因果关系图。

(2)底事件

底事件一般处在故障树底层,一般以故障树的某个逻辑门的输入事件形式出现,但底事件可进一步划分为“基本事件”和“非基本事件”两种类型事件。

(3)基本事件

已查明或未查明但必须探究清楚其缘由的底事件。例如作为一个机械系统,其基本零部件的故障事件便可作为基本事件。基本事件用圆形表示。

(4)非基本事件

没有必要探究清楚其缘由的底事件称为非基本事件,例如那些对系统影响微乎其微的次要事件。非基本事件用菱形表示。

(5)结果事件

结果事件是故障树中另外的事件或多个事件的组合引起的事件,一般以逻辑门输出事件的形式出现,结果事件用矩形表示。

(6)顶事件

针对所研究的系统,将系统中最不希望发生的事件作为顶事件,它一般处在故障树顶端,可以将顶事件视为故障树的树根,顶事件用矩形表示。

(7)中间事件

作为独立事件,介于顶事件和底事件之间,既可以作为逻辑门输入事件,也可以作为逻辑门的输出事件。中间事件用矩形表示。

(8)与门

表示逻辑与门结构内的所有输入事件都发生时,才会导致逻辑与门的输出事件发生,逻辑与门用符号表示。

(9)或门

表示逻辑或门结构内的全部输入事件中至少一个发生时,就会导致逻辑或门的输出事件发生,逻辑或门用符号表示。

(10)异或门

表示异或门的输入事件不全发生且也非都不发生时,则输出事件发生,逻辑异或门用符号表示。

(11)优先与门

表示仅当逻辑门的输入事件依据规定由左向右顺序发生时,逻辑优先与门的输出事件才会发生,逻辑优先与门用符号表示。

1)故障树的构建步骤

构建故障树,需依据图形演绎法,按照从上到下、从整体到局部,逐步深入。首先构建故障树的人员需全面掌握系统的结构和功能;其次需正确选择顶事件(将系统最不希望发生的事件作为顶事件);然后全面分析每一层中间事件的直接原因和间接原因;最后查明所有基本事件。

构建故障树主要有以下四个步骤:

步骤一：熟悉系统。构建系统的故障树之前，要求构建故障树的人员广泛收集和整理系统的设计资料、实际运行状态、整体流程和技术规范等，同时需全面熟悉系统结构、功能、运行的原理、故障形式、故障的原因等，只有掌握了系统的基础资料，才能正确建立故障树，才能进行合理的故障分析。

步骤二：确定顶事件。如何分辨系统哪些事件作为顶事件，是建立故障树的核心，建树人员一般可依据自己不同研究角度和解决实际问题的角度来合理选取顶事件。同时定义顶事件时要概念清晰，这样便于查找顶事件的直接原因，并以此进行定性与定量分析。在研究系统的故障时，如果发现系统有很多不希望发生的事件，那么应根据系统的原理选取多个顶事件，建立多个故障树来进行分析。

步骤三：拓展与梳理故障树。当故障树顶事件明确后，从树顶端（即顶事件）开始，逐层查明每层事件的所有可能的直接原因，然后利用事件符号和逻辑门符号进行连接组合，并将故障树的逻辑关系表述清楚，一直分析到底事件为止。

步骤四：简化故障树。在上一步骤的故障树建立后，全面分析系统的故障树，将那些对故障树顶事件影响甚小的事件忽略掉，将冗余的部分消除，以利于故障树的正确分析。

2）故障树分析法的应用范围

故障树分析法的应用比较广泛，非常适合于重复性较大的系统。它不仅能分析出事故的直接原因，而且能深入提示事故的潜在原因，因此在工程或设备的设计阶段、在事故查询或编制新操作方法时，都可以使用事故树对它们的安全性做出评价。故障树分析法经常用于直接经验较少的风险辨识。

故障树分析法的具体流程如图 2-8 所示。

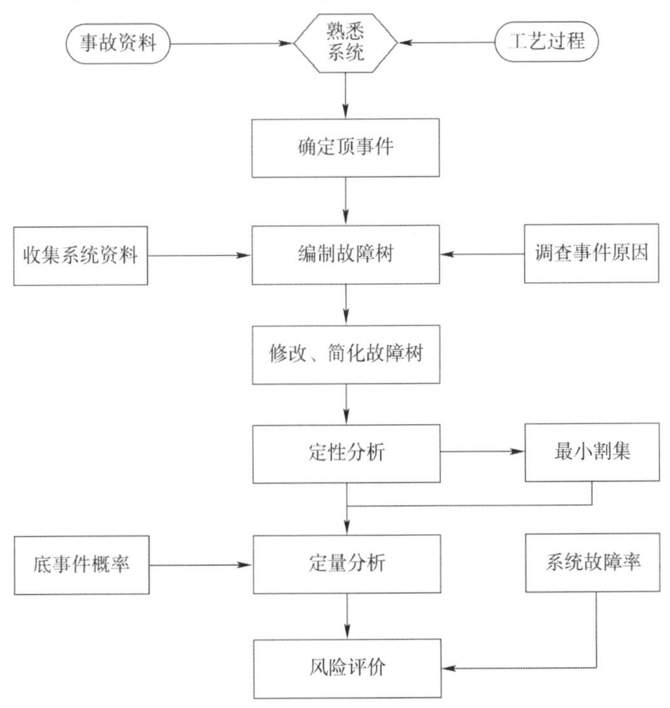

图 2-8　故障树分析法流程图

2.2 风险控制管理方法

风险控制通过现场风险巡视及施工监测每日监测数据的分析而开展。基坑工程出现事故前,往往有一定的征兆,这种征兆可以通过现场巡视及监测数据分析得以体现。

2.2.1 现场风险巡视

1)现场巡检的目的

①检查安全风险管理体系在运行过程中的执行、落实情况;

②对已辨识的重大风险源进行现场跟踪;

③通过对工程自身和周边环境安全状况的观察、记录、分析、判断等来对其安全性进行评价,并结合监测数据、测量成果、施工进度参数等相关信息,综合判断工程自身和周边环境的安全性,确保工程和周边环境的安全。

2)现场巡检的内容

(1)安全风险管理体系在运行过程中的执行及落实情况

①人员、仪器设备、应急物资等资源到位情况;

②施工规范情况;

③资料上传完整性、及时性、准确性;

④预警响应、处置及时性;

⑤施工组织设计及施工专项方案落实情况。

(2)工程自身情况

①盾构始发到达:洞门密封情况,端头加固效果,施工工序合理性,反力架结构稳定性等。

②盾构掘进过程:现场施工参数控制情况;盾构姿态控制及轴线偏移情况;出土量控制情况;管片拼装及成型管片质量情况;盾构铰接密封情况;盾尾漏浆情况;螺旋输送机喷涌;浆液质量等。

③基坑围护结构施工:冠梁、围檩、支撑有无裂缝出现;支撑、立柱有无较大变形;止水帷幕有无开裂、渗漏;围护体后土体有无裂缝、沉陷及滑移,基坑有无涌土、沉砂、管涌等。

④基坑开挖施工:基坑开挖是否与设计及方案一致,有无超长、超深开挖;土质情况与勘察报告有无差异;地表水、地下水排放是否正常基坑降水等设施运转情况;基坑周边地面有无超载。

⑤主体结构施工:支架模板是否与方案一致;钢筋安装是否与设计图纸一致;临边防护是否安装到位,有无缺失;临时用电是否满足规范要求等。

⑥机电安装施工:人员有无在设备作业负荷等级范围内作业;起重设备工作状态,有无带病作业;作业周边是否有稳固的安全带悬挂点;使用特殊机械的人员穿戴防护用品情况;有高空落物可能区域是否设置警示和围栏标识等。

(3)周边环境(包括后期影响)

建(构)筑物:①建(构)筑物裂缝、剥落。包括裂缝宽度、深度、数量、走向、剥落体大小、发生位置、发展趋势等。②地下室渗水。包括渗漏水量、发生位置、发展趋势等。

桥梁:①桥台、挡墙或梁体开裂、剥落情况。包括裂缝宽度、深度、数量、走向、剥落体大小、发生位置、发展趋势等。②桥台周围地面沉陷。③伸缩缝变化情况等等。

既有线:①结构开裂、剥落。包括裂缝宽度、深度、数量、走向、剥落体大小、发生位置、发展趋势。②结构渗水。包括渗漏水量、发生位置、发展趋势。③道床结构开裂。包括裂缝宽度、深度、数量、走向、发生位置、发展趋势。④变形缝开合及错台。包括变形缝的扩展和闭合大小、变形缝处结构有无错开(位置、发展趋势)等。

道路、地面:①地面开裂。包括裂缝宽度、深度、数量、走向、发生位置、发展趋势。②地面沉陷、隆起。包括沉陷深度、隆起高度、面积、位置、距墩台的距离、距隧道的距离、发展趋势。③地面冒浆/泡沫。包括出现范围、冒浆/泡沫量、种类、发生位置、发展趋势等。

河流、湖泊:①水面漩涡、气泡。包括水面有无出现旋涡、水泡、出现范围、发生位置、发展趋势。②堤坡开裂。包括裂缝宽度、深度、数量、走向、位置、发展趋势等。

地下管线:①管体或接口破损、渗漏。包括位置、管线材质、尺寸、类型、破损程度、渗漏情况、发展趋势。②检查井等附属设施的开裂及进水。包括裂缝宽度、深度、数量、走向、位置、发展趋势、井内水量等。

周边临近施工情况:在工程项目规模、结构、位置、进度、与轨道交通工程水平距离、垂直距离等。

3)巡检的频率

施工期间,现场日常巡检由监理单位组织,频率为1次/d,施工单位和施工监测单位人员参加;联合巡检由咨询单位组织,频率为1次/周,监理单位、施工单位和施工监测单位人员参加。

4)信息反馈

现场巡检过程中应做好文字、照片等记录,并填写巡检记录表,各参加单位签字,并上传至交通地下工程信息化管控平台。对巡检中发现的问题,督促施工单位、监理单位及时进行整改,并要求形成文字,配整改前后照片,上传至信息化管控平台。

2.2.2 监测数据预警管理

1)预警响应

交通地下工程风险管理有关监测数据预警等级划分的标准需要与工程所在地和实际经验相匹配适应,目前参考轨道交通监测预警体系相对成熟的北京市的预警分级情况,选用监测的累计绝对值和速率作为双控指标,将警情划分为三级,由轻到重为黄色预警、橙色预警和红色预警,见表2-15。

轨道交通工程监测预警分级标准 表2-15

预警级别	警情状态说明
黄色预警	变形监测的累计绝对值和速率值双控指标均达到控制值的70%,或双控指标之一达到控制值的85%
橙色预警	变形监测的累计绝对值和速率值双控指标均达到控制值的70%,或双控指标之一达到控制值
红色预警	变形监测的累计绝对值和速率值双控指标均达到控制值

当监测数据达到预警标准时,按图 2-9 所示预警流程启动预警响应。

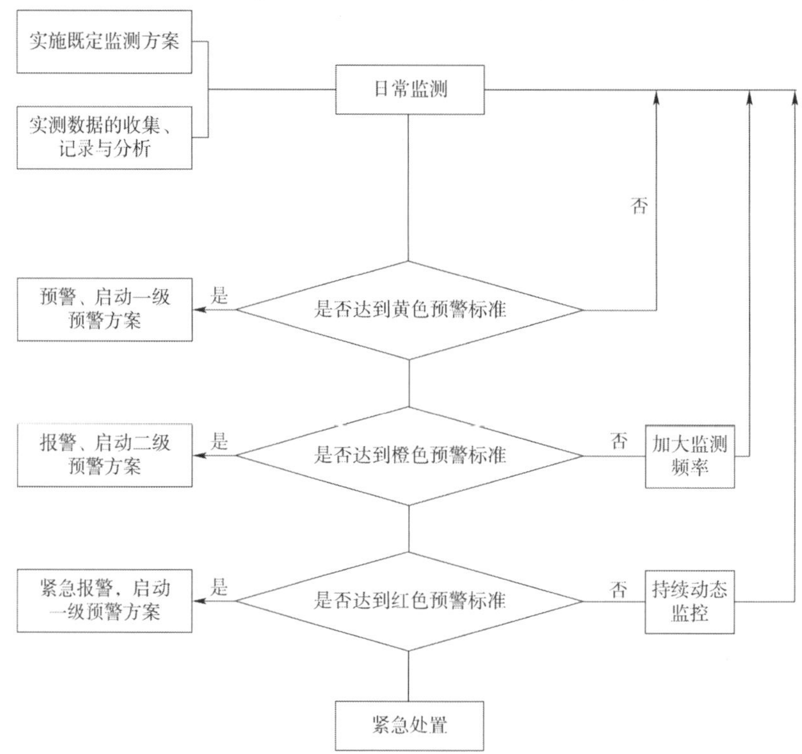

图 2-9　监测预警机制管理流程

针对监测预警机制管理流程说明如下。

①蓝色预警:监理单位组织会议,项目总监理工程师(简称总监)、施工单位总工程师(简称总工)、第三方监测单位岗位工程师、施工监测专业分包负责人参加分析数据变化原因,预测数据变化趋势,指导现场生产施工。施工单位、监理单位、施工监测专业分包加强监测和巡视,监理单位负责跟踪监督。

②黄色预警:监理单位组织会议分析,项目总监、施工单位总工、施工监测专业分包负责人、第三方监测单位技术负责人和岗位工程师、设计单位代表、安全质量部监测监控工程师、项目建设部现场业主代表参加处理方案的制定和风险处理。施工单位、监理单位、施工监测分包、第三方监测单位加强监测和巡视,安全质量部、监理单位负责协调处理和跟踪监督。

③橙色预警:监理单位组织会议分析,项目总监、施工单位项目负责人、施工监测专业分包负责人、第三方监测单位项目负责人和岗位工程师、设计单位代表、安全质量部部长、项目建设部部长参加,共同研究风险处理方案的制定和风险处理过程的监督、管理。安全质量部、监理单位负责协调处理和跟踪监督。

④红色预警:施工单位应组织专家论证,启动项目部应急预案。施工单位企业主管领导主持组织风险处理,建设单位主管领导参与主持风险处理。安全质量部、监理单位负责协调处理和跟踪监督。

2)响应要求

①综合预警发出的主要依据有监测预警与巡视预警两大类。预警级别的最终判定应同时考

虑监测数据变化、现场施工技术水平、管理水平以及可能对现场造成的风险程度等综合因素。

②对于两次发出预警的同一工程部位，数据在一定时间内未收敛，并有继续增大的趋势时，应将当前预警级别升级。

③先踏勘现场，然后在施工监测分中心召开预警会议，会议由监理单位主持，承包单位汇报现场情况，施工监测单位汇报当日监测及加密监测数据情况，各单位共同参与对警情原因进行分析，提出建议和控制措施。会议结束后监理单位负责形成会议纪要，抄送与会各方，并上传至系统平台。

④发生蓝色、黄色、橙色、红色级别预警时，施工单位、第三方监测单位应按表2-16要求加密监测，并及时提交监测成果。

预警期间监测加密频次　　　　表2-16

序号	预警等级	施工监测频次	第三方监测频次
1	蓝色	2次/d	1次/2d
2	黄色	3次/d	1次/1d
3	橙色	4次/d	2次/d
4	红色	根据现场情况确定	

3）消警流程

预警发出后，在现场采取有效措施的情况下，连续多日监测数据显示收敛趋势，警情得到有效控制或解除后，方可申请消警。

（1）蓝色、黄色、橙色消警流程

当现场采取相关措施，警情得到有效控制，监测数据收敛后，施工单位按消警处理流程申请消警。

蓝色消警流程：消警由施工单位提出申请，监理单位初审，第三方监测单位批复消警并存档。

黄色消警流程：消警由施工单位提出申请，监理单位初审，第三方监测单位复核并提出消警意见，流转至项目建设部由建设单位代表先批复，最后由监测监控科线路工程师批复消警，并存档。

橙色消警流程：消警由施工单位提出申请，监理单位初审，第三方监测单位复核并提出消警意见，流转至项目建设部由工程管理科科长批复后交监测监控科科长批复消警，并报备于安全质量部部长。

递交消警申请报告时，施工单位应提交以下文件：

①预警现场会会议纪要；

②施工监测、第三方监测的监测数据报告；

③整改措施落实情况；

④消警申请单。

（2）红色消警流程

当现场采取相关措施，警情得到有效控制，监测数据收敛后，施工单位按消警处理流程申请消警。

消警由施工单位提出申请,监理单位初审,第三方监测单位复核后,项目总监主持召开现场红色消警会议。施工单位、施工监测分包、监理单位、勘察设计单位、第三方监测单位、建设单位代表、监测监控科科长参加,与会各方形成消警意见后报安全质量部部长初审后报建设分公司领导批复。

递交消警申请报告时,施工单位应提交以下文件:

①预警、消警现场会会议纪要;

②施工监测、第三方监测的监测数据报告;

③整改措施落实情况;

④消警申请单。

2.3 风险应急管理方法

2.3.1 预案体系

应急管理是交通地下工程安全风险双重预防机制的最后一道防线。

我国应急预案体系整体框架分为国家级总体战略预案、地方政府(省、市、县)级综合应急行动预案、企事业单位(部门级)应急行动预案共三个层次五个级别;应急预案系统包含战略级、行动级、战术级和现场行动级四种类型,企业级可不包含战略级而主要是行动预案和战术预案。

与国家级、省级预案相衔接,交通地下工程突发事故应急预案体系分为市级、指挥部级、施工现场项目部级。其中,施工单位现场项目部级应急预案亦包括综合应急预案、专项应急预案和现场处置方案。

应急预案组织体系、结构体系分别如图 2-10、图 2-11 所示。

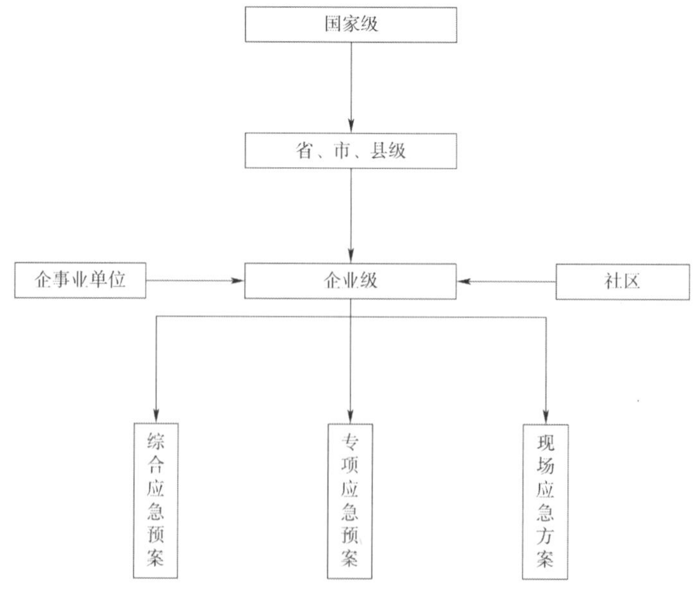

图 2-10　应急预案组织体系

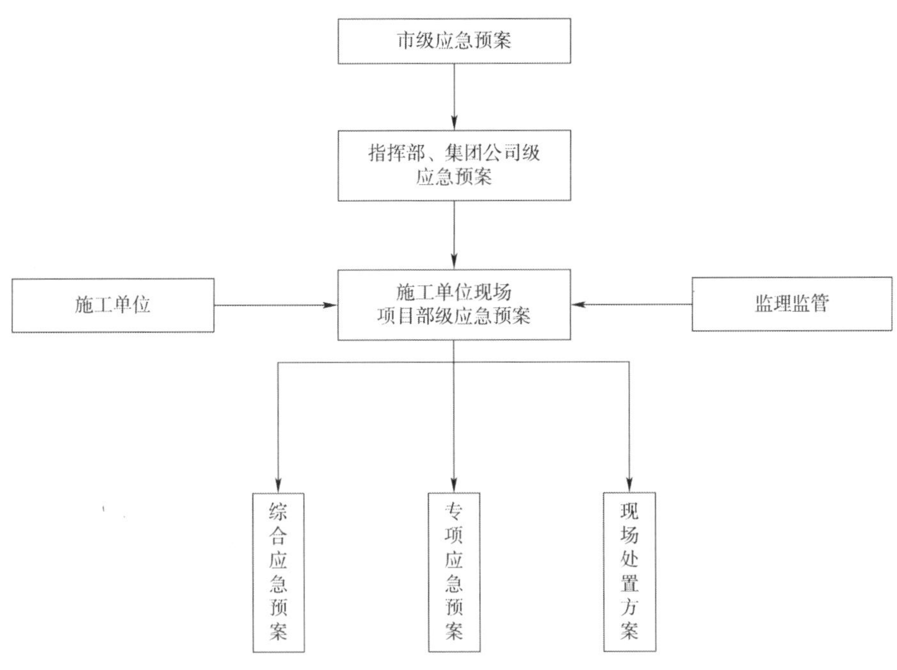

图2-11　应急预案结构体系

2.3.2　预案组织体系

1)事故现场应急处置指挥部

事故发生时,项目经理立即启动现场应急救援预案,并通知现场各应急救援小组迅速到位,开展应急救援工作。

收集和核实现场应急救援信息、情况,及时向指挥中心汇报,接受指挥中心指令。对现场存储的应急救援物资、装备做好日常维修、保养,及时进行更新、更换和补充,确保有效。

组织开展各类应急演练活动,对应急救援工作进行总结评估,针对不足和问题,制定防范和改进措施。同时负责具体落实后期处置中的各项工作。

2)应急处置工作组

(1)总指挥

由项目部经理担任总指挥,其职责是:组织、指挥和配合、协调现场应急救援工作,对现场处置的重大事项进行决策,发布和解除应急救援命令;将事故基本情况,应急救援采取措施、方案及存在的问题等事项向上级单位报告,并负责落实督办上级领导指示和要求;应急救援行动超出项目救援能力范围的,及时上报上级领导,请求启动上级应急救援预案;批准各种应急培训、演练计划,并领导组织应急演练;批准主要应急物资储备和救援装备的购买、更新。

(2)副总指挥

由副经理、安全总监担任副总指挥,其职责是:总指挥不在时,代理总指挥行使总指挥职责,负责现场应急救援工作;总指挥在时,协助总指挥开展现场应急救援,做好交办的工作;负责应急救援各项工作的协调及信息传递;负责各项应急救援措施、方案的落实,并向总指挥提出控制事故扩大的对策和建议。

(3)综合协调组

负责接警和通知、警报和紧急公告;了解、收集和上传下达有关信息,联络有关部门和单位;负责构建现场应急指挥机构(配合各工作组);分配工作区域和分发标明应急人员身份的袖章等标识;协调各工作组和各方面的应急处置工作;指派专人对现场应急抢险人员的安全进行监控。

(4)安全保卫组

先行组织保安及有关人员,对事故现场及周边地表和道路进行警戒、控制,为抢险物资、设备、人员开辟好专用运输通道,必要时组织有序疏散,登记疏散人员和物资。

(5)应急监测组

负责组织现场出险范围、地质条件的探测和勘察;负责现场及毗邻区域的建(构)筑物、管线、支撑(加固)结构和地面的稳定性的监测,及时向应急指挥部汇报监测结果。

(6)应急抢险组

组织应急抢险队开展现场应急抢险救援或配合当地政府、建设单位的专业应急抢险队伍的抢险救援工作。

(7)资源保障组

负责建立和维护、更新工程应急抢险物资信息数据库,明确装备的类型、数量、性能和现场存放位置;负责与场外单位,联系救援抢险所需的特殊设备物资并及时调到现场。

(8)技术专家组

负责组建由勘察、设计、施工技术专家组成的抢险专家库;就应急准备工作中的重要问题进行研究,提供建议;组织专家组成员开展活动,编制应急技术和信息资料;组织专家制定应急救援技术方案,开展工程结构安全性评估,根据监测到的结果来评估事态发展,为抢险救援等工作提供技术支持。

(9)救治保障组

负责与当地医疗救护中心联系,做好受伤、中毒人员的紧急输送和救护工作,以及伤亡人员的善后工作。同时,负责向救援人员提供生活必需品。

(10)新闻信息组

负责事故应急处置和抢险救援的新闻报道工作,在事件第一现场接待新闻媒体记者,视情况向媒体提供新闻通稿,全程跟踪媒体报道,安排人员进行抢险工作的摄影。

这些工作小组应事前建立并进行演练,一旦应急预案启动,即赶赴现场投入抢险。

2.3.3 应急预案编制主要内容

1)应急预案的分类

应急预案从功能与目标上划分为三类:综合应急预案、专项应急预案和现场处置方案。综合应急预案是应对各类事故的综合性文件,从总体上阐述事故应对方针、政策、应急组织机构及职责、应急行动、措施和保障等基本要求和程序;专项应急预案主要针对某种特有和具体的事故(如坍塌与倒塌、起重作业事故、机械设备事故、电气事故、火灾、中毒与窒息事故等),侧重明确救援程序和具体的应急救援(技术)措施;现场处置方案针对危险性较大的分部分项工程的施工、具体装置、场所或设施、岗位所制定的应急处置措施,应具体、简单、针对性强。综合应急预案、专项应急预案和现场处置方案各有侧重、相互衔接,构成一个应急预案体系。也可以将专项应急预案作为综合应急预案的附件。

2)应急预案的内容

(1)综合应急预案的内容

综合应急预案应包括总则、组织机构及职责、预警和预防机制、应急响应与处置、后期处置、保障措施、附则和附录8个方面的内容。组织机构及职责、信息报告与处置、应急响应程序与处置技术等要素属于应急预案的关键要素,是涉及日常应急管理与应急救援的关键环节,应体现在应急预案中。同时,危险源辨识与风险分析、应急资源和能力评估是确保应急预案具有针对性和可操作性的重要的应急策划工作,应体现在预案中(宜放在附件部分)。

(2)专项应急预案的主要内容

专项应急预案应根据工程的专项安全技术方案制定,有比较强的针对性,一般内容应包括应急处置的基本原则、应急组织及职责、预防与预警、应急处置(响应分级、响应程序、处置措施)、应急物资及装备保障(数量、管理及维护、正确使用等)等,突出应急救援的技术措施。一般每个单位工程应由多个专项应急预案组成。

(3)现场处置方案的主要内容

现场处置方案主要包括:应急组织与职责(主要是基层单位和现场应急、自救组织与人员的职责)、应急处置(事故应急处置程序、现场应急处置措施、报警电话及联系电话)、注意事项(在个人防护、抢救器材、救援对策或措施、自救与互救等方面的注意事项)。

3)应急预案评审与备案

(1)预案评审

对编制的综合应急预案和专项应急预案组织评审。工程项目现场处置方案可视情况组织评审,评审人员应当包括交通地下工程安全生产或应急管理方面的专家,以及预案涉及的其他部门和单位相关人员。

评审的主要内容包括以下几个方面:

①应急预案是否符合有关法律、行政法规等,是否与有关应急预案进行了衔接。

②主体内容是否完备,组织体系是否科学合理,责任分工是否合理明确。

③风险评估及防范措施是否具有针对性。

④响应级别设计是否合理,应对措施是否具体简明、管用可行。

⑤应急保障资源是否完备,应急保障措施是否可行。

(2)预案备案

应急预案编制单位应当在综合应急预案印发后20个工作日内,向工程所在地建设主管部门和建设单位备案(提交应急预案文本、电子文档及评审意见)。

第3章 城市轨道交通地下工程风险管理

3.1 基本规定

为了加强我国城市轨道交通地下工程建设风险管理,统一规范建设管理的实施技术与执行标准,制定《城市轨道交通地下工程建设风险管理规范》(GB 50652—2011)。

该规范适用于城市轨道交通新建、改建与扩建的地下工程建设风险管理。

城市轨道交通地下工程建设风险管理,必须遵循节能、节地、保护环境和可持续发展得基本方针。

城市轨道交通地下工程建设风险管理,应从规划、可行性研究、勘察设计、施工直至竣工验收并交付使用,实施全过程的风险管理。

城市轨道交通地下工程建设风险管理,除应符合本规范外,尚应符合国家现行有关标准规定。

3.2 工程建设风险等级标准

3.2.1 一般规定

城市轨道交通地下工程建设风险管理应根据工程建设阶段、规模、重要性程度及建设风险管理目标等制定风险等级标准。

工程建设风险等级标准宜以长度在10km以上的城市轨道交通单条线路为基本建设单位制定。

3.2.2 风险发生可能性与损失等级

轨道交通工程建设期间发生的工程风险,是否可接受以及接受程度如何,决定着不同的风险控制对策及处置措施,风险评估中需预先指定明确的风险等级及接受准则。依据《地铁及地下工程建设风险管理指南》《城市轨道交通地下工程建设风险管理规范》(GB 50652—2011)及国际隧道协会提供的风险评价方法,风险分级标准包括风险事故发生概率的等级标准(简称风险概率等级)和风险事故发生后的损失等级标准(简称风险损失等级)。工程风险概率等级根据风险发生可能性宜采用概率或者频率作为指标可分为5级,具体等级标准见表3-1。

工程风险概率等级标准 表3-1

等级	5	4	3	2	1
事故描述	不可能	很少发生	偶尔发生	可能发生	频繁
区间概率	$P<0.01\%$	$0.01\% \leqslant P<0.1\%$	$0.1\% \leqslant P<1\%$	$1\% \leqslant P<10\%$	$P \geqslant 10\%$
估值 P	1	2	3	4	5

注:P为风险事故发生概率估值。

轨道交通施工风险损失包括人员伤亡、周边环境破坏、经济损失、工期延误和社会影响，均分为5级，最后综合以上损失来评定风险损失的严重程度。人员伤亡等级标准见表3-2。

人员伤亡等级标准　　表3-2

等级	A	B	C	D	E
建设人员	死亡（含失踪）10人以上	死亡（含失踪）3~9人，或重伤10人以上	死亡（含失踪）1~2人，或重伤2~9人	重伤1人，或者轻伤2~10人	轻伤1人
第三方	死亡（含失踪）1~2人	重伤2~9人	重伤1人	轻伤2~10人	轻伤1人

周边环境破坏等级标准见表3-3。

周边环境破坏等级标准　　表3-3

等级	A	B	C	D	E
影响范围及程序	涉及范围非常大，周边生态环境发生严重污染或破坏	涉及范围很大，周边生态环境发生较重污染或破坏	涉及范围大，区域内生态环境发生污染或破坏	涉及范围较小，邻近区生态环境发生短期污染或破坏	涉及范围很小，施工区生态环境发生轻度污染或破坏

经济损失等级标准见表3-4。

经济损失等级标准　　表3-4

等级	A	B	C	D	E
工程本身	1000万元以上	500万~1000万元	100万~500万元	50万~100万元	50万元以下
第三方	200万~500万元	100万~200万元	50万~100万元	10万~50万元	10万元以下

工期损失等级标准见表3-5。

工期损失等级标准　　表3-5

等级	A	B	C	D	E
长期工程（工期超过2年）	延误大于9个月	延误6~9个月	延误3~6个月	延误1~3个月	延误少于1个月
短期工程（工期少于2年）	延误大于90天	延误60~90天	延误30~60天	延误10~30天	延误少于10天

社会信誉损失等级标准见表3-6。

社会信誉损失等级标准 表3-6

等级	A	B	C	D	E
影响程度	恶劣的,或需紧急转移安置1000人以上	严重的,或需紧急转移安置500~1000人	较严重的,或需紧急转移安置100~500人	需考虑的,或需紧急转移安置50~100人	可忽略的,或需紧急转移安置小于50人

将上表中的工期损失、社会信誉损失、周围环境破坏和人员伤亡换算成经济损失中的直接损失或者间接损失,来划分风险损失等级,比如工期延误造成的经济损失、人员伤亡造成的经济损失和破坏周边环境造成的直接和间接的经济损失,以此来评定风险损失的严重程度,见表3-7。

风险损失等级标准 表3-7

等级	A	B	C	D	E
严重程度	灾难性的	非常严重的	严重的	需考虑的	可忽略的

3.2.3 风险等级标准及接受准则

根据城市轨道交通地下工程建设风险发生的概率和损失等级,将工程风险等级分为四级,建立风险分级矩阵,见表3-8。

风 险 等 级 标 准 表3-8

可能性等级		损失等级				
		A	B	C	D	E
		灾难性	很严重	严重的	较大的	可忽略的
5	频繁的	Ⅰ级	Ⅰ级	Ⅰ级	Ⅱ级	Ⅲ级
4	可能的	Ⅰ级	Ⅰ级	Ⅱ级	Ⅲ级	Ⅲ级
3	偶尔的	Ⅰ级	Ⅱ级	Ⅲ级	Ⅲ级	Ⅳ级
2	罕见的	Ⅱ级	Ⅲ级	Ⅲ级	Ⅳ级	Ⅳ级
1	不可能的	Ⅲ级	Ⅲ级	Ⅳ级	Ⅳ级	Ⅳ级

根据风险等级进行 R 值打分,见表3-9。

风 险 等 级 打 分 表3-9

等　级	估　值	说　明
Ⅰ	$15 \leqslant R$	为减少风险的预防措施必须不惜代价实行
Ⅱ	$10 \leqslant R$	明确并执行预防措施以减少风险
Ⅲ	$4 \leqslant R$	风险处于可容忍的边缘,预防措施可能需要
Ⅳ	$1 \leqslant R$	风险是可容忍的,不必另设措施

根据风险等级制定风险接受准则,见表3-10。

风险接受准则 表3-10

等级	接受准则	处置对策	控制方案	应对部门
Ⅰ级	不可接受	必须高度重视,并采取措施规避,否则必须将风险降低至可接受的水平	需制定控制、预警措施,或进行方案修正或调整等	政府部门及工程建设参与各方
Ⅱ级	不愿接受	必须加强监测,采取风险处理措施降低风险等级,且降低风险的成本不应高于风险发生后的损失	需防范、监控措施	
Ⅲ级	可接受	无须采取风险处理措施,但需注意监测	加强日常管理审视	工程建设参与各方
Ⅳ级	可忽略	无须采取风险处理措施,实施常规监测	日常管理审视	

3.3 静态风险评估

工程风险管理内容根据不同建设阶段分步实施。深基坑施工安全风险管理内容与过程包括:风险界定或风险计划、风险识别、风险分析、风险评估、风险控制等。风险管理技术部分主要由风险识别、风险评估、风险控制三大部分组成。交通地下工程静态风险管理的基本流程如图3-1所示。

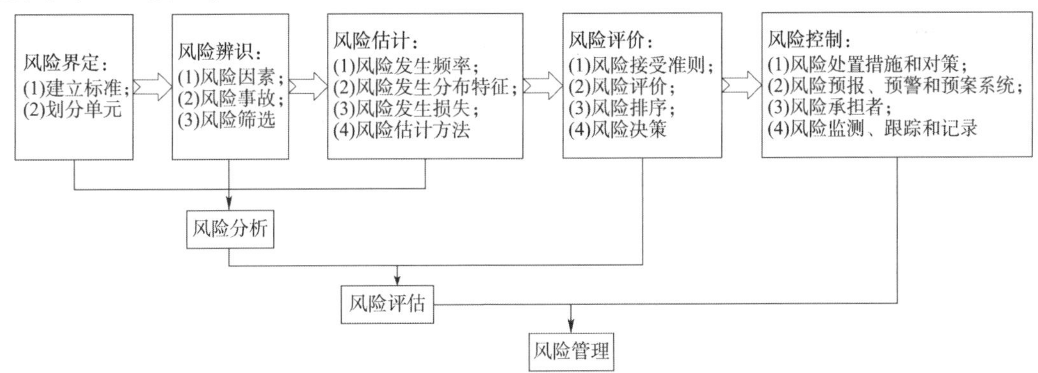

图3-1 交通地下工程静态风险管理基本流程图

3.3.1 风险界定

风险界定是工程风险管理的重要工具,是全部风险管理过程的基础环节。根据工程建设各方的建设任务和内容,风险管理实施程序中需通过风险界定确定工程建设风险管理对象,划分工程建设评估单元,对工程建设全过程的风险进行风险因素及损失识别分析,利用风险估计方法对风险进行量化分析,对各项风险进行风险评级、排序与决策。

工程建设风险管理划分评估单元应遵循下列基本原则:

(1)分类型原则

根据工程所处场地条件、结构类型及施工方法的不同,在进行工程建设风险管理时,需针对工程水文地质条件、结构类型、施工技术、环境条件及建设各方等特点,分类确定建设风险管理目标及控制措施。

(2)分阶段原则

随着工程阶段的进展,伴随的建设风险类型也将动态变化,相应各项建设风险的发生概率、损失以及对整个工程建设风险的影响都在不断变化,从而决定工程建设风险管理是一个分阶段的实施过程。

(3)分目标原则

工程建设中,不同参建单位的风险管理对象、实施方案及风险可接受水平各不相同,在保障工程建设安全、经济、可靠、适用的基本原则下,工程建设各方应考虑各自的需求及能力制定相应的建设风险管理目标。

在划分评估单元后,便可依据相应规范制定的风险等级标准,拟定本工程建设风险管理执行标准,以便开展工程建设风险管理。工程建设风险管理的总体目标是通过对工程建设风险实施管理,保障工程建设安全,降低或减少工程建设风险损失,建设各方的总体目标应基本一致,但考虑到工程建设各方参与角色和分工差异,承担的责任和目标也存在一些差异,因此,制定风险控制标准要求建设各方相互制约,发挥建设各方的管理积极性,共同参与工程建设风险管理;风险管理责任分担应坚持责、权、利协调一致。

3.3.2 风险辨识

风险管理的第二步是风险辨识,风险辨识是工程建设风险管理的基础和前提,全面、系统地辨识各类风险对完成风险管理至关重要。风险辨识包括风险分类、确定参与者、收集相关资料、风险识别、风险筛选和编制风险辨识报告6个步骤。

(1)风险分类

通过风险损失类型进行分类,系统分析工程建设基本资料,对工程建设的目标、阶段、活动和周边环境中存在的各种风险因素进行分析。

(2)确定参与者

需选择工程经验丰富及理论水平较高的工程技术人员、管理人员和研究人员一起参与,风险辨识中专家信息对辨识十分重要。

(3)收集相关资料

应全面收集工程相关资料,对现场进行风险勘查,系统分析工程建设风险因素。潜在的因素包括客观因素和主观因素,如工程建设场地及周边环境因素、建设技术方案因素及工程投资、工期和人员等。

(4)风险识别

利用风险调研表或检查表建立初步风险清单,清单中明确列出客观存在和潜在的各种建设风险,包括影响工程安全、质量、进度、费用、环境、信誉等方面的风险。

(5)风险筛选

根据风险识别的结果对工程建设风险进行二次识别,整理并筛选与工程活动直接相关的各项风险,删除其中与工程活动无关或影响极小的风险因素及事故,并进一步识别分析,确定是否有遗漏或新发现的风险点。

(6)编制风险辨识报告

在风险识别和筛选的基础上,根据建设各方的具体要求,结合工程特点和需要,以表单形式给出详细的风险点,列出已辨识的工程建设风险清单。

3.3.3 风险估计

在辨识出工程存在的主要风险后,接下来需要进行工程风险估计,对识别出来的风险尽可能量化,估算风险事件发生的概率,估计风险后果的大小,确定各风险因素的大小,对风险出现的时间和影响范围进行确认。或者说,风险估计是对个别风险因素及其影响进行量化,并以此为基础形成风险清单。衡量工程风险时,可以采用模糊评估方法,根据风险属性将其定级,以不同的风险级别区分风险大小。

风险因素的发生概率估计分为主观和客观两种,客观的风险估计以历史数据和资料为依据,主观的风险估计无历史数据和资料可参考,而凭借人的经验和判断力,一般情况下这两种估计都要做。

3.3.4 风险评价

风险评价就是对工程建设风险进行等级评定、风险排序与风险决策。通过对各风险事件的后果进行评价,并确定不同风险的严重程度顺序,重点是综合考虑各种风险因素对项目总体目标的影响。确定对风险应该采取何种应对措施,同时也要评价各种处理措施可能需要花费的成本,也就是综合考虑风险成本效益。

风险评价方法有定性和定量两种,进行风险评价时,还要提出防止、减少、转移或消除风险损失的初步办法,并将其列入风险管理阶段要进一步考虑的各种方法之中。在实践中,风险识别、风险估计、风险评价绝非互不相关,而常常是互相重叠,需要反复交替进行。

3.3.5 风险控制

在风险评估(包括风险辨识、风险估计和风险评价)之后,接下来的工作是如何有效控制这些风险,以达到减少事故发生的概率和降低损失程度的目的。

所谓风险控制是指在风险辨识、风险估计和风险评价的基础上,针对工程中所存在的风险因素,积极采取控制措施,以消除风险因素或减少风险因素的危害性。在事故发生前,降低事故的发生概率;在事故发生后,将损失减少到最低限度,从而达到降低风险承担主体预期财产损失的目的。

风险控制是风险管理过程中的后阶段,也是整个风险管理成败的关键所在。风险控制的目的在于改变生产单位所承受的风险程度,其主要功能是避免风险,预防损失,降低损失的程度;当损失无法避免时,务求尽量降低风险所带来的不良影响。从工程建设风险因素入手,完成风险辨识与评估后,根据项目建设的总体目标,以有利于提高对工程建设风险的控制能力、减少风险发生可能性和降低风险损失为原则,选择合理的风险处置对策。风险处置有四种基本对策,可选择一种或多种对策实施控制。

1)风险消除

不让工程建设风险发生或将工程建设风险发生的概率降低到最小。

2)风险降低

通过采取措施或修改技术方案等,降低工程建设风险发生的概率(或)损失。

3)风险转移

依法将工程建设风险的全部或部分转让或转移给第三方(专业单位),或通过保险等合法方式使第三方承担工程建设风险。

4)风险自留

风险自留的前提是所接受的工程建设风险可能导致的损失比风险消除、风险降低和风险转移所需的成本低。采取风险自留对策时应制定可行的风险应急处置预案,采取必要的安全防护措施等。

3.4 动态风险管理

3.4.1 施工风险动态跟踪管理

建设单位应组织参建各方根据风险评估结果选择适当的风险处理策略,编制风险跟踪与监测实施计划并实施。参建各方应明确各风险事件相应的风险预警指标,根据预警等级采取针对性的防范措施。建设单位应组织编制技术风险应急预案,并定期进行应急演练。图3-2为交通地下工程施工动态风险管理过程。

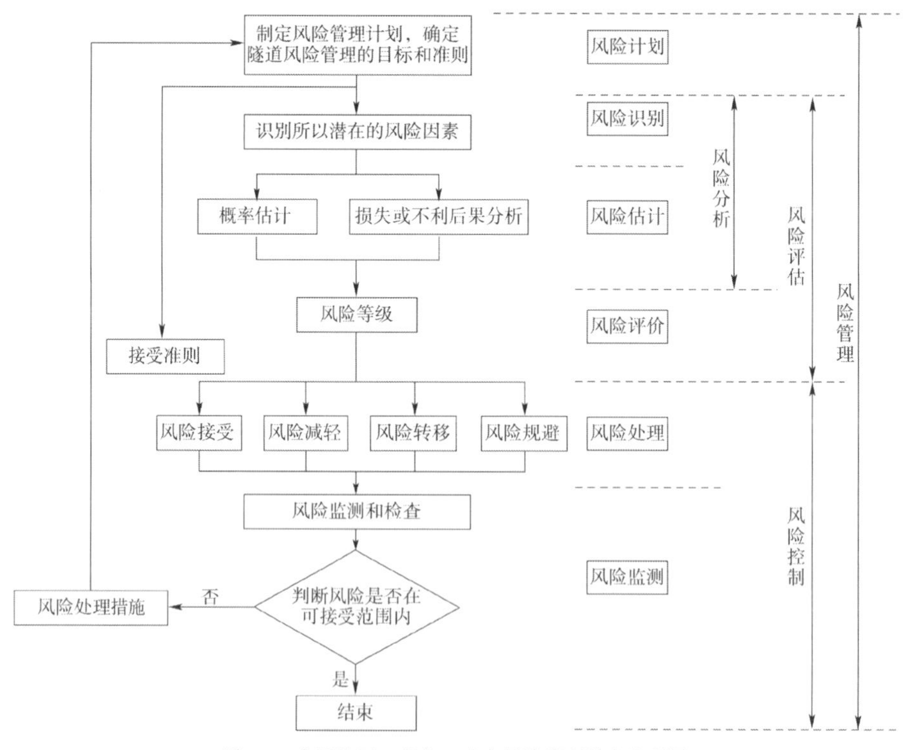

图3-2 交通地下工程施工动态风险管理基本流程图

(1)风险跟踪及监测工作内容

①风险跟踪应对风险的变化情况进行追踪和观察,及时对风险事件的状态做出判断。

②风险跟踪的内容包括:风险预控措施的落实情况、已识别风险事件特征值的观测、对风险发展状况的记录等。可采用如下记录表的形式:

a. 动态风险跟踪表应符合附录 A 的规定;

b. 风险管理工作月报表应符合附录 B 的规定。

③风险跟踪与监测是动态的过程,应根据工程环境的变化、工程的进展状况及时对施工质量安全风险进行修正、登记及监测检查,定期反馈,随时与相关单位沟通。

④风险监测应符合下列规定:

a. 制订风险监测计划,提出监测标准;

b. 跟踪风险管理计划的实施,采用有效的方法及工具,监测和应对风险;

c. 报告风险状态,发出风险预警信号,提出风险处理建议。

⑤根据风险跟踪和监测结果,应对风险等级高的事件进行处理,风险处理应符合下列规定:

a. 根据项目的风险评估结果,按照风险接受准则,提出风险处理措施。

b. 风险处理基本措施,包括风险接受、风险减轻、风险转移、风险规避。

c. 根据风险处理结果,提出风险对策表,风险对策表的内容应包括初始风险、施工应对措施、残留风险等。

d. 对风险处理结果实施动态管理,当风险在接受范围内,风险管理按预定计划执行直至工程结束;当风险不可接受时,应对风险进行再处理,并重新制订风险管理计划。

(2)风险跟踪及监测工作流程

风险跟踪与监测流程首先应编制风险监测方案。风险监测实施过程中可采用远程监控技术和信息管理技术,对工程实施过程进行实时全方位监控,根据监测结果选择不同的处理方案。风险跟踪与监测流程见图 3-3。

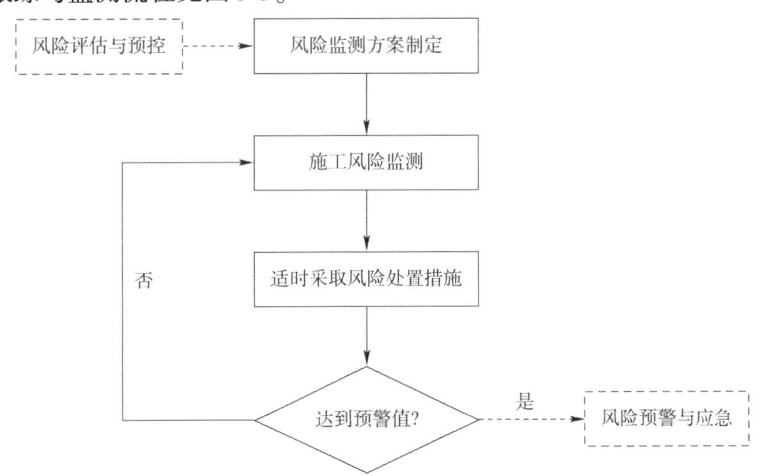

图 3-3　风险跟踪与监测流程

(3)风险跟踪与监测工作方法

①风险跟踪与监测方法可采用人工现场巡视、风险跟踪现场记录、远程监控技术,或采用多种方法的综合跟踪监测方法。

②风险跟踪与监测宜有定量化的指标进行监控,并应及时对监测数据进行分析,全面掌握工程建设风险。

3.4.2 施工风险预警预报机制

1)应急组织机构

为了保护隧道与地下工程从业人员在生产经营活动中的身体健康和生命安全,保证工程在出现生产安全事故时,能够及时进行应急救援,从而最大限度地降低生产安全事故给盾构工程及其员工造成的损失,成立项目经理部生产安全事故应急救援小组。

重大安全事故应急领导小组下设现场技术组、现场抢险组、信息发布组、医疗救护组、后勤保障组、现场调查组、善后处理组7个应急救援工作小组。为防止应急事件造成的损失和影响扩大,达到预防为主、有备无患、处理得当、损失和影响最小的目的,工程项目部成立安全事故应急救援指挥中心。

应急组织领导组织结构,见图3-4。

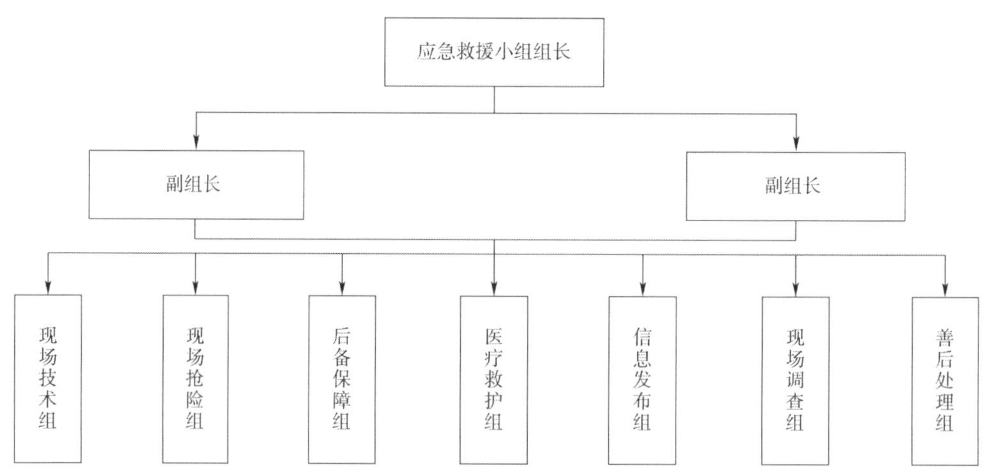

图3-4 应急组织领导组织结构

应急领导小组成员职责:

(1)组长职责

组长负责险情发生后批准本预案的启动与终止;负责人员、设备和物资的调动,确定突发事件现场指挥人员;协调现场有关工作;负责现场新闻管理与信息发布。

(2)副组长职责

副组长协助应急救援领导小组组长完成突发事件应急工作,负责应急救援领导小组日常管理工作,在应急救援领导小组组长授权的情况下完成应急指挥工作。

(3)成员职责

完成领导交办的应急工作,承担各自的岗位职责。

各专业应急救援小组组成及职责:

(1)现场技术组组成和职责

现场技术组组成:

组长、成员由项目工程部、盾构工区工程部等人员组成。

现场技术组职责:

①初步勘验现场,提出处置建议和抢险救援技术方案;

②对现场应急救援队伍进行技术指导;

③对险情的危害进行预测。

(2)现场抢险组组成和职责

现场抢险组组成:

组长、成员由项目工程部、物机部、盾构工区工程部等人员组成。

现场抢险组职责:

①按照应急救援领导小组确定的救援方案进行立即组织抢险救援;

②调集抢险救援队伍和抢险救援所需器材、物资、运输工具,并及时运到现场,积极开展抢险工作;

③采取有效措施,控制事故进一步蔓延或扩大,防止次生灾变发生;

④当抢险工作需要外部支援时,报告现场应急指挥部,就近调运其他施工单位抢险队伍。

(3)后勤保障组组成和职责

后勤保障组组成:

组长、成员由项目、盾构工区办公室等人员组成。

后勤保障组职责:

①负责抢险救援及调查工作人员生活保障、食宿安排等后勤服务;

②提供必要的办公用品和交通、通讯(信)工具、器材,以及急需的抢险救援器材与物资。

(4)医疗救护组组成和职责

医疗救护组组成:

组长、成员由项目部办公室、盾构工区相关人员组成。

医疗救护组职责:

①负责通勤车辆的调配及伤员医院的选择,并落实救治费用;

②事件单位负责组织应急抢险队,按照应急救援领导小组选择的救援方案,第一时间抢救伤员生命,指挥救援人员利用现有急救设备实施人道主义援救,营救受伤及被困人员;

③及时将伤员转移到安全地带,并送往医院。

(5)信息发布组组成和职责

信息发布组组成:

组长、新闻发言人、成员由项目部工会、盾构工区相关人员组成。

信息发布组职责:

①按照现场指挥部要求对外发布信息和新闻报道;

②汇总上报抢险救援进展情况及事件调查资料。

(6)现场调查组组成和职责

现场调查组组成:

组长、成员由项目部安全质量部、盾构工区安全质量管理人员组成。

现场调查组职责:

①协助上级有关部门对事件公正调查取证,并将调查所取物证、事故分析及相关责任人初步处理意见报告等材料,在应急结束后如实、完整、及时送交应急救援领导小组;

②对事故造成的人员伤亡、设施损坏情况进行调查并形成报告,一并送交应急救援领导小组。

(7)善后处理组组成和职责

善后处理组组成:

组长、成员由项目部财务、盾构工区等部门人员组成。

善后处理组职责:

①对事故伤亡人员实施处置,安抚家属,做好理(索)赔工作;

②做好善后处理及恢复生产秩序工作。

2)应急响应

(1)事故分级

①根据生产安全事故造成的人员伤亡或者直接经济损失,事故一般分为以下等级:特别重大事故、重大事故、较大事故。

②按事故的严重程度和影响范围,将安全事故分为三级。

a. 三级安全事故:伤 1 人以上、3 人以下;直接经济损失 10 ~ 30 万元。

b. 二级重大安全事故:死亡 1 人以上、3 人以下、重伤 3 人以上;直接经济损失 30 ~ 100 万元。

c. 一级重大安全事故:死亡 3 人以上,直接经济损失 100 万元以上。

"以上"包括本数,"以下"不包括本数。

(2)应急启动条件

①发现异常现象或发生事件、事故时;

②施工监测项目控制值及变化速率超过控制值时;

③地下管线及地面监测项目控制值及变化速率超过控制值时;

④隧道内发生涌水、涌砂等突发事件时。

(3)应急报告程序

现场一经发现异常现象或发生事件、事故时立即通知现场管理人员。现场管理人员根据出现的险情或有可能出现的险情,迅速向应急救援领导小组上报。应急救援组织机构领导小组成员必须迅速到达指定位置。由应急救援领导小组组长主持紧急情况处理会议,协调、派遣和统一指挥所有车辆、设备、人员、物资并实施紧急抢救,并在 1h 内向地方县级以上人民政府安全生产监督管理部门和负有安全生产监督管理职责的有关部门报告。事故处理方式根据事故大小情况来确定,如果事故小,根据上级指示可由项目经理部自行直接处理;如果事故较大或项目经理部处理不了,则由项目经理部向建设单位主管部门进行请示,请求启动建设单位的救援预案,若建设单位的救援预案仍不能进行处理,则由建设单位向政府部门请示启动上一级救援预案。

(4)报告内容

①事故发生时间、地点、事故类别和人员伤亡情况。

②事故发生的简要经过,险情的基本情况。

③原因的初步分析。

④已采取的救援措施。

(5)应急处理

①紧急情况发生后,应急救援组要做好警戒和疏散、保护现场,及时抢救伤员和财产,并由在现场的项目部最高级别负责人指挥,在3min内通知说明紧急情况性质、地点、发生时间、有无伤亡、是否需要派救护车、消防车等立即支援到现场实施抢救,如需要可直接拨打120、110、119等求救电话。

②现场的项目部最高级别负责人在接到紧急情况报告后必须在2min内将情况报告给应急救援领导小组组长。小组组长组织讨论后在最短的时间内发出如何进行现场处置的指令。分派人员车辆等到现场进行抢救、警戒、疏散和保护现场等。由联络通信组在30min内以小组长名义打电话向上一级(监理单位、建设单位)有关部门报告。

③遇到紧急情况,全体职工应特事特办、急事急办,积极主动地投身到紧急情况的处理中去。各种设备、车辆、器材、物资等统一调遣,各类人员必须坚持无条件服从组长或副组长的命令和安排,不得拖延、推诿、阻碍紧急情况的处理。

④在整个施工阶段要从人员、设备、材料和制度方面做好充分的准备工作,一旦遇到险情能迅速投入抢险工作。

(6)应急结束

事故现场得以控制,环境保护符合有关标准,导致次生、衍生事故隐患消除后,按照"谁启动、谁结束"的原则,经事故现场应急指挥机构批准后,现场应急救援结束。

应急救援结束后,由监理单位主持召开由建设单位、设计单位、专家组等相关单位参加的恢复施工会,对安全事故发生的原因进行分析,总结经验教训,确定下一步施工应采取的安全、文明、质量、环保等施工措施和管理措施。

3.4.3　施工预警监测指标及标准

1)监测等级及内容

土质隧道工程影响分区宜按表3-11的规定进行划分。隧道穿越基岩时,应根据覆盖土层特征、岩石坚硬程度、风化程度及岩体结构与构造等地质条件,综合确定工程影响分区界线。

土质隧道工程影响分区　　表3-11

隧道工程影响区	范　　围	隧道工程影响区	范　　围
主要影响区	隧道正上方及沉降曲线反弯点范围内	可能影响区	隧道沉降曲线边缘2.5i外
次要影响区	隧道沉降曲线反弯点至沉降曲线边缘2.5i处		

注:i-隧道地表沉降曲线Peck计算公式中的沉降槽宽度系数(m)。

隧道工程的自身风险等级宜根据支护结构发生变形或破坏、岩土体失稳等的可能性和后果的严重程度,采用工程风险评估的方法确定,也可根据隧道埋深和断面尺寸等按表3-12划分。

隧道工程的自身风险等级　　表 3-12

工程自身风险等级	等级划分标准
一级	超浅埋隧道；超大断面隧道
二级	浅埋隧道；近距离并行或交叠的隧道；盾构始发与接收区段；大断面隧道
三级	深埋隧道；一般断面隧道

注：1. 超大断面隧道是指断面尺寸大于 100m^2的隧道；大断面隧道是指断面尺寸在 50～100m^2的隧道；一般断面隧道是指断面尺寸在 10～50m^2的隧道。
2. 近距离隧道是指两隧道间距在一倍开挖宽度（或直径）范围以内。
3. 隧道深埋、浅埋和超浅埋的划分根据施工工法、围岩等级、隧道覆土厚度与开挖宽度（或直径），结合当地工程经验综合确定。

周边环境风险等级宜根据周边环境发生变形或破坏的可能性和后果的严重程度，采用工程风险评估的方法确定，也可视周边环境的类型、重要性、与工程的空间位置关系和对工程的危害性按表 3-13 划分。

周边环境风险等级　　表 3-13

周边环境风险等级	等级划分标准
一级	主要影响区内存在既有轨道交通设施、重要建（构）筑物、重要桥梁与隧道、河流或湖泊
二级	主要影响区内存在一般（构）筑物、一般桥梁与隧道、高速公路或重要地下管线； 次要影响区内存在既有轨道交通设施、重要建（构）筑物、重要桥梁与隧道、河流或湖泊； 隧道工程上穿既有轨道交通设施
三级	主要影响区存在城市重要道路、一般地下管线或一般市政设施； 次要影响区内存在一般建（构）筑物、一般桥梁与隧道、高速公路或重要地下管线
四级	次要影响区内存在城市重要道路、一般地下管线或一般市政设施

地质条件复杂程度可根据场地地形地貌、工程地质条件和水文地质条件按表 3-14 划分。

地质条件复杂程度　　表 3-14

地质条件复杂程度	等级划分标准
复杂	地形地貌复杂；不良地质作用强烈发育；特殊性岩土需要专门处理；地基、围岩和边坡的岩土性质较差；地下水对工程的影响较大需要进行专门研究和治理
中等	地形地貌较复杂；不良地质作用一般发育；特殊性岩土不需要专门处理；地基、围岩和边坡的岩土性质一般；地下水对工程的影响小
简单	地形地貌简单；不良地质作用不发育；特殊性岩土不需要专门处理；地基、围岩和边坡的岩土性质较好；地下水对工程无影响

工程监测等级可按表 3-15 划分，并应根据当地经验结合地质条件复杂程度进行调整。

工程监测等级 表3-15

工程自身风险等级	周边环境风险等级			
	一级	二级	三级	四级
	工程监测等级			
一级	一级	一级	一级	一级
二级	一级	二级	二级	二级
三级	一级	二级	三级	三级

盾构法隧道管片结构和周围岩(土)体监测项目应根据表3-16选择。

盾构法隧道管片结构和周围岩(土)体监测项目 表3-16

序 号	监 测 项 目	工程监测等级		
		一级	二级	三级
1	管片结构竖向位移	√	√	√
2	管片结构水平位移	√	○	○
3	管片结构净空收敛	√	√	√
4	管片结构应力	○	○	○
5	管片连接螺栓应力	○	○	○
6	地表沉降	√	√	√
7	土体深层水平位移	○	○	○
8	土体分层竖向位移	○	○	○
9	管片围岩压力	○	○	○
10	孔隙水压力	○	○	○

注:√-应测项目;○-选测项目。

周边环境监测项目应根据表3-17选择。当主要影响区存在高层、高耸建(构)筑物时,应进行倾斜监测。既有城市轨道交通高架线和地面线的监测项目可按照桥梁和既有铁路的监测项目选择。

周边环境监测项目 表3-17

监 测 对 象	监 测 项 目	工程影响分区	
		主要影响区	次要影响区
建(构)筑物	竖向位移	√	√
	水平位移	○	○
	倾斜	○	○
	裂缝	√	○
地下管线	竖向位移	√	○
	水平位移	○	○
	差异沉降	√	○

续上表

监测对象	监测项目	工程影响分区	
		主要影响区	次要影响区
高速公路与城市道路	路面路基竖向位移	√	○
	挡墙竖向位移	√	○
	挡墙倾斜	√	○
桥梁	墩台竖向位移	√	√
	墩台差异沉降	√	√
	墩柱倾斜	√	√
	梁板应力	○	○
	裂缝	√	○
既有城市轨道交通	隧道结构竖向位移	√	√
	隧道结构水平位移	√	○
	隧道结构净空收敛	○	○
	隧道结构变形缝差异沉降	√	√
	轨道结构(道床)竖向位移	√	√
	轨道静态几何形位(轨距、轨向、高低、水平)	√	√
	隧道、轨道结构裂缝	√	○
既有铁路(包括城市轨道交通地面线)	路基竖向位移	√	√
	轨道静态几何形位(轨距、轨向、高低、水平)	√	√

注:√-应测项目;○-选测项目。

2)监测频率及监测项目控制值

盾构法隧道工程施工中隧道管片结构、周围岩(土)体和周边环境的监测频率可按表3-18确定。

盾构法隧道工程监测频率 表3-18

监测部位	监测对象	开挖面至监测点或监测断面的距离	监测频率
开挖面前方	周围岩(土)体和周边环境	$5D<L\leqslant 8D$	1次/(3~5d)
		$3D<L\leqslant 5D$	1次/2d
		$L\leqslant 3D$	1次/1d
开挖面后方	管片结构、周围岩(土)体和周边环境	$L\leqslant 3D$	(1~2次)/1d
		$3D<L\leqslant 8D$	1次/(1~2d)
		$L>8D$	1次/(3~7d)

注:1. D-盾构法隧道开挖直径(m);L-开挖面至监测点或监测断面的水平距离(m)。

2. 管片结构位移、净空收敛宜在衬砌环脱出盾尾且能通视时进行监测。

3. 监测数据趋于稳定后,监测频率宜为1次/(15~30d)。

盾构法隧道管片结构竖向位移、净空收敛和地表沉降控制值,应根据工程地质条件、隧道设计参数、工程监测等级及当地工程经验等确定;当无地方经验时,可按表3-19和表3-20确定。

盾构法隧道管片结构竖向位移、净空收敛监测项目控制值　　表3-19

监测项目及岩土类型		累计值(mm)	变化速率(mm/d)
管片结构沉降	坚硬～中硬土	10～20	2
	中软～软弱土	20～30	3
管片结构差异沉降		0.04% L_s	—
管片结构净空收敛		0.2% D	3

注:L_s-沿隧道轴向两监测点间距;D-隧道开挖直径。

盾构法隧道地表沉降监测项目控制值　　表3-20

监测项目及岩土类型		工程监测等级					
		一级		二级		三级	
		累计值(mm)	变化速率(mm/d)	累计值(mm)	变化速率(mm/d)	累计值(mm)	变化速率(mm/d)
地表沉降	坚硬～中硬土	10～20	3	20～30	4	30～40	4
	中软～软弱土	15～25	3	25～35	4	35～45	5
地表隆起		10	3	10	3	10	3

当无地方工程经验时,对风险等级较低且无特殊要求的地下管线沉降及差异沉降控制值可按表3-21确定。

地下管线沉降及差异沉降控制值　　表3-21

管线类型	沉　降		差异沉降(mm)
	累计值(mm)	变化速率(mm/d)	
燃气管道	10～30	2	0.3% L_g
雨污水管	10～20	2	0.25% L_g
供水管	10～30	2	0.25% L_g

注:1. 燃气管道的变形控制值适用于100～400mm的管径。

2. L_g 为管节长度。

当无地方工程经验时,对风险等级较低且无特殊要求的高速公路与城市道路,路基沉降控制值可按表3-22确定。

路基沉降控制值　　表3-22

监测项目		累计值(mm)	变化速率(mm/d)
路基沉降	高速公路、城市主干道	10～30	3
	一般城市道路	20～40	3

当无地方工程经验时,城市轨道交通既有隧道结构变形控制值可按表3-23确定。

城市轨道交通既有隧道结构变形控制值　　表 3-23

监测项目	累计值(mm)	变化速率(mm/d)
隧道结构沉降	3~10	1
隧道结构上浮	5	1
隧道结构水平位移	3~5	1
隧道差异沉降	$0.04\% L_s$	—
隧道结构变形缝差异沉降	2~4	1

注：L_s为沿隧道轴向两监测点间距。

当无地方工程经验时，风险等级较低且无特殊要求的既有铁路路基沉降控制值可按表 3-24确定，且路基差异沉降控制值宜小于 $0.04\% L_t$（L_t为沿铁路走向两监测点间距）。

既有铁路路基沉降控制值　　表 3-24

监测项目		累计值(mm)	变化速率(mm/d)
路基沉降	整体道床	10~20	1.5
	碎石道床	20~30	1.5

3.4.4 重大风险规避措施及应急措施

1）涌水涌砂

（1）事故类型和危害程度分析

可能导致盾构隧洞施工中发生漏水、漏浆、甚至透水事故的主要原因：盾构机盾尾密封失效、隧洞不均匀上浮变形，以及后续盾构掘进引起前已施工隧洞管片位移等。以上事故严重时将导致盾构机设备被淹，甚至引发隧洞被淹事故，施工中必须采用严密、周到、可靠的预防措施。

（2）事故的预防措施

①中、强透水地段施工时，测量人员要加大测量的频率，并及时向第三方取得地表沉降的相关参数，及时调整施工方案；

②施工过程中，要适当提高同步注浆浆液浓度（必要时采用双液注浆）；

③提前严格检查设备运行情况，尤其是紧急停止时螺旋机闸门的紧急关闭状况等；

④适当减小螺旋机闸门口的开度，提高盾构机千斤顶的推进速度。

（3）应急措施

①盾尾漏浆。

泄漏部位进行集中压注盾尾油脂，填堵盾尾密封可能出现的泄漏位置。配置初凝时间较短的双液浆进行壁后注浆，压浆在盾尾后 3~6 环进行。在管片外侧垫放止水海绵，填堵管片和盾构机之间的间隙，并在管片和盾尾外壳之间填塞钢丝球，以加强盾尾钢刷的止水效果。在实际情况允许的条件下适当降低切口环的水压，待渗漏得到治理后再恢复正常施工。

②工作面漏水、透水。

a. 提高注入泥水仓室的泥水比重和黏度,稳定开挖面;

b. 由于水位过高导致刀盘前部水土压力升高而导致透水时,首先停止掘进施工加大盾尾密封脂供给量,防止盾尾密封处出现泥水的泄漏;

c. 加大监测频率,及时取得第三方监测数据,并调整应急方案;

d. 螺旋机闸门开度要严格控制,开度不可过大;

e. 打开刀盘前及螺旋机边上的注泥球阀,向刀盘前及螺旋机中注聚合物等添加材,并空转刀盘,使刀盘前的土体与聚合物充分混合;

f. 减小螺旋机转速,适当提高千斤顶推力,防止涌水时造成塌方事故;

g. 若水涌到隧道内,要及时关闭螺旋机闸门,并用现场配备的抽水机及时将水排出;

h. 施工过程中,要适当提高同步注浆浆液浓度(必要时采用双液注浆)。

③严重透水或管片严重变形时,应及时对盾构工作面及周围码放围堰,对渗漏处进行注浆处理,同时上报上级领导,由领导组织专家进行应急方案的制定,施工中心执行所定方案。

2)建筑(构)物沉降、坍塌

(1)事故类型和危害程度分析

建筑(构)物沉降、塌陷是指盾构机在临近建筑(构)物掘进时由于超挖及盾构掘进过程中对土体的扰动较大而引起建筑(构)物发生沉降、坍塌的现象。它的产生具有发生地点隐蔽的特点,因此,对国民经济建设和人民生命财产造成的危害也是严重的。房屋、地面塌陷、沉降的危害主要表现在突然毁坏建筑设施,干扰破坏交通线路,造成人员伤亡和财产损失。虽然房屋塌陷具有随机、突发的特点,有些防不胜防,但它的发生具有内在和外在原因。

(2)事故的预防措施

①采取减少地表水下渗措施。水是塌陷发生不可忽视触发因素之一。首先,应注意雨季前疏通地表排水沟渠,降雨季节时刻提高警惕,加强防范意识;其次,加强地下输水管线的管理,发现问题及时解决;最后,做好地表和地下排水系统的防水工作。

②加强地质工程勘察工作。房屋、地面塌陷的发生,另一方面原因是工程勘察工作做得不够。我们应未雨绸缪,加强地质工程勘察和资料收集分析工作。对勘察工作确定的重点塌陷危险区,应坚决采取搬迁措施。

③防治结合,加强工程自身防护能力。对已经塌陷的区域根据实际情况采取压力灌浆等工程措施进行填堵、夯实,条件许可时还可采取直梁、拱梁、筏板等方法跨越塌陷坑。设计时加强建筑物的整体刚度和整体性,并加强工程本身的防护能力,如采取缩短变形缝、防渗漏等措施。

(3)应急措施

①立即停止盾构机掘进并进行检查;

②如发生坍塌事故,则应进行注浆加固;

③如发现因事故受伤者,应急时送往医院抢救,做好伤残人员安置和财产理赔等善后处理工作;

④加强房屋和地面监测,每2h监测一次;

⑤加强注浆和止水;

⑥请专家论证、评估;

⑦及时疏散地面及隧道人员。

3)管线事故

(1)事故类型和危害程度分析

盾构在施工中很容易发生管线沉降,造成管道开裂甚至断裂事故,造成极坏的社会影响,属于重大危险源。如煤气管道开裂或断裂可造成煤气溢出,不仅影响居民的正常生活,而且容易造成火灾、爆炸,造成不良社会影响,严重威胁周边人民的生命财产安全。如给水管道开裂或断裂会使带有较大压力的自来水冒出地面及透入地下地层,对基坑开挖等施工造成影响,易造成基坑漏水、地面沉降和管线下沉,对工程的施工、周边的环境和正常生活都会造成安全威胁。如果通信管线断裂就会造成局部通信联络中断,给人民和国家造成一定的损失。如发生雨水管沉降破坏,则雨水排不出去,地面会出现积水现象,影响居民的出行和车辆行驶;如污水管沉降破坏,则污水会渗入地层,易造成基坑渗漏和居民区污水排放。

(2)事故的预防措施

①首先根据建设单位和设计单位提供的资料结合现场勘查,确定管线的位置;

②在盾构掘进施工过程中加强对周边管道的检查,一旦发现管道沉降应根据情况采取处理措施,或停止施工并向有关部门上报情况。

(3)应急措施

①施工前对地下管线的相对位置、埋深、类型等详细调查,预测地面沉降量,依此对地下管线的沉降进行预测。

②施工过程中,对重要管线进行监控量测,根据量测结果确定保护方案。

③其他位置的管线根据管线沉降情况,倾斜率小于2%且变化较大时,进行对管线保护,主要措施为:一是地层土质较差时采用注浆进行加固;二是附近条件允许时采用悬吊的方法进行保护;三是加快洞内的支护,并及时进行注浆,减少洞内变形。

④快速联系处理,当发现管线有大的变形和趋势时,及时快速与监理单位、建设单位、设计单位等联系,确定处理方案,现场准备好任何一种方案的所有物资设备,以便随时调用。

4)火灾和爆炸

(1)事故类型和危害程度分析

施工需要一定数量的可燃板材、各类油料、材料,这些材料如果处理不当,防火措施不利,极易发生火灾。在施工阶段,也需要大量的乙炔和氧气,对钢材进行焊接,如盛装乙炔和氧气内的钢瓶储存方法不当、使用不规范,也容易发生因气体泄漏而产生的气瓶爆炸事故。一旦发生火灾或爆炸,后果不堪设想。

(2)事故的预防措施

①建立、健全消防机构。项目部要成立义务消防队,并明确项目部消防安全责任人和消防安全管理人,负责管理本单位的消防安全工作。项目部要加强对员工、外来工进行消防知识的教育,对义务消防队员进行灭火技能的培训,提高自防自救能力;每年要进行不少于一

次的消防演练。办公场所、集体宿舍、设备、材料堆放场所要配备充足有效的灭火器材。制订事故发生时的扑救方案和人员疏散步骤、方法和路线,使事故的损失降到最低。

②要按规定设置乙炔瓶和氧气瓶的库房,气瓶储存室通风良好,在库房门口张挂醒目的防火警示标志,配备充足有效的灭火器材。乙炔瓶和氧气瓶的使用和存放要符合有关规定。在易燃易爆场所动火作业,必须先办理“三级”动火审批手续,领取动火作业许可证,并做足防火安全措施,方可动火作业;动火时要设专人值班,随时观察动火情况。严禁对盛装过有可燃气体的容器进行焊接。焊接(动火)作业操作人员必须参加劳动、消防部门的培训,考试合格取得焊工证后方可上岗。

③易燃、易爆化学危险品使用、存储的监管。

a. 在工作场所内(地面、隧道)使用氧气、乙炔、盾构机液压油、环氧树脂、天那水、油漆等易燃易爆化学危险品必须符合有关防火规范。

b. 使用上述易燃易爆化学危险品的电气设备必须符合国家电器防爆标准。

c. 存储上述易燃易爆化学危险品必须设立专门的存储仓库、专用场地或专用储藏室,并设专人管理;存储场所应当符合有关安全、防火规定,并根据危险品的种类、性质设置相应的防风、防爆、泄压、防雷、报警、灭火、防晒、消除静电等安全防护措施。

d. 进出库要验收,对验收中发现的问题要及时进行处理。对于性质不明,包装损坏的货物一律不准入库,适当处理,以确保安全。

e. 加强存储过程管理,做到上班后、上班中、下班前检查,做好检查情况和交接班记录,发现问题及时处理消除隐患。下班前关好库房门窗,切断库内电源;提货人员不准随便进入库房,应由保管人员将物品搬至库房外,再由提货人员提取。

f. 仓库区、储罐区严禁一切烟火。

④隧道内可燃性气体爆炸及火灾的预防。在进行盾构施工时必须预先对盾构通过的地区的地形、地质、水文等进行调查,同时也必须对现场周围以前或正在施工的工程进行充分的调查研究。预计会有可燃性气体时必须通过钻探或其他方法,对有无可燃性气体及状态进行必要的调查。另外,根据需要对电气设备、机器的防爆性能进行研究。有可燃性气体时,必须做好隧道内通风,排出可燃气体,因此必须选择合适的通风设备、通风方式及通风能力。盾构机操作手必须密切关注盾构机的瓦斯自动报警装置,当发生可燃气体浓度超过容许值时,必须立即通知作业人员退至安全区,禁止使用明火及其他引燃源,并加强通风和排气。甲烷等可燃性气体易停留在隧道顶部以及通风不畅的地方,并产生高浓度的甲烷层。因此,除了使用主要通风、排气设备外,还需考虑采取移动式局部通风设备,充分搅拌稀释隧道空气。对于有可燃气体、爆炸危险的隧道内应采用防爆电气设备、消除静电设备等尽可能避免火化的产生,以防止引爆可燃气体。

(3)应急措施

①当发生爆炸事故时,项目部职能部门负责人和项目部安全生产直接责任人必须第一时间赶到事故现场进行现场抢救指挥工作。

②隧道内可燃气体发生爆炸时,必须立即停止作业,采取切实可行措施,使作业人员迅速撤离到安全地带。

③立即组织抢救受害人员,组织撤离或采取其他措施,保护爆炸区域内的人员的安全。

④迅速控制爆炸源，对于受高温威胁的氧气乙炔钢瓶以及其他油液容器要加强冷却。对于受热膨胀的桶装物品不要撞击。扑救易燃液体火灾后，应彻底扑灭建筑物以及周围物品上的残余灰烬；对于扑救可燃气体或液体泄漏后的火灾，在做好堵漏工作后方可一举灭火，防止发生爆炸。

⑤及时通知有关部门进行检测监测，防止爆炸事故再次发生。

⑥发生火灾和爆炸，首先是迅速扑灭火源和报警，及时疏散有关人员，对伤者进行救治。

⑦火灾发生初期，是扑救的最佳时机，发生火灾部位的人员要及时把握好这一时机，尽快把火扑灭。

⑧在扑救火灾的同时拨打"119"电话报警，并及时向上级有关部门及领导报告。

⑨现场的消防安全管理人员，应立即指挥员工撤离火场附近的可燃物，避免火灾区域扩大。

⑩组织有关人员对事故区域进行保护。

⑪及时指挥、引导员工按预定的线路、方法疏散、撤离事故区域。

3.5 城市轨道交通地下工程风险管理案例

3.5.1 工程概况

1）工程位置

总概括：宁波市轨道交通4号线工程由江北区慈城至东钱湖旅游度假区，是轨道交通骨干线网西北—东南向的内部填充线，横贯宁波市中心城区，连接中心城和慈城、东钱湖两个规划新城。

线路走向：S319（江北大道）—慈城连接线—北环西路—康庄南路—双东路—翠柏路—苍嵩路—长春路—灵桥路—兴宁路—沧海路—沧海路—规划首南路—钱湖大道。

线路全长：宁波市轨道交通4号线全长36.1km，其中地下线22.89km，高架线12.6km，过渡段0.61km。

全线车站数：全线共设25个车站（含5个换乘站），其中地下车站17个，高架车站8个。在慈城设停车场1个，在东钱湖设车辆段1个。

本站情况：嵩江东路站（原潘火站）是宁波轨道交通4号线第21个车站，起止里程为SK28+094.329~SK28+262.329，车站站中心里程设置在SK28+168.679，车站位于沧海路与嵩江东路交叉口南侧，沧海路与堇山东路交叉口北侧，沿沧海路南北向布置，沧海路道路宽约36m，沧海路为宁波市主要交通干道，现状道路为双向四车道+2条非机动车道，车流量较大。

嵩江东路站平面位置如图3-5所示。

2）工程结构介绍

本工程包含嵩江东路站土建工程施工。

车站尺寸：车站主体基坑全长约169.60m，车站中心里程处顶板覆土厚度约2.99m；标准段基坑宽度为 19.70m，标准段基坑深度 16.291 ~ 16.571m；两侧端头井基坑宽度为 23.80m，端头井基坑深度为 17.963 ~ 18.299m。

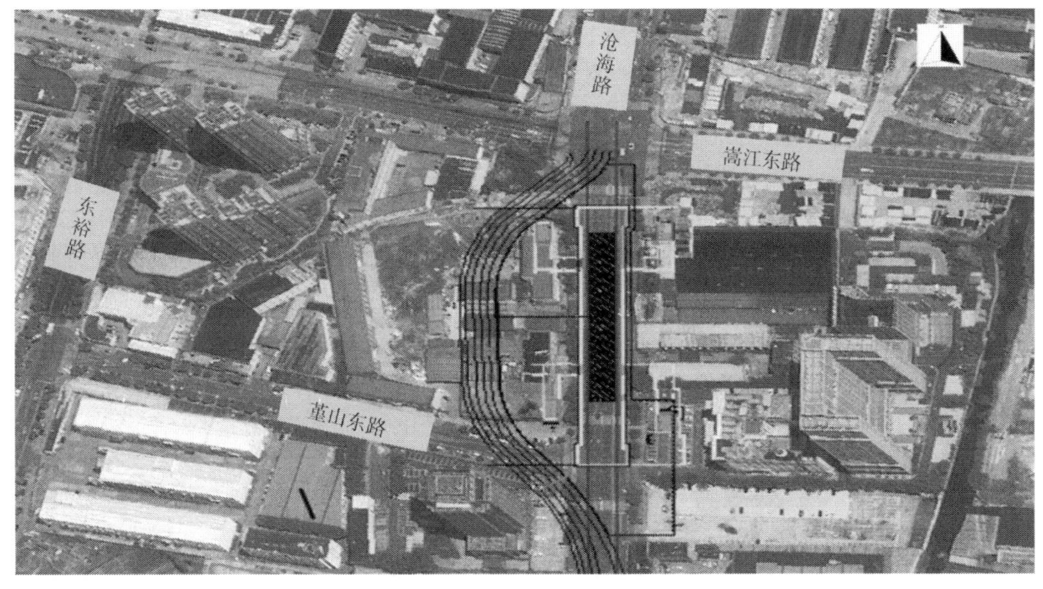

图 3-5　嵩江东路站平面位置示意图

车站相关信息：车站两端均采用盾构法施工，小里程端均为盾构接收井，大里程端为盾构始发井，主体施工时预留盾构始发接收条件。嵩江东路站设有设置 4 个出入口和 2 组风亭（A 号风亭与 A 号出入口合建，B 号风亭与 B 号出入口合建）。

主体结构设计形式：标准段采用地下两层单柱两跨（局部双柱三跨）现浇钢筋混凝土框架结构。

嵩江东路站平面图、剖面图分别如图 3-6、图 3-7 所示。

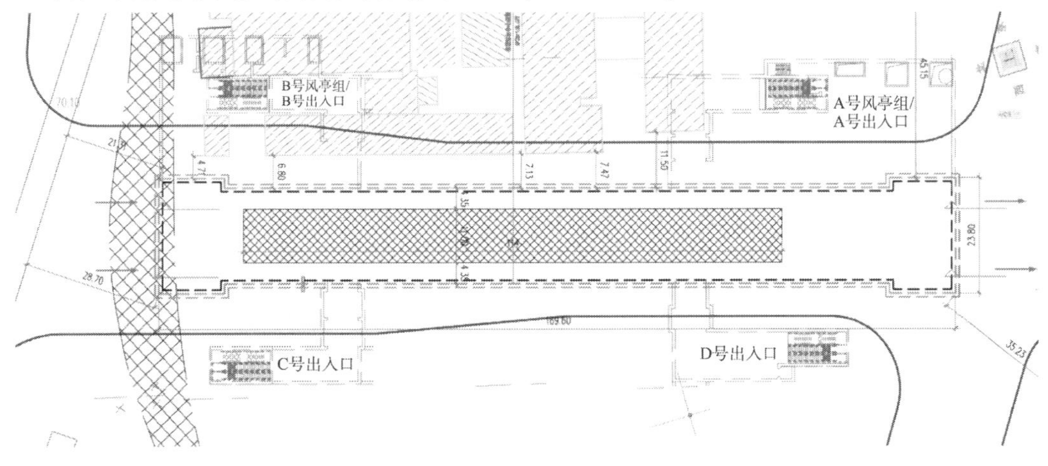

图 3-6　嵩江东路站平面图

施工方法：本车站采用明挖顺作法施工。

施工工序：先施工 800mm 地下连续墙等作为围护结构，然后施工立柱桩，再进行基坑内地基加固，施工圈梁和混凝土支撑；采用分层开挖，分段施工的施工方法，开挖到基底，依次施作底板、侧墙、中板、侧墙、顶板,然后施工内部结构和附属结构,进行顶板回填。

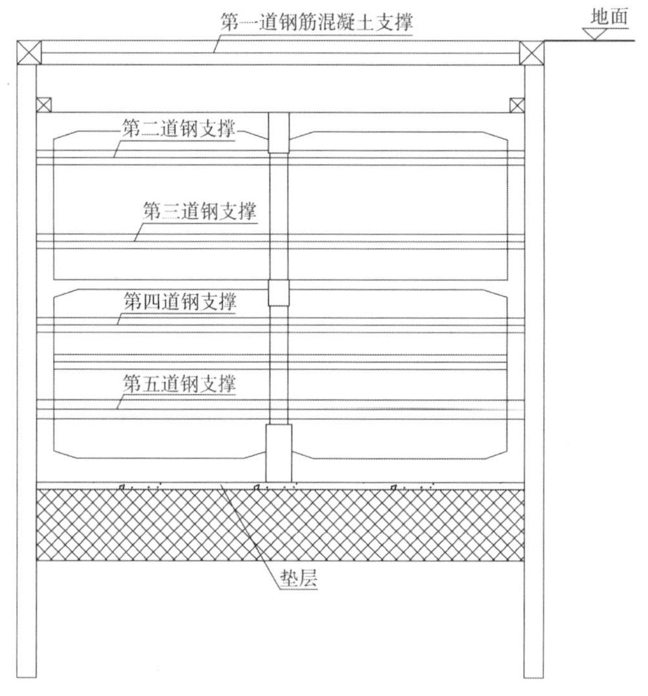

图 3-7 嵩江东路站剖面图

围护结构设计:车站小里程端头井采用 800mm 厚地下连续墙。墙长 42m,插入比约为 1∶1.326,沿基坑深度方向设置 5 道支撑加 1 道倒撑,其中第一道支撑采用 900mm × 900mm 钢筋混凝土支撑,其余为直径 609mm/800mm、壁厚 16mm 的钢支撑。车站大里程端头井采用 800mm 厚地下连续墙,地下连续墙长 40m,插入比约为 1∶1.255,沿基坑深度方向设置 5 道支撑加 1 道倒撑,其中第一道支撑采用 900mm × 900mm 钢筋混凝土支撑,其余为直径 609mm/800mm、壁厚 16mm 的钢支撑。车站标准段主体均采用 800mm 厚地下连续墙,地下连续墙长 38m/40m,插入比为 1∶1.340 ~ 1∶1.280,沿基坑深度方向设置 5 道支撑加 1 道倒撑,其中第一道支撑采用 900mm × 900mm 钢筋混凝土支撑,其余为直径 609mm/800mm、壁厚 16mm 的钢支撑。

地基加固:主体标准段采用三轴搅拌桩抽条加固,端头井基坑采用裙边 + 抽条加固,加固范围宽 3m、深 3m、间距 3m;坑底以下搅拌桩强加固体与围护墙之间 500mm 空隙采用 ϕ800、间距 600mm 旋喷桩填充,加固深度与搅拌桩强加固土体一致,端头井坑外拐角处采用双重管高压旋喷桩加固,平面形式采用梯形,纵向长 4m,横向长边 4m,地面下 2m 至坑底以下 3m。

基坑等级:根据《宁波市轨道交通 4 号线施工图设计技术要求》,上海市隧道工程轨道交通设计研究院于 2015 年 7 月,根据车站周边环境及管线情况,得出:

本站基坑环境保护等级为二级,要求地面最大沉降量≤0.2%H(H 为基坑开挖深度),围护结构最大水平位移≤0.3%H。

基坑安全等级为一级,坑底抗隆起安全系数为 2.2,墙底抗隆起系数 2.5。

3）整体施工筹划

嵩江东路站2017年11月开工，2018年10月完成车站主体结构，2020年10月完成附属结构。总工期44个月，计划分两阶段实施。

第一阶段：施工车站主体结构，提供南北两端的盾构接收、始发场地。

第二阶段：施工出入口、风亭及车站剩余二次结构。

施工总体筹划见表3-25。

嵩江东路站主要节点　　表3-25

工　点	节　点	时　间
嵩江东路站	开始围护结构施工	2017年11月28日
	围护结构封闭	2018年2月10日
	具备盾构始发/接收条件	小里程端头盾构接收2018年3月10日； 大里程端头盾构始发2019年1月1日
	基坑开挖	2018年4月24日
	结构封顶	2018年9月26日
	内部结构完成	2019年10月28日
	C号出入口完成	2019年4月15日
	D号出入口完成	2019年5月12日
	B风亭、B号出入口完成	2019年11月3日
	A风亭、A号出入口完成	2020年10月7日

3.5.2　施工阶段风险评估

1）风险辨识

结合本工程的实际工程概况及相关资料和规范要求，采用WBS-RBS风险辨识方法，如图3-8、图3-9所示。

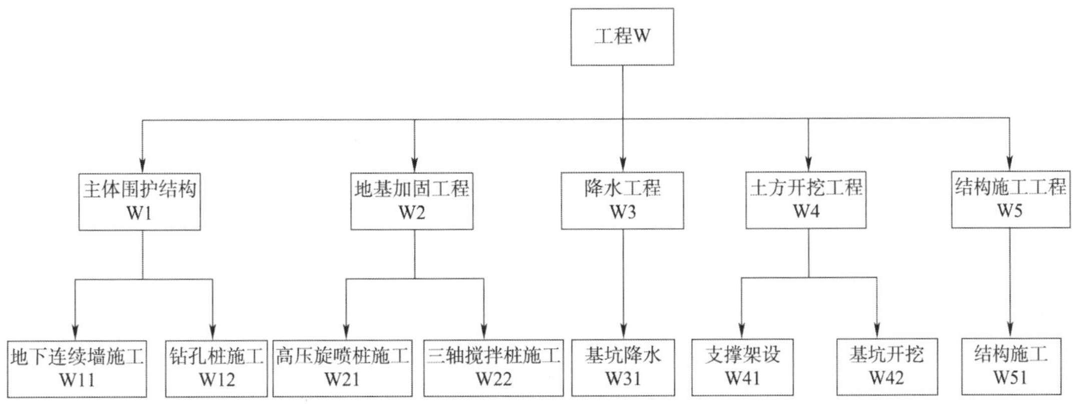

图3-8　WBS分层结构图

嵩江东路站基坑工程（主体结构）的风险单元、安全风险事件、风险因素辨识结果见表3-26。

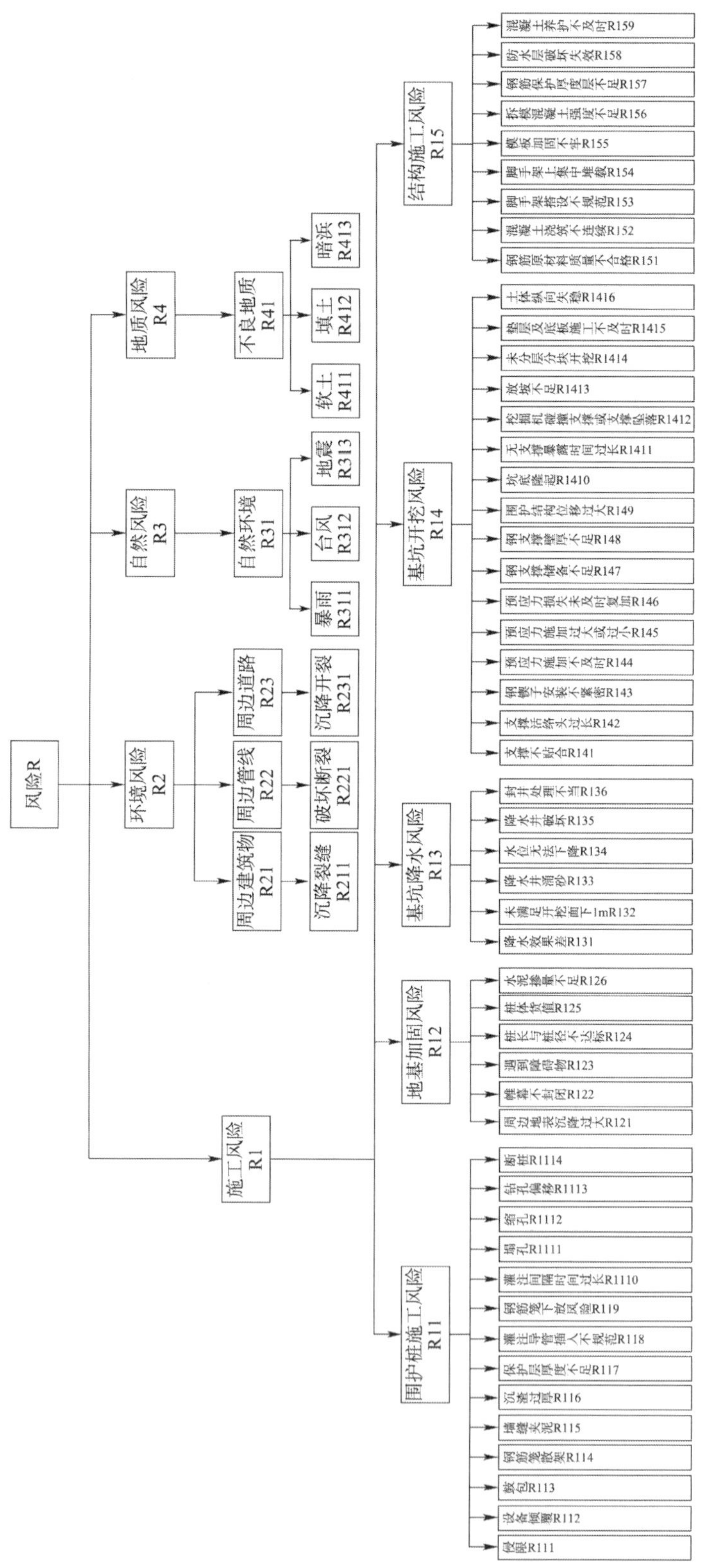

图 3-9　RBS 分层结构图

嵩江东路站基坑工程(主体结构)主要风险源辨识表　　表3-26

风险类别	分部工程	风险单元	编　号	安全风险事件	风 险 因 素
施工风险	主体围护工程	地下连续墙施工 DXLXQ	DXLXQ1	地下连续墙侵限	1. 测量仪器精度不够,测量误差大; 2. 测量控制点出现错误; 3. 计算数据出现错误; 4. 测量人员操作不当产生误差
			DXLXQ2	设备倾覆	1. 地基基础太差,处理不当; 2. 重载路混凝土强度等级太低,混凝土厚度不满足要求; 3. 重载路内钢筋量不满足要求; 4. 负重作业,超过道路承受范围; 5. 违章作业
			DXLXQ3	连续墙垂直度不满足要求、槽壁塌方引起鼓包	1. 成槽施工控制不当,垂直度偏差过大; 2. 设备故障,垂直度偏大; 3. 地质条件差造成缩孔,导致槽壁不垂直; 4. 施工过程中技术参数不符合要求,导致塌方; 5. 施工过程周边荷载过大,导致塌方; 6. 地层条件太差,出现流沙、涌水等; 7. 槽壁加固质量太差
			DXLXQ4	刷壁、清底不彻底,导致墙缝夹泥、墙底沉渣过厚	1. 刷壁次数不足,或钢刷损坏不满足要求; 2. 刷壁过程中角度控制不当,刷壁质量过差; 3. 清孔时间不足,沉渣过厚; 4. 钢筋笼垫块脱落,引起保护层厚度不够
			DXLXQ5	钢筋笼散架	1. 焊接人员意识不够,焊接质量差; 2. 现场偷工减料,措施筋不满足要求; 3. 现场检查不到位; 4. 吊装过程监控不到位,违章吊装; 5. 钢筋笼整体质量过差,刚度不够
			DXLXQ6	钢筋笼保护层厚度不足	1. 施工保护垫块数量不足; 2. 钢筋笼下放不居中、偏心; 3. 垫块下放过程中脱落
			DXLXQ7	混凝土灌注导管插入深度不足或拔出混凝土面	1. 测量有误,导致导管拔孔; 2. 锁扣管下放不到位而漏浆,使混凝土面下降; 3. 操作人员违规操作; 4. 首盘混凝土灌注量过少
			DXLXQ8	混凝土灌注间断时间过长	1. 灌注混凝土过程中混凝土等待时间过程; 2. 设备故障,导管密封性太差

续上表

风险类别	分部工程	风险单元	编　号	安全风险事件	风险因素
施工风险	主体围护工程	地下连续墙施工 DXLXQ	DXLXQ9	钢筋笼难以下放或上浮	1. 存在塌孔、缩孔现象，地下障碍物未清理干净； 2. 成槽垂直度低、槽位偏差大； 3. 钢筋笼吊装过程中变形大； 4. 混凝土浇筑过快，钢筋笼上浮
		钻孔桩施工 ZKZ	ZKZ1	设备倾覆	1. 地基基础较软，未进行处理； 2. 机械支腿行走操作不当
			ZKZ2	塌孔	1. 施工技术参数不满足规范要求； 2. 成孔后静置时间过长； 3. 钻孔过程中出现斜孔； 4. 清孔时间过长； 5. 地层过差
			ZKZ3	缩孔	1. 护壁用泥浆密度大，在孔壁上形成较厚的泥皮； 2. 钻头磨损，钻头变小
			ZKZ4	钻孔偏移	1. 扩孔较大，钻头偏离方向； 2. 钻机底座不平或产生不均匀沉降； 3. 钻杆弯曲，接头不直
			ZKZ5	钢筋笼变形	1. 钢筋笼整体刚度不足； 2. 钢筋笼焊接质量不达标； 3. 吊装方案不合理或操作不当
			ZKZ6	钢筋笼难以下放或上浮	1. 存在塌孔、缩孔现象，地下障碍物未清理干净； 2. 成孔垂直度低、孔位偏差大； 3. 钢筋笼吊装过程中变形大； 4. 混凝土浇筑过快，钢筋笼固定不牢固，钢筋笼上浮
			ZKZ7	导管堵塞	1. 导管底部与桩底间距过小； 2. 导管内部附有水泥硬块； 3. 导管接头漏水； 4. 灌注速度过慢，混凝土凝固
			ZKZ8	断桩	1. 长时间停止灌注混凝土； 2. 将导管提离混凝土面； 3. 导管埋深不够，导致夹渣断桩
	地基加固	高压旋喷桩施工 GYXPZ	GYXPZ1	加固引起周围地表变形过大	1. 注浆压力过大； 2. 注浆量过大
			GYXPZ2	帷幕不封闭	1. 断桩； 2. 桩间搭接不连续

续上表

风险类别	分部工程	风险单元	编　号	安全风险事件	风险因素
施工风险	地基加固	高压旋喷桩施工 GYXPZ	GYXPZ3	遇到障碍物	地质勘查不清
			GYXPZ4	水泥掺量不够	1. 制浆施工控制不严，水泥掺量不足； 2. 施工控制不严，提速或注浆压力不满足设计要求
			GYXPZ5	桩长和桩径达不到要求	1. 桩体位置未严格按照设计要求施工； 2. 桩基搅拌不到位，注浆压力低
		三轴搅拌桩施工 JBZ	JBZ1	加固引起周边地表变形过大	扰动周边土体
			JBZ2	桩体倾斜	桩体垂直度控制不到位
			JBZ3	遇到障碍物	地质勘查不清
	降水工程	基坑降水 JKJS	JKJS1	降水效果差	1. 地质条件差，降水设计不满足要求； 2. 降水时间过短
			JKJS2	降水周期不足，水位不满足开挖面下 1m	1. 降水时间段或降水能力过小； 2. 降水井数量和布置不满足要求
			JKJS3	降水井内涌砂	降水井施工质量差
			JKJS4	坑内外形成水源通道，导致水位无法下降	1. 地下连续墙渗水严重或地下有涌水； 2. 降水效果差，不满足降水要求
			JKJS5	降水井被破坏	1. 施工过程中井点被堵； 2. 降水井的保护不到位
			JKJS6	降水井封井处理不当	施工不按要求施工，随意封堵
	土方开挖	支撑架设 ZCJS	ZCJS1	支撑端面与连续墙不贴合	1. 地下连续墙面或支撑面不平整； 2. 支撑与连续墙面不垂直
			ZCJS2	支撑活络头过长	1. 支撑配置不当； 2. 基坑净宽未进行严格的测量
			ZCJS3	钢楔子安装不紧密	1. 钢楔子尺寸不配套，间隙过大； 2. 地下连续墙变形过大，未及时施加预应力
			ZCJS4	预应力施加不及时	1. 地下连续墙变形或未及时监控； 2. 千斤顶存在故障
			ZCJS5	预应力施加过大或过小	1. 压力表失效或不准； 2. 施加预应力操作不当
			ZCJS6	预应力损失未及时附加	监控时间间隔过长

续上表

风险类别	分部工程	风险单元	编　号	安全风险事件	风险因素
施工风险	土方开挖	支撑架设ZCJS	ZCJS7	钢支撑储备不足	1. 进场未进行清点； 2. 有损坏，造成不能使用，未及时购进； 3. 钢支撑使用计划不到位
			ZCJS8	钢支撑壁厚不足	1. 进场未逐一进行严格验收； 2. 钢支撑质量存在问题
		基坑开挖JKKW	JKKW1	围护结构位移过大	1. 支撑不及时，或预应力不足； 2. 基坑外边缘堆积荷载过大； 3. 基坑加固质量不到位； 4. 未按照开挖方案进行开挖
			JKKW2	坑底隆起	1. 基底强加固不到位，强度不足； 2. 基底暴露时间过长，未及时浇筑垫层； 3. 地下水位未降到设计要求的水位； 4. 地质条件过差或外部压力过大
			JKKW3	无支撑暴露时间过长	1. 开挖范围过大； 2. 现场管理不到位； 3. 未按照方案实施
			JKKW4	挖掘机碰撞支撑或支撑坠落	1. 无安全防护措施，挖掘机随意操作； 2. 挖掘机司机意无安全意识
			JKKW5	未按时空效应，分层分块开挖，放坡不足	1. 施工监控不严，随意性大； 2. 现场管理混乱，太随意
			JKKW6	垫层及底板施工不及时	1. 施工组织不合理，工序衔接不及时； 2. 施工队伍人员物资等跟不上
			JKKW7	土体纵向失稳	1. 设计开挖坡度及开挖分层分段不合理； 2. 未按照方案坡度、分层分段要求开挖； 3. 未按设计要求进行土体加固，或加固质量不达标； 4. 坑内降水效果不佳，未达到干开挖施工的要求； 5. 基坑内排水系统不满足要求； 6. 地质条件太差
	结构工程	结构施工JGSG	JGSG1	钢筋原材质量不合格	进场材料验收不到位，进场后未及时送检
			JGSG2	钢筋安装不符合设计和规范要求	1. 钢筋数量、规格及尺寸不符合设计规范要求，焊接或机械连接质量差； 2. 过程质量监管和验收不到位
			JGSG3	脚手架搭设未按专家评审后方案执行	1. 脚手架搭设未按照方案交底执行； 2. 过程监管不到位
			JGSG4	脚手架上集中堆载	脚手架上堆载过重，造成脚手架失稳坍塌

续上表

风险类别	分部工程	风险单元	编号	安全风险事件	风险因素
施工风险	结构工程	结构施工 JGSG	JGSG5	模板加固不牢	1. 模板加固未按方案交底执行，加固不到位； 2. 加固构件不符合要求； 3. 加固方案未经验算审批进行施工
			JGSG6	拆模混凝土强度不足	1. 未按要求过早拆模，导致开裂； 2. 混凝土质量不符合要求，初凝时间长
			JGSG7	钢筋保护层不足	1. 施工保护层垫块过少，钢筋贴模板； 2. 结构尺寸施工误差较大
			JGSG8	防水层破坏失效	1. 防水接缝处理不当，导致渗漏； 2. 防水材料施工中造成破坏； 3. 防水材料质量不符合要求，质量差
			JGSG9	混凝土浇筑不连续，振捣不密实	混凝土供应不及时，等待时间过长导致混凝土初凝，不能形成整体
			JGSG10	混凝土养护不及时	未及时养护，导致混凝土开裂
环境风险	周边建筑物	高压线塔	ZBJZ1	沉降、裂缝	1. 基坑开挖对周边土体产生扰动； 2. 基坑变形过大； 3. 基坑开挖失水； 4. 监测不及时； 5. 保护方案不到位
		御龙浴场	ZBJZ2	沉降、裂缝	
		沧海大厦	ZBJZ3	沉降、裂缝	
	周边管线	10kV 电力管线	ZBGX1	破坏、断裂	1. 未进行管线确认，施工中遇到管道； 2. 管线处未进行标识，施工中破坏管线； 3. 对管线未进行防护或防护不当
		给水管线	ZBGX2	破坏、断裂	
		污水管线	ZBGX3	破坏、断裂	
		通信管线	ZBGX4	破坏、断裂	
		燃气管线	ZBGX5	破坏、断裂	
		热力管线	ZBGX6	破坏、断裂	
		不明管线风险	ZBGX7	破坏、断裂	
	周边道路	沧海路	ZBDL1	道路沉降开裂	基坑施工引起周边地层损失
		堇山东路	ZBDL2	道路沉降开裂	
		嵩江东路	ZBDL3	道路沉降开裂	
自然风险	自然环境	暴雨	ZRHJ1	基坑浸泡	1. 雨季较多，雨量大； 2. 降水效果差，不满足降排水要求
		台风	ZRHJ2	临时设施受损、人员受伤	台风多发区，引发大风、暴雨
		地震	ZRHJ3	基坑受损	罕见

续上表

风险类别	分部工程	风险单元	编　　号	安全风险事件	风险因素
地质风险	不良地质	软土	BLDZ1	基坑变形大	含水率高、压缩性高、灵敏度高、易触变、流变性低、抗剪强度低、透水性低
		填土	BLDZ2	局部透水、坍塌	1. 成分复杂,强度低,均一性差; 2. 力学性质差异较大,稳定性差,易坍塌,水量丰富,渗透性强
		暗浜	BLDZ3	局部透水、坍塌	

2)风险事件风险指数计算及等级结果

风险等级评定准则反映了风险评估的目标,通过定量计算的风险指数 R,将其对应于《城市轨道交通地下工程建设风险管理规范》(GB 50652—2011)中的风险等级分级标准。

安全风险事件打分标准规定如下:

风险事故发生概率等级 P 为 1、2、3、4、5,对应分值为 5、4、3、2、1。

风险事故损失等级 C 为 A、B、C、D、E,对应打分值为 5、4、3、2、1。

风险指数计算公式:$R = P \cdot C$。

嵩江东路站基坑工程(主体结构)风险打分表见表 3-27。

3.5.3 基坑工程(主体结构)施工阶段风险评估结果

嵩江东路站基坑工程(主体结构)风险评估结果详见表 3-28。

风险等级数量对比如图 3-10 所示。

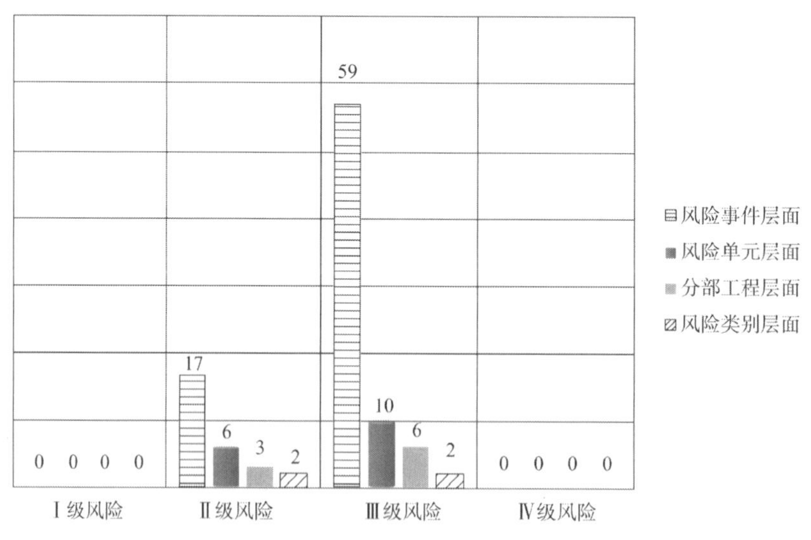

图 3-10　风险等级数量对比图

3.5.4 基坑工程(主体结构)重大风险源清单及预防措施

重大风险源清单及预防措施见表 3-29。

嵩江东路站基坑工程(主体结构)风险打分表

表 3-27

风险类别	分部工程	风险单元	编号	风险事件	风险因素	P	C	R	风险等级
施工风险	主体围护工程	地下连续墙施工 DXLXQ	DXLXQ1	地下连续墙侵限	1. 测量仪器精度不够,测量误差大; 2. 测量控制点出现错误; 3. 计算数据出现错误; 4. 测量人员操作不当产生误差	3	2.5	7.5	Ⅲ级
			DXLXQ2	设备倾覆	1. 地基基础太差,处理不当; 2. 重载路混凝土强度等级太低,混凝土厚度不满足要求; 3. 重载路内钢筋量不满足要求; 4. 负重作业,超道路承受范围; 5. 违章作业	2	4	8	Ⅲ级
			DXLXQ3	连续墙垂直度不满足要求、槽壁塌方引起鼓包	1. 成槽施工控制不当,垂直度偏差过大; 2. 设备故障,垂直度偏大; 3. 地质条件差造成缩孔,导致槽壁不垂直; 4. 施工过程中技术参数不符合要求,导致塌方; 5. 施工过程周边荷载过大,导致塌方; 6. 地层条件太差,出现流沙、涌水等; 7. 槽壁加固质量太差	3	2.5	7.5	Ⅲ级
			DXLXQ4	刷壁、清底不彻底,导致墙缝夹泥、墙底沉渣过厚	1. 刷壁次数不足,或钢刷损坏不满足要求; 2. 刷壁过程中角度控制不当,刷壁质量过差; 3. 清孔时间不足,沉渣过厚; 4. 钢筋笼垫块脱落,引起保护层厚度不够	3	3.5	10.5	Ⅱ级
			DXLXQ5	钢筋笼散架	1. 焊接人员意识不够,焊接质量差; 2. 现场偷工减料,措施筋不满足要求; 3. 现场检查不到位; 4. 吊装过程监控不到位,违章吊装; 5. 钢筋笼整体质量过差,刚度不够	2	3	6	Ⅲ级

续上表

风险类别	分部工程	风险单元	编　号	风险事件	风险因素	P	C	R	风险等级
施工风险	主体围护工程	地下连续墙施工 DXLXQ	DXLXQ6	钢筋笼保护层厚度不足	1. 施工保护垫块数量不足； 2. 钢筋笼下放不居中、偏心； 3. 垫块下放过程中脱落	2	3	6	Ⅲ级
			DXLXQ7	混凝土灌注导管插入深度不足或拔出混凝土面	1. 测量有误，导致导管拔孔； 2. 锁扣管下放不到位，漏浆混凝土面下降； 3. 操作人员违规操作； 4. 首盘混凝土灌注量过少	3	2.5	7.5	Ⅲ级
			DXLXQ8	混凝土灌注间断时间过长	1. 灌注混凝土过程中混凝土等待时间过程； 2. 设备故障，导管密封性太差	2	3	6	Ⅲ级
			DXLXQ9	钢筋笼难以下放或上浮	1. 存在塌孔、缩孔现象，地下障碍物未清理干净； 2. 成槽垂直度低、槽位偏差大； 3. 钢筋笼吊装过程中变形大； 4. 混凝土浇筑过快，钢筋笼上浮	2	3	6	Ⅲ级
		钻孔桩施工 ZKZ	ZKZ1	设备倾覆	1. 地基基础较软，没有进行处理； 2. 机械支腿行走操作不当	2	4	8	Ⅲ级
			ZKZ2	塌孔	1. 施工技术参数不满足规范要求； 2. 成孔后静置时间过长； 3. 钻孔过程中出现斜孔； 4. 清孔时间过长； 5. 地层过差	3	2.5	7.5	Ⅲ级
			ZKZ3	缩孔	1. 护壁用泥浆密度大，在孔壁上形成较厚的泥皮； 2. 钻头磨损，钻头变小	2	3	6	Ⅲ级

续上表

风险类别	分部工程	风险单元	编　　号	风 险 事 件	风 险 因 素	P	C	R	风险等级
施工风险	主体围护工程	钻孔桩施工 ZKZ	ZKZ4	钻孔偏移	1. 扩孔较大，钻头偏离方向； 2. 钻机底座不平或产生不均匀沉降； 3. 钻杆弯曲，接头不直	3	2	6	Ⅲ级
			ZKZ5	钢筋笼变形	1. 钢筋笼整体刚度不足； 2. 钢筋笼焊接质量不达标； 3. 吊装方案不合理或操作不当	3	2.5	7.5	Ⅲ级
			ZKZ6	钢筋笼难以下放或上浮	1. 存在塌孔、缩孔现象，地下障碍物未清理干净； 2. 成孔垂直度低、孔位偏差大； 3. 钢筋笼吊装过程中变形大； 4. 混凝土浇筑过快，钢筋笼固定不牢固，钢筋笼上浮	2	3	6	Ⅲ级
			ZKZ7	导管堵塞	1. 导管底部与桩底间距过小； 2. 导管内部附有水泥硬块； 3. 导管接头漏水； 4. 灌注速度过慢，混凝土凝固	2	4	8	Ⅲ级
			ZKZ8	断桩	1. 长时间停止灌注混凝土； 2. 将导管提离混凝土面； 3. 导管埋深不够，导致夹渣断桩	3	2.5	7.5	Ⅲ级
	地基加固	高压旋喷桩施工 GYXPZ	GYXPZ1	加固引起周围地表变形过大	1. 注浆压力过大； 2. 注浆量过大	2	4	8	Ⅲ级
			GYXPZ2	帷幕不封闭	1. 断桩； 2. 桩间搭接不连续	2	3	6	Ⅲ级
			GYXPZ3	遇到障碍物	地质勘查不清	2	3	6	Ⅲ级

续上表

风险类别	分部工程	风险单元	编　　号	风 险 事 件	风 险 因 素	P	C	R	风险等级
施工风险	地基加固	高压旋喷桩施工 GYXPZ	GYXPZ4	水泥掺量不够	1. 制浆施工控制不严，水泥掺量不足； 2. 施工控制不严，提速或注浆压力不满足设计要求	2	3	6	Ⅲ级
			GYXPZ5	桩长和桩径达不到要求	1. 桩体位置未严格按照设计要求施工； 2. 桩基搅拌不到位，注浆压力低	2	4	8	Ⅲ级
		三轴搅拌桩施工 JBZ	JBZ1	加固引起周边地表变形过大	扰动周边土体	2	4	8	Ⅲ级
			JBZ2	桩体倾斜	桩体垂直度控制不到位	2	3	6	Ⅲ级
			JBZ3	遇到障碍物	地质勘查不清	2	3	6	Ⅲ级
	降水工程	基坑降水 JKJS	JKJS1	降水效果差	1. 地质条件差，降水设计不满足要求； 2. 降水时间过短	3	2	6	Ⅲ级
			JKJS2	降水周期不足，水位不满足开挖面下 1m	1. 降水时间短或降水能力过小； 2. 降水井数量和布置不满足要求	3	2	6	Ⅲ级
			JKJS3	降水井内涌砂	降水井施工质量差	2	3	6	Ⅲ级
			JKJS4	坑内外形成水源通道，导致水位无法下降	1. 地下连续墙渗水严重或地下有涌水； 2. 降水效果差，不满足降水要求	2	3	6	Ⅲ级
			JKJS5	降水井被破坏	1. 施工过程中井点被堵； 2. 降水井的保护不到位	2	4	8	Ⅲ级
			JKJS6	降水井封井处理不当	施工不按要求施工，随意封堵	2	4	8	Ⅲ级
	土方开挖	支撑架设 ZCJS	ZCJS1	支撑端面与连续墙不贴合	1. 地下连续墙面或支撑面不平整； 2. 支撑与连续墙面不垂直	3	2	6	Ⅲ级
			ZCJS2	支撑活络头过长	1. 支撑配置不当； 2. 基坑净宽未进行严格测量	2	3	6	Ⅲ级

续上表

风险类别	分部工程	风险单元	编　号	风 险 事 件	风 险 因 素	P	C	R	风险等级
施工风险	土方开挖	支撑架设 ZCJS	ZCJS3	钢楔子安装不紧密	1. 钢楔子尺寸不配套，间隙过大； 2. 地下连续墙变形过大，未及时施加预应力	3	2	6	Ⅲ级
			ZCJS4	预应力施加不及时	1. 地下连续墙变形或未及时监控； 2. 千斤顶存在故障	3	3	9	Ⅱ级
			ZCJS5	预应力施加过大或过小	1. 压力表失效或不准； 2. 施加预应力操作不当	3	3	9	Ⅱ级
			ZCJS6	预应力损失未及时附加	监控时间间隔过长	3	3	9	Ⅱ级
			ZCJS7	钢支撑储备不足	1. 进场未进行清点； 2. 有损坏，造成不能使用，未及时进购； 3. 钢支撑使用计划不到位	2	3	6	Ⅲ级
			ZCJS8	钢支撑壁厚不足	1. 进场未逐一进行严格验收； 2. 钢支撑质量存在问题	2	2	4	Ⅲ级
		基坑开挖 JKKW	JKKW1	围护结构位移过大	1. 支撑不及时，或预应力不足； 2. 基坑外边缘堆积荷载过大； 3. 基坑加固质量不到位； 4. 未按照开挖方案进行开挖	3	4	12	Ⅱ级
			JKKW2	坑底隆起	1. 基底强加固不到位，强度不足； 2. 基底暴露时间过长，未及时浇筑垫层； 3. 地下水位未降到设计要求的水位； 4. 地质条件过差或外部压力过大	2	4	8	Ⅲ级
			JKKW3	无支撑暴露时间过长	1. 开挖范围过大； 2. 现场管理不到位； 3. 未按照方案实施	3	2.5	7.5	Ⅲ级

续上表

风险类别	分部工程	风险单元	编号	风险事件	风险因素	P	C	R	风险等级
施工风险	土方开挖	基坑开挖 JKKW	JKKW4	挖掘机碰撞支撑或支撑坠落	1. 无安全防护措施，挖掘机随意操作； 2. 挖掘机司机意无安全意识	3	2.5	7.5	Ⅲ级
			JKKW5	未按时空效应，分层分块开挖，放坡不足	1. 施工监控不严，随意性大； 2. 现场管理混乱，太随意	2	4	8	Ⅲ级
			JKKW6	垫层及底板施工不及时	1. 施工组织不合理，工序衔接不及时； 2. 施工队伍人员物资等跟不上	3	3.5	10.5	Ⅱ级
			JKKW7	土体纵向失稳	1. 设计开挖坡度及开挖分层分段不合理； 2. 未按照方案坡度、分层分段要求开挖； 3. 未按设计要求进行土体加固、或加固质量不达标； 4. 坑内降水效果不佳，未达到干开挖施工的要求； 5. 基坑内排水系统不满足要求； 6. 地质条件太差	2	4	8	Ⅲ级
	结构工程	结构施工 JGSG	JGSG1	钢筋原材质量不合格	进场材料验收不到位，进场后未及时送检	2	4	8	Ⅲ级
			JGSG2	钢筋安装不符合设计和规范要求	1. 钢筋数量、规格及尺寸不符合设计规范要求，焊接或机械链接质量差； 2. 过程质量监管和验收不到位	3	2	6	Ⅲ级
			JGSG3	脚手架搭设未按专家评审后方案执行	1. 脚手架搭设未按照方案交底执行； 2. 过程监管不到位	2	4	8	Ⅲ级
			JGSG4	脚手架上集中堆载	脚手架上堆载过重，造成脚手架失稳坍塌	3	3.5	10.5	Ⅱ级

续上表

风险类别	分部工程	风险单元	编　　号	风 险 事 件	风 险 因 素	P	C	R	风险等级
施工风险	结构工程	结构施工 JGSG	JGSG5	模板加固不牢	1. 模板加固未按方案交底执行，加固不到位； 2. 加固构件不符合要求； 3. 加固方案未经验算审批进行施工	3	2.5	7.5	Ⅲ级
			JGSG6	拆模混凝土强度不足	1. 拆模未按要求过早拆除，导致开裂； 2. 混凝土质量不符合要求，初凝时间长	3	2.5	7.5	Ⅲ级
			JGSG7	钢筋保护层不足	1. 施工保护层垫块过少，钢筋贴模板； 2. 结构尺寸施工误差较大	4	2	8	Ⅲ级
			JGSG8	防水层破坏失效	1. 防水接缝处理不当，导致渗漏； 2. 防水材料施工中造造破坏； 3. 防水材料质量不符合要求，质量差	3	2.5	7.5	Ⅲ级
			JGSG9	混凝土浇筑不连续，振捣不密实	混凝土供应不及时，等待时间过长导致混凝土初凝，不能形成整体	3	2	6	Ⅲ级
			JGSG10	混凝土养护不及时	未及时养护，导致混凝土开裂	4	2	8	Ⅲ级
环境风险	周边建筑物	高压线塔	ZBJZ1	沉降、裂缝	1. 基坑开挖对周边土体产生扰动； 2. 基坑变形过大； 3. 基坑开挖失水； 4. 监测不及时； 5. 保护方案不到位	3	4	12	Ⅱ级
		御龙浴场	ZBJZ2	沉降、裂缝		3	3	9	Ⅱ级
		沧海大厦	ZBJZ3	沉降、裂缝		3	3	9	Ⅱ级
	周边管线	10KV 电力管线	ZBGX1	破坏、断裂	1. 未进行管线确认，施工中遇到管道； 2. 管线处未进行标识，施工中破坏； 3. 对管线未进行防护或防护不当	3	3.5	10.5	Ⅱ级

续上表

风险类别	分部工程	风险单元	编号	风险事件	风险因素	P	C	R	风险等级
环境风险	周边管线	给水管线	ZBGX2	破坏、断裂	1. 未进行管线确认，施工中遇到管道； 2. 管线处未进行标识，施工中破坏； 3. 对管线未进行防护或防护不当	3	3	9	Ⅱ级
		污水管线	ZBGX3	破坏、断裂		3	2.5	7.5	Ⅲ级
		通信管线	ZBGX4	破坏、断裂		3	2.5	7.5	Ⅲ级
		燃气管线	ZBGX5	破坏、断裂		3	3.5	10.5	Ⅱ级
		热力管线	ZBGX6	破坏、断裂		3	2	6	Ⅲ级
		不明管线风险	ZBGX7	破坏、断裂		3	2	6	Ⅲ级
	周边道路	沧海路	ZBDL1	道路沉降开裂	基坑施工引起周边地层损失	2	3	6	Ⅲ级
		堇山东路	ZBDL2	道路沉降开裂		4	3	12	Ⅱ级
		嵩江东路	ZBDL3	道路沉降开裂		4	3	12	Ⅱ级
自然风险	自然环境	暴雨	ZRHJ1	基坑浸泡	1. 雨季较多，雨量大； 2. 降水效果差，不满足降排水要求	1	5	5	Ⅲ级
		台风	ZRHJ2	临设受损，人员受伤	台风多发区，引发大风、暴雨	3	3	9	Ⅱ级
		地震	ZRHJ3	基坑受损	罕见	3	2	6	Ⅲ级
地质风险	不良地质	软土	BLDZ1	基坑变形大	含水率大、压缩性高、灵敏度高、易触变、流变性低、抗剪强度低、透水性低	3	3	9	Ⅱ级
		填土	BLDZ2	局部透水、坍塌	1. 成分复杂，强度低，均一性差；渗透性大； 2. 力学性质差异较大，稳定性差，易坍塌，水量丰富	3	2	6	Ⅲ级
		暗浜	BLDZ3	局部透水、坍塌		3	2	6	Ⅲ级

嵩江东路站基坑工程(主体结构)风险评估结果表

表 3-28

工程风险	R 值	风险等级	风险类别	R 值	风险等级	分部工程	R 值	风险等级	风险单元	R 值	风险等级
嵩江东路站基坑工程（主体结构）	9.5	Ⅱ级	施工风险	8.4	Ⅲ级	主体围护结构	8.1	Ⅲ级	地下连续墙	8.1	Ⅲ级
						钻孔桩	7.0	Ⅲ级	钻孔桩	7.0	Ⅲ级
						地基加固	7.6	Ⅲ级	高压旋喷桩	7.3	Ⅲ级
									三轴搅拌桩	8.4	Ⅲ级
						基坑降水	7.2	Ⅲ级	基坑降水	7.2	Ⅲ级
						基坑开挖	9.1	Ⅱ级	支撑架设	7.3	Ⅲ级
									土方开挖	9.8	Ⅱ级
						结构工程	8.2	Ⅲ级	结构工程	8.2	Ⅲ级
			环境风险	9.9	Ⅱ级	周边环境	9.9	Ⅱ级	建筑物	10.8	Ⅱ级
									周边管线	9.4	Ⅱ级
									周边道路	7.2	Ⅲ级
			自然风险	11.1	Ⅱ级	自然环境	11.1	Ⅱ级	暴雨	12	Ⅱ级
									台风	12	Ⅱ级
									地震	5	Ⅲ级
			地质风险	8.3	Ⅲ级	不良地质	8.3	Ⅲ级	软土	9	Ⅱ级
									填土	6	Ⅲ级

重大风险源清单及预防措施

表 3-29

风险类别	分部工程	风险单元	编号	风险事件	P	C	R	风险等级	预防措施
施工风险	主体围护工程	地下连续墙施工 DXLXQ	DXLXQ4	刷壁、清底不彻底，导致墙缝夹泥、墙底沉渣过厚	3	3.5	10.5	Ⅱ级	1. 设置合适的导墙及导墙深度，考虑施工方便及可实施性，导墙高度取 1.7 ~ 2m，并适当增加宽度，避免成槽设备卡槽； 2. 严格控制成槽过程的荷载，如对地面进行硬化处理，考虑成槽机的荷载影响，避免槽壁土体过大变形； 3. 使用粉砂层微承压水成槽预降水，提高土体的稳定性； 4. 加强泥浆质量管控，保证结构质量，如泥浆要满足物理稳定性、化学稳定性、合理流动性、良好的泥皮形成能力、适当密度等； 5. 成槽质量要严格控制，尤其要保证成槽的垂直度，避免出现围护墙体下方开叉； 6. 墙体分幅接缝处刷壁要刷彻底，避免接缝处形成漏水通道； 7. 墙体混凝土浇筑完成后必须在墙趾进行跟踪注浆
	土方开挖	支撑架设 ZCJS	ZCJS4	预应力施加不及时	3	3	9	Ⅱ级	1. 所有施工人员须经现场安全教育培训及安全技术交底，持证上岗。 2. 支撑安装前，先对设备、工具和作业环境进行检查，检查安全带的钢扣及绑扎是否牢固，是否符合施工安全规范；支撑安装过程中严禁下方进行土方施工及其他人员作业，四周应划出警戒区域。 3. 吊装过程中，安装人员不得在钢支撑上走动，必须戴安全帽、安全带，现场由施工员维持秩序，并由经验丰富的起重工和信号工协同工作，做到有组织、有顺序，合理施工。
			ZCJS5	预应力施加过大或过小	3	3	9	Ⅱ级	
			ZCJS6	预应力损失未及时附加	3	3	9	Ⅱ级	

续上表

风验类别	分部工程	风险单元	编　号	风险事件	P	C	R	风险等级	预防措施
施工风险	土方开挖	支撑架设 ZCJS	ZCJS6	预应力损失未及时附加	3	3	9	Ⅱ级	4. 使用汽车起重机配合安装时，应严格执行操作规程，支腿下方地基应平整硬化，有可靠承载能力，防止发生侧翻倾覆事故。 5. 安排技术好、持证的焊工进行焊接，保证腰梁焊接牢固；氧气瓶应和乙炔瓶隔离存放，焊接过程中两者间距不小于5m，并安装防回火装置。 6. 施工过程中若发现支撑松动或滑移时，应及时查找原因，采取校正加固措施，重新施加预应力。 7. 密切关注支撑的受力情况，由第三方监测测试轴力，若发现超出警戒值，应即停止施工并通知设计及相关部门对异常情况进行分析，制订解决方案并组织实施。 8. 基坑开挖过程中必须边开挖边架设钢支撑，钢支撑架设应紧跟基坑开挖进度，不得滞后；支撑连接处应可靠。 9. 施工过程中应严格控制钢支撑各支点的竖向标高及横向位置，确保钢支撑轴力方向与轴线方向一致。 10. 若发现钢支撑轴力超过警戒值，应即停止开挖，对钢支撑进行加密并将数据向有关部门反馈，共同分析原因，制订对策。 11. 为防止因基坑变形致使钢支撑掉落，支撑安装后两端应用钢丝绳固定在结构桩上。 12. 钢支撑拆除前应在主体结构与支护结构间设置可靠的换撑传力构件或回填土并夯实。

续上表

风险类别	分部工程	风险单元	编号	风险事件	P	C	R	风险等级	预防措施
施工风险	土方开挖	支撑架设 ZCJS	ZCJS6	预应力损失未及时附加	3	3	9	Ⅱ级	13. 拆除时应分级释放轴力，避免因瞬间预加力释放过大而导致结构局部变形开裂；同时应对围护桩的桩顶位移及侧压力进行监测。 14. 利用主体结构换撑时，主体结构混凝土应达到设计要求的强度值；设置的替代支撑系统要有足够的刚度和强度，以保证钢支撑安全、顺利拆除。 15. 须待主体底板及侧墙施工完毕，达到设计强度80%后方可拆除最下层钢支撑。 16. 在主体结构与围护墙间设置可靠的换撑传力构造，向上逐步拆除上一道钢支撑。 17. 钢支撑拆除应用龙门起重机吊住钢支撑，释放支撑应力，松开活络端，割除连接，整体或分段吊出基坑；吊出基坑的支撑分件经解体后装车外运退场。 18. 支撑拆除过程中，各工种应协调配合，统一指挥，吊运过程中严禁与上层支撑发生刮碰
施工风险	土方开挖	基坑开挖 JKKW	JKKW1	围护结构位移过大	3	4	12	Ⅱ级	基坑开挖严格按照“时空效应”理论，采用分层放坡开挖。土方开挖总体遵循“开槽支撑、随挖随撑、分层开挖、严禁超挖”的原则，并在规定的时间内安装好该段的支撑并施加预应力。具体采取施工技术措施如下：
			JKKW6	垫层及底板施工不及时	3	3.5	10.5	Ⅱ级	

续上表

风险类别	分部工程	风险单元	编　号	风险事件	P	C	R	风险等级	预防措施
施工风险	土方开挖	基坑开挖 JKKW	JKKW6	垫层及底板施工不及时	3	3.5	10.5	Ⅱ级	1. 土方开挖到钢管支撑底部时，及时施作钢管支撑； 2. 土方开挖过程中及时封堵渗漏点，并注意保护坑内降水井，确保排水系统的正常运转； 3. 机械开挖的同时辅以人工配合，基坑纵向放坡不得大于安全坡度； 4. 基坑开挖后及时设置坑内排水沟和集水井，防止坑底集水； 5. 加强基坑稳定的观察和监控量测工作，以便发现施工安全隐患，并通过监测反馈及时调整开挖程序； 6. 基坑开挖过程中要防止挖土机械碰撞支撑体系，以防支撑失稳，造成事故； 7. 基坑临边防护措施的设置必须及时牢靠，不得擅自拆除； 8. 及时按规范设置基坑的人行通道，做到上下基坑安全可靠； 9. 钢支撑上的余土必须及时清理，进行余土清理时必须配备有效的防坠落安全措施
施工风险	结构工程	结构施工 JGSG	JGSG4	脚手架上集中堆载	3	3.5	10.5	Ⅱ级	1. 严格控制模板支撑架上的施工荷载。施工时注意钢筋等材料不能在支架上方过多堆放。 2. 混凝土浇筑中布料必须均匀，严禁集中堆料，施工总荷载不得超过模板支撑系统设计荷载要求；同时选择合理的混凝土浇筑顺序。

续上表

风险类别	分部工程	风险单元	编　　号	风 险 事 件	P	C	R	风险等级	预 防 措 施
施工风险	结构工程	结构施工 JGSG	JGSG4	脚手架上集中堆载	3	3.5	10.5	Ⅱ级	3. 高大模板支撑系统搭设、拆除及混凝土浇筑过程中，应有专业技术人员进行现场指导。 4. 设专人负责安全检查，如发现险情，立即停止施工并采取应急措施，排除险情后，方可继续施工
环境风险	周边建筑物	高压线塔	ZBJZ1	沉降、裂缝	3	4	12	Ⅱ级	本工程周边建筑复杂，北侧为 110kV 高压线塔，东南角御龙浴场，西南角沧海大厦为保护重点。 1. 本基坑周边建（构）筑物较多，在基坑开挖过程中应加强建（构）筑物沉降及倾斜的监测，同时加强现场巡视，关注建筑物的裂缝及发展情况。 在建筑角部及中部设置沉降观测点；邻近基坑侧两个角设置倾斜观测，针对性开展裂缝观测。 2. 减少震动对建（构）筑物的影响，在建（构）筑物附近加强对成槽机抓土的深度控制，以及抓斗的稳定性控制，减少因震动对建（构）筑物造成的影响，同时加强对建（构）筑物的沉降观测，根据监测结果分析地下连续墙施工对建（构）筑物造成的影响。 3. 根据地质报告，严格控制泥浆的配比，防止成槽过程发生槽壁坍塌；控制好相邻两幅墙的成槽时间。 4. 基坑降水过程中对建（构）筑物的保护在降水工程中，加强监测基坑外水位变化，如发现围护结构有较大漏水，引起基坑外水位
		御龙浴场	ZBJZ2	沉降、裂缝	3	3	9	Ⅱ级	
		沧海大厦	ZBJZ3	沉降、裂缝	3	3	9	Ⅱ级	

续上表

<table>
<tr><th>风险类别</th><th>分部工程</th><th>风险单元</th><th>编　号</th><th>风险事件</th><th>P</th><th>C</th><th>R</th><th>风险等级</th><th>预防措施</th></tr>
<tr><td>环境风险</td><td>周边建筑物</td><td>沧海大厦</td><td>ZBJZ3</td><td>沉降、裂缝</td><td>3</td><td>3</td><td>9</td><td>Ⅱ级</td><td>下降，应立刻停止降水，对漏水部位围护结构进行加固补强，或采取坑外注水的形式，减少地面沉降变形，避免不均匀沉降对建(构)筑物造成的威胁</td></tr>
<tr><td rowspan="5">环境风险</td><td rowspan="3">周边管线</td><td>10KV 电力管线</td><td>ZBGX1</td><td>破坏、断裂</td><td>3</td><td>3.5</td><td>10.5</td><td>Ⅱ级</td><td rowspan="3">1. 为了防止管线损坏引起危害，施工前应准备紧急联络地址一览表，并按管线保护的要求进行保护。当管线发生或可能发生异常又不能解决时，应立即联系相关的管理部门和人员。
2. 现场管线改移后距基坑挖掘现场较近，挖掘施工过程中必须按《施工监测方案》实施严密监测。
3. 建立监测预警机制，当发现管线附近土体沉降较大时，采取挖槽吊挂的方式保护管线。
4. 对于西侧的电力管线、自来水和污水管线，在挖掘过程中派专人监视，以防损害。
5. 如在开挖过程中给水管线出现爆裂，应立即停止现场施工，通知管线产权单位停止管线供水，配合管线单位开展抢修。
6. 制定管线保护方案，管线未迁移前，动土“实行开挖令”制度，坚决杜绝野蛮施工，避免造成管线事故</td></tr>
<tr><td>给水管线</td><td>ZBGX2</td><td>破坏、断裂</td><td>3</td><td>3</td><td>9</td><td>Ⅱ级</td></tr>
<tr><td>燃气管线</td><td>ZBGX5</td><td>破坏、断裂</td><td>3</td><td>3.5</td><td>10.5</td><td>Ⅱ级</td></tr>
<tr><td rowspan="2">周边道路</td><td>堇山东路</td><td>ZBDL2</td><td>道路沉降开裂</td><td>4</td><td>3</td><td>12</td><td>Ⅱ级</td><td rowspan="2">1. 基坑降水过程中加强对建(构)筑物的保护。在降水工程中，加强监测基坑外水位变化，如发现围护结构有较大漏水，引起基坑外水位下降，应立刻停止降水，对漏水部位围护</td></tr>
<tr><td>嵩江东路</td><td>ZBDL3</td><td>道路沉降开裂</td><td>4</td><td>3</td><td>12</td><td>Ⅱ级</td></tr>
</table>

续上表

风险类别	分部工程	风险单元	编号	风险事件	P	C	R	风险等级	预防措施
环境风险	周边道路	嵩江东路	ZBDL3	道路沉降开裂	4	3	12	Ⅱ级	结构进行加固补强，或采取坑外注水的形式，以减少地面沉降变形，避免不均匀沉降对路面造成的威胁。 2. 建立监测预警机制，当发现路面附近土体沉降较大时应及时采取处理措施，进行交通管制，必要时要采取注浆加固措施
自然风险	自然环境	台风	ZRHJ2	临设受损，人员受伤	3	3	9	Ⅱ级	1. 台风期间，施工现场应立即暂停所有建筑施工起重机械设备的使用。 2. 全面检查施工现场的临建设施，特别是工地办公室、职工宿舍、食堂等生活设施。要针对设施结构情况，采取适当加固措施，并会同总承包单位以及临建设施的生产安装单位对加固效果进行验收。 3. 全面检查施工现场临时用电和职工生活用电，确保各类漏电、短路保护装置的有效性和线路的绝缘性。台风暴雨期间，室外用电设备和电箱要做好防雨淋措施，室外用电线路全部断电，同时要做好现场高耸金属部件、空旷地区搭设的钢结构操作棚的防雷接地。 4. 要及时对结构不稳固的操作棚进行加固，并设置警戒区域，防止人员进入。楼面上有零散材料的，要采取覆盖或及时移植到地面的措施，防止被大风吹落伤人。

续上表

风险类别	分部工程	风险单元	编　号	风险事件	P	C	R	风险等级	预防措施
自然风险	自然环境	台风	ZRHJ2	临设受损，人员受伤	3	3	9	Ⅱ级	5. 要加强对围墙围挡设施的检查，及时加固或拆除存在问题的围墙，避免对路边行人或有关公共设施造成影响。 6. 台风暴雨过后，要对施工现场做全面检查，及时对有关设备、设施进行调试、维护、检修，确保安全隐患消除后，方可恢复施工
地质风险	不良地质	软土	BLDZ1	基坑变形大	3	3	9	Ⅱ级	1. 在基坑纵向滑坡后基坑没有坍塌的事情下，如有重型机械、材料应及时撤离该范围，并对支撑加强监测。 2. 对滑坡处周围的支撑复查，查找是否有支撑松弛，如果发现有支撑松弛，应立即采取附加预应力的加固措施。 3. 如果支撑松弛而发生支撑失稳，则应立即查找是否为周边超载、围护结构背土流失、支撑材质等原因，防止失稳现象扩散。 4. 加强对土体、支撑及立柱桩的监测，对监测报表中的数据要进行认真分析；支撑施工要严格按要求架设、施加预应力等。对安装传感器的支撑，要有特殊措施进行保护。 5. 要根据立柱桩的沉降情况，及时调整支撑，防止支撑因立柱桩的沉降或上抬而造成偏心，影响支撑受力

3.5.5 具体管制措施

嵩江东路站基坑工程风险管控措施,见表3-30。

嵩江东路站基坑工程风险管控措施表 表3-30

风险类别	分部工程	风险单元	编号	风险事件	管控措施
施工风险	附属围护工程	地下连续墙施工DXLXQ	DXLXQ1	地下连续墙侵限	1. 确定外放值时充分考虑施工误差及开挖过程中基坑变形的影响,标准段、盾构井外放8cm; 2. 严格控制施工放样精度,对测量结果进行多级复核
施工风险	附属围护工程	地下连续墙施工DXLXQ	DXLXQ2	设备倾覆	1. 大型设备作业时与周边架空线路保持一定的安全距离,无关人员不得进入设备作业半径范围内; 2. 对大型设备作业的范围地面承载力进行验算,选用科学合理的路面硬化方案; 3. 在道路周边设置排水设施,防止浸泡软化基层; 4. 吊机带载行走过程中要符合安全操作规定; 5. 禁止在大风天气起吊
施工风险	附属围护工程	地下连续墙施工DXLXQ	DXLXQ3	连续墙垂直度不满足要求、槽壁塌方引起鼓包	1. 刷壁时用刷壁器反复刷壁,直至刷壁器无泥土为止,以防止接头处出现夹泥,引起渗漏; 2. 利用成槽机上配备的超声波测槽仪,对成槽过程中出现的偏移进行纠偏,以确保垂直度不大于3‰的要求; 3. 在基坑外设置水位观测孔,在基坑开挖前根据坑外水位监测情况,判断是否有漏水,有漏水提前进行旋喷; 4. 接缝处外侧施工旋喷止水桩; 5. 配备超深波检测仪,在开挖过程中对槽壁的垂直度进行抽查
施工风险	附属围护工程	地下连续墙施工DXLXQ	DXLXQ4	刷壁、清底不彻底,导致墙缝夹泥、墙底沉渣过厚	1. 锁口管拔出后、用略小于锁口管直径的旋挖钻进行清孔; 2. 相邻段槽段成槽完毕后,用接头刷或接头刮板清除混凝土壁上的附着物; 3. 尽量提高混凝土浇筑时的落差高度,以增加混凝土浇筑过程中的外压力; 4. 混凝土浇筑距设计顶高程3m范围内,尽量缩小导管在混凝土中的埋深(在任何情况下都不得小于1m),使沉渣能够被混凝土顺利托上来

续上表

风险类别	分部工程	风险单元	编　　号	风险事件	管控措施
施工风险	附属围护工程	地下连续墙施工DXLXQ	DXLXQ5	钢筋笼散架	1.加劲桁架的设计要求安全可靠,布置合理; 2.加强对钢筋笼焊接的质量监督和质量检查工作,重点检查纵向加劲桁架与横向桁架、横向分部筋的焊点; 3.钢筋笼吊装必须专人指挥,确保钢筋笼平稳、安全起吊; 4.起吊前仔细检查吊具、钢丝绳的完好情况,必须符合安全要求; 5.如果钢筋笼下放困难,不可强行冲击下放,必要时将钢筋笼吊出,进行槽段处理后再入槽
			DXLXQ6	钢筋笼保护层厚度不足	1.严格控制成槽垂直度,确保成槽垂直度不超标; 2.采用垂直吊装方案,确保钢筋笼安装位置居中,防止出现钢筋笼下放过程中剐碰两侧槽壁; 3.在成槽和浇筑混凝土过程中,确保槽体稳定,禁止出现塌槽现象,最重要的是确保泥浆的质量; 4.把好清槽和泥浆置换关,控制沉渣厚度不超标; 5.严格控制混凝土导管进灰口与最终混凝土浇筑面之间的高差,尽量加大混凝土浇筑时的压差
			DXLXQ7	混凝土灌注导管插入深度不足或拔出混凝土面	1.严格按照混凝土浇筑量,控制导管插入深度; 2.对插入的导管数量及混凝土浇筑数量进行严格计量
			DXLXQ8	混凝土灌注间断时间过长	1.选用合格资质的混凝土厂家进行供货,保证混凝土供应的连续性; 2.落实两家混凝土搅拌站同时供料,或一家供料,一家备用; 3.浇筑前与搅拌站协商车辆调配工作,浇筑时保持沟通
			DXLXQ9	钢筋笼难以下放或上浮	1.控制成槽泥浆,防止塌方; 2.控制钢筋笼尺寸,纵向接头不许产生弯曲; 3.下钢筋笼前清孔合格; 4.控制混凝土浇筑速度,防止钢筋笼上浮; 5.锁口管后填充砂袋,防止混凝土绕流

续上表

风险类别	分部工程	风险单元	编　号	风险事件	管控措施
施工风险	附属围护工程	钻孔桩施工ZKZ	ZKZ1	设备倾覆	1. 整平场地; 2. 加强现场管理,禁止乱丢乱放; 3. 设备进场有专人负责指挥
			ZKZ2	塌孔	1. 在地下水位较高、新近回填土层等复杂地质条件下钻进成孔时,应采取泥浆护壁,必要时可在泥浆中加入适当的CMC增黏剂,改善泥浆性能,增加泥浆护壁作用; 2. 采取合理钻进方法成孔施工,在结构松散的地层中不宜采用反循环钻进方法成孔,应优先采用泥浆护壁、正循环钻进方法成孔,以有效避免钻孔坍塌; 3. 采用钢护筒护壁,护筒埋设应进入老土1.00m以上或完整基岩0.50m以上,护筒内径应比钻孔直径大100mm左右;护筒埋设应与钻孔中心保持在同一铅垂线上
			ZKZ3	缩孔	1. 钻孔前,应当确保钻机安装水平、周正、稳固; 2. 确保立轴、钻杆、钻头、钻铤、导正架等的刚正、平直,以及与钻具连接的同心度; 3. 钻孔过程中,尤其是钻至基岩面时,应当经常检查钻机是否水平、周正、稳固,并保证施工过程中不发生移位或倾斜; 4. 采用回转钻进成孔,如遇岩层倾角较大或软硬互层时,应采取低压、慢转、减速钻进,待钻具钻出一个完整平面(通常要求钻至完整基岩0.50m以上)后,方能采用正常钻进技术参数钻进
			ZKZ4	钻孔偏移	1. 钻机安装时要使转盘、底座水平; 2. 在钻架上增添导向架; 3. 发现钻杆弯曲,及时调直或更换; 4. 在有倾斜的软硬地层钻进时,应低速钻进; 5. 钻机上设置相应的导向装置
			ZKZ5	钢筋笼变形	1. 钢筋笼必须在水平的钢筋平台上制作,制作时必须保证有足够的刚度,架设型钢固定,防止起吊变形; 2. 合理布置钢筋笼吊点位置,防止起吊过程中弯矩过大

续上表

风险类别	分部工程	风险单元	编　号	风险事件	管控措施
施工风险	附属围护工程	钻孔桩施工ZKZ	ZKZ6	钢筋笼难以下放或上浮	1. 控制成槽泥浆，防止塌方； 2. 控制钢筋笼尺寸，纵向接头不允许产生弯曲； 3. 下钢筋笼前清孔合格； 4. 控制混凝土浇筑速度，防止钢筋笼上浮； 5. 锁口管后填充砂袋，防止混凝土绕流
			ZKZ7	导管堵塞	1. 首斗混凝土灌注前，应将灌浆导管提离桩底0.30m，确保水泥栓塞顺利通过； 2. 灌浆结束后，应及时清洗灌浆导管，避免造成管内有水泥硬块；安放灌浆导管时，应检查管内是否存在水泥硬块和异物，如有应及时清除； 3. 在安放灌浆导管过程中，应安装好接头密封圈，做好灌浆导管接头的连接，避免接头漏水； 4. 采用铁块代替水泥栓塞，预防因水泥栓塞的原因造成灌浆导管堵塞，即在首斗混凝土灌注前，在漏斗底部用铁块代替水泥栓塞，当漏斗内混凝土装满后，用副卷扬机将该铁块提出，混凝土沿灌浆导管顺利下行到桩底
			ZKZ8	断桩	1. 浇灌前应检查钻机、搅拌机、发电机组等设备，确保其在桩身混凝土浇灌过程中运行良好，并注意机械设备日常维修保养； 2. 灌浆导管应由经验丰富的机班长操作，技术人员应现场指导，并严格控制灌浆导管提升高度，严禁将灌浆导管提离混凝土面
		SMW工法桩施工	SMW1	围护结构侵限	1. 确定外放值时充分考虑施工误差及开挖过程中基坑变形的影响，标准段、盾构井外放8cm； 2. 严格控制施工放样精度，对测量结果进行多级复核
			SMW2	设备倾覆	1. 大型设备作业时与周边架空线路保持一定的安全距离，无关人员不得进入设备作业半径范围内； 2. 对大型设备作业的范围地面承载力进行验算，选用科学合理的路面硬化方案； 3. 在道路周边设置排水设施，防止浸泡软化基层； 4. 吊机带载行走过程中要符合安全操作规定； 5. 禁止在大风天气起吊

续上表

风险类别	分部工程	风险单元	编号	风险事件	管控措施
施工风险	附属围护工程	SMW 工法桩施工	SMW3	H 型钢垂直度	1. 加强成桩过程中对 H 型钢垂直度控制； 2. 确保地面承载力，保证路面水平
			SMW4	H 型钢插入不到位	遭遇地下障碍物或埋设物时，应当及时清除地下障碍物或埋设物，或者移动桩位
			SMW5	H 型钢插入位置不正	挖槽时定位准确，下放过程中用掉线保证其垂直度
			SMW6	搅拌桩搭接处开叉	1. 钻机定位准确； 2. 钻机设置确保稳定，避免晃动； 3. 发生磨损的钻头应及时更换
			SMW7	搅拌桩搭接处渗水	1. 相互搭接的相邻桩体保证连续施工，避免施工间隔时间过长； 2. 对施工时间相隔过长的相邻桩体采取渗漏的补救措施
	地基加固	高压旋喷桩施工 GYXPZ	GYXPZ1	加固引起周围地表变形过大	合理控制各项压力参数
			GYXPZ2	帷幕不封闭	1. 施工前进行精确放样； 2. 控制好各项参数和水泥掺量； 3. 施工完成后取芯检测施工质量
			GYXPZ3	遇到障碍物	1. 及时处理成槽过程中遇到的石头、混凝土等大块障碍物； 2. 采用先进的勘探技术，或综合应用多种勘探技术，及时查出不良地层或障碍物
			GYXPZ4	水泥掺量不够	严格按照水灰比要求，保证水泥掺量
			GYXPZ5	桩长和桩径达不到要求	1. 控制好各项参数和水泥掺量； 2. 施工完成后取芯检测施工质量
		三轴搅拌桩施工 JBZ	JBZ1	加固引起周边地表变形过大	合理控制各项压力参数
			JBZ2	桩体倾斜	1. 桩机安装时要使底座水平，钻杆垂直； 2. 发现钻杆弯曲及时调直或更换； 3. 在有倾斜的软硬地层钻进时，应低速钻进； 4. 钻机上设置相应的导向装置
			JBZ3	遇到障碍物	1. 及时处理成槽过程中遇到的石头、混凝土等大块障碍物； 2. 采用先进的勘探技术，或综合应用多种勘探技术，及时查出不良地层或障碍物

续上表

风险类别	分部工程	风险单元	编号	风险事件	管控措施
施工风险	降水工程	基坑降水 JKJS	JKJS1	降水效果差	1. 依据地质勘查报告,设计合理的降水方案; 2. 施工中防止降水井孔被杂物堵塞; 3. 选择合适和质量优异的深井泵
			JKJS2	降水周期不足,水位不满足开挖面下1m	1. 开挖前降水不少于15d; 2. 确保降水到位再进行开挖
			JKJS3	降水井内涌砂	1. 在水源补给较多一侧,加密井点间距,在基坑开挖期间禁止临近边坡挖沟积水; 2. 基坑附近禁止堆土堆料超载,并尽量避免机械振动过于剧烈; 3. 抽出的地下水不得在附近回流入土中; 4. 井点距离开挖面不得过近,一般距离基坑(槽)上口宽度不应小于1m
			JKJS4	坑内外形成水源通道,导致水位无法下降	1. 控制泥浆质量,保证成孔质量; 2. 做好地质调查,合理选择成井工艺和井点位置
			JKJS5	降水井被破坏	1. 基坑附近禁止堆土堆料超载,并尽量避免机械振动过于剧烈; 2. 基坑开挖时应注意对降水井的保护
			JKJS6	降水井封井处理不当	按照方案要求进行封堵
	土方开挖	支撑架设 ZCJS	ZCJS1	支撑端面与地下连续墙不贴合	对于支撑背后连续墙存在鼓包的问题必须进行处理。当鼓包小时,直接采用切割机进行,保证切出的面平整;当鼓包较大时,先采用风镐进行凿除,然后采用切割机进行切割
			ZCJS2	支撑活络头过长	严格控制根据实际基坑宽度配置钢支撑,以减小活络头伸出长度;施工人员按照测量组所放线进行托架打设,不容许私自调整支撑位置
			ZCJS3	钢楔安装不紧密	1. 钢楔采用正反楔的形式,确保与活络头全断面传力; 2. 加强日常的巡查工作,发现变形或者轴力过大时,立刻进行处理
			ZCJS4	预应力施加不及时	现场指挥人员清楚了解施工顺序,及时附加预应力
			ZCJS5	预应力施加过大或过小	1. 严格把控液压表质量; 2. 严格按照设计轴力施加预加轴力
			ZCJS6	预应力损失未及时附加	1. 要求监测监控及时监测支撑轴力; 2. 支撑架设施工人员做好24h值班,随时做好轴力附加

续上表

风险类别	分部工程	风险单元	编号	风险事件	管控措施
施工风险	土方开挖	支撑架设 ZCJS	ZCJS7	钢支撑储备不足	及时掌握施工进度情况,并联系好厂家,提前预备充足
			ZCJS8	钢支撑壁厚不足	支撑设备进场后,必须严格检查钢支撑壁厚
		基坑开挖 JKKW	JKKW1	围护结构位移过大	1. 基坑采用“分层、分段、分部、对称、平衡、限时”的方式开挖,减少无支撑暴露时间,控制基坑位移量; 2. 以监测数据指导现场施工,发现变形较大的趋势时,立刻采取架设钢支撑的措施进行处理; 3. 对重要管线采取直埋点进行监测,一旦变形较大,立刻对管线下放周围进行注浆加固;基坑周边禁止堆载,重型机械尽量避免长时间停留
			JKKW2	坑底隆起	1. 基坑开挖过程中加强基底、立柱隆起监测,一旦有隆起现象时,首先在基坑底部加设钢支撑,然后根据立柱隆起量,调节支撑与立柱的连接处,避免支撑受偏心力; 2. 地基加固严格按要求施工,降压井要根据计算合理进行布置,同时配备备用电源,防止突然停电; 3. 设计时确定合理的围护结构插入比
			JKKW3	无支撑暴露时间过长	1. 严禁超挖; 2. 及时做好支撑架设
			JKKW4	挖掘机碰撞支撑或支撑坠落	1. 对挖掘机司机做好安全交底; 2. 现场值班人员对挖掘机施工作业做好安全监督
			JKKW5	未按时空效应分层分块开挖,放坡不足	1. 严禁超挖; 2. 每日土方开挖量必须经监理单位及建设单位同意
			JKKW6	垫层及底板施工不及时	1. 现场备足相关施工人员; 2. 做好与混凝土供应商的联系
			JKKW7	土体纵向失稳	1. 做好基坑周边的排水设施,防止雨水流入基坑内; 2. 开挖时严格按照设计的坡度进行放坡,并在开挖面做好排水引流措施; 3. 关注天气预报,做好雨天基坑内的防水工作,必要时对开挖面采用彩条布遮盖,坡顶、坡脚设置截水沟及集水坑水泵抽水;

续上表

风险类别	分部工程	风险单元	编　号	风险事件	管控措施
施工风险	土方开挖	基坑开挖 JKKW	JKKW7	土体纵向失稳	4. 坡顶土方及时清理，严禁堆载；严格按照设计要求对坑内土体进行加固，并按照放坡要求，对部分基坑底以上的加固土体加大水泥掺入量
施工风险	结构工程	结构施工 JGSG	JGSG1	钢筋原材质量不合格	1. 材料进场执行严格的报验流程； 2. 对不合格钢筋坚决要求退场； 3. 已经使用劣质钢筋的结构须拆除返工
			JGSG2	钢筋安装不符合设计和规范要求	1. 钢筋施工作业班组做好方案交底； 2. 监理单位加强现场监管
			JGSG3	脚手架搭设未按专家评审后方案执行	1. 脚手架施工作业班组做好方案交底； 2. 监理单位加强现场监管
			JGSG4	脚手架上集中堆载	1. 脚手架进场时严查质量； 2. 施工过程中禁止集中堆载
			JGSG5	模板加固不牢	1. 模板及支架系统设计时应考虑其本身自重，施工荷载及混凝土浇捣时侧向托力和振捣时产生的荷载，以保证模板及支架有足够承载能力和刚度； 2. 梁、柱交接部位支撑要牢靠，拼缝严密，发生错位要校正好； 3. 梁、柱模板若采用卡具时，其间距要按规定设置，并要卡紧模板，其宽度比截面尺寸略小； 4. 要加强施工过程的检查，实行三检制
			JGSG6	拆模混凝土强度不足	1. 准确掌控拆模时间； 2. 选用适当强度等级水泥； 3. 水灰比控制合理
			JGSG7	钢筋保护层不足	1. 绑扎钢筋前，认真检查钢筋几何尺寸，不符合要求的一律返工； 2. 垫块按 6 个/m^2 布置，钢筋密集处加垫； 3. 严格控制钢筋骨架下放时的位置偏差，满足钢筋保护层厚度要求； 4. 混凝土配比中的粗集料最大尺寸符合规范要求，并在收料时严格控制； 5. 混凝土拆模严格执行规范规定强度
			JGSG8	防水层破坏失效	1. 防水涂料尚未固化时不允许上人踩踏； 2. 在侧墙防水板内侧应设临时挡板，防止机械损伤和电火花灼伤防水板； 3. 施工前严格检查防水卷材的质量，禁止使用不合格的防水卷材

续上表

风险类别	分部工程	风险单元	编　号	风险事件	管控措施
施工风险	结构工程	结构施工JGSG	JGSG9	混凝土浇筑不连续，振捣不密实	1. 加强现场管理； 2. 严格、仔细操作
			JGSG10	混凝土养护不及时	未到养护规定时间严禁拆模
环境风险	周边建筑物	高压线塔	ZBJZ1	沉降、裂缝	1. 严格按照基坑开挖方案施工，减缓降水速度； 2. 严禁基坑边堆土； 3. 基坑降水时，临近基坑的建筑物及各类地下管线应设置；沉降观测点，定时观测其沉降，掌握沉降量及变化趋势； 4. 基坑开挖前应对已有建筑裂缝进行有效的加固处理
		御龙浴场	ZBJZ2	沉降、裂缝	
		沧海大厦	ZBJZ3	沉降、裂缝	
	周边管线	10KV 电力管线	ZBGX1	破坏、断裂	1. 基坑开挖前详细调查基坑周边管线分布情况； 2. 将保护地下管线技术措施落实到现场，并设置必要的管线安全标志牌、警示牌； 3. 严格按照基坑开挖方案施工； 4. 基坑降水时，管线应设置沉降观测点，定时观测其沉降
		给水管线	ZBGX2	破坏、断裂	
		污水管线	ZBGX3	破坏、断裂	
		通讯管线	ZBGX4	破坏、断裂	
		燃气管线	ZBGX5	破坏、断裂	
		不明管线风险	ZBGX6	破坏、断裂	
	周边道路	沧海路	ZBDL1	道路沉降开裂	1. 严格按照基坑开挖方案施工，减缓降水速度； 2. 严禁基坑边堆土； 3. 基坑降水时，临近基坑的道路应设置沉降观测点，定时观测其沉降，掌握沉降量及变化趋势； 4. 基坑开挖前应对道路进行裂缝调查
		堇山东路	ZBDL2	道路沉降开裂	
		嵩江东路	ZBDL3	道路沉降开裂	
自然风险	自然环境	暴雨	ZRHJ1	基坑浸泡	1. 关注天气变化情况，若遇暴雨天气，及时转移设备； 2. 土方施工应根据实际情况设置有效排（降）水措施
		台风	ZRHJ2	临时设施受损，人员受伤	1. 及时安装缆风绳，并连接至牢靠处； 2. 对临建构筑物做好相关加固
		地震	ZRHJ3	基坑受损	1. 围护结构设计时应考虑偶然荷载（地震）的影响； 2. 严格按照基坑开挖方案施工

续上表

<table>
<tr><th>风险类别</th><th>分部工程</th><th>风险单元</th><th>编　　号</th><th>风险事件</th><th>管控措施</th></tr>
<tr><td rowspan="3">地质风险</td><td rowspan="3">不良地质</td><td>软土</td><td>BLDZ1</td><td>基坑变形大</td><td>1. 严格按照基坑开挖方案施工；
2. 严格控制放坡坡度；
3. 严格按照先撑后挖的原则进行施工；
4. 动态调整内支撑预应力施加水平</td></tr>
<tr><td>填土</td><td>BLDZ2</td><td>局部透水、坍塌</td><td rowspan="2">1. 严格控制放坡坡度；
2. 严禁基坑顶堆土；
3. 强降雨时应采取相应边坡防护措施</td></tr>
<tr><td>暗浜</td><td>BLDZ3</td><td>局部透水、坍塌</td></tr>
</table>

第4章 铁路交通地下工程风险管理

4.1 基本规定

4.1.1 总则

①为有效控制铁路隧道工程建设风险,规范铁路隧道风险管理工作,统一铁路隧道工程风险管理技术要求,制定《铁路隧道工程风险管理技术规范》(Q/CR 9247—2016)。

②该规范适用于新建铁路隧道风险管理。

③铁路隧道建设应进行风险管理。风险管理应贯穿于铁路隧道设计和施工全过程,并遵循安全第一、预防为主、动态管理、全过程、分阶段实施的原则。

④铁路隧道工程风险管理工作应包含风险计划、风险辨识、风险估计、风险评价、风险处理和风险监测,工程竣工后应开展风险后期评估。

⑤各阶段风险管理应根据隧道工程技术特点,针对安全、稳定、质量、环境、工期、投资、第三方等风险进行,以安全风险和稳定风险为风险管理的重点,并高度重视具有突发性和灾难性的风险。

⑥铁路隧道工程风险管理除应遵守该规范外,尚应符合国家和铁路现行有关标准的规定。

4.1.2 一般规定

①铁路隧道工程风险管理应将铁路隧道建设过程中可能发生的各类风险降低至合理、可接受的水平,为实现铁路建设工程的安全、稳定、质量、环境、工期、投资等目标提供技术保障。

②铁路隧道工程风险管理应建立风险指标体系。风险指标体系可按项目阶段、施工方法、目标风险、风险因素、风险事件等建立层状或树状结构,也可采用核对表形式。

③铁路隧道工程风险管理工作应按四个阶段开展,包含可行性研究阶段、初步设计阶段、施工图阶段和施工阶段。

④可行性研究阶段、初步设计阶段及施工图阶段应将风险评估成果纳入阶段设计文件。施工阶段应提交风险管理报告,竣工后风险后期评估报告应随竣工文件一并交付。

⑤铁路隧道建设各方应建立风险管理沟通机制,开展动态风险评估和风险监测。

⑥铁路隧道工程风险管理应与铁路工程建设其他管理工作相结合。

4.1.3 风险管理内容与流程

铁路隧道工程风险管理工作应包括下列内容:

①制订风险管理计划,确定风险管理的目标和准则;

②进行风险因素的识别;

③开展风险事件发生概率估计和后果分析；

④确定风险等级；

⑤通过接受准则确定风险处理原则；

⑥落实风险控制措施，实施风险监测和检查；

⑦工程竣工后开展风险后期评估。

铁路隧道工程施工风险管理流程和节点应与项目建设管理相适应，并应遵循图4-1所示基本流程。

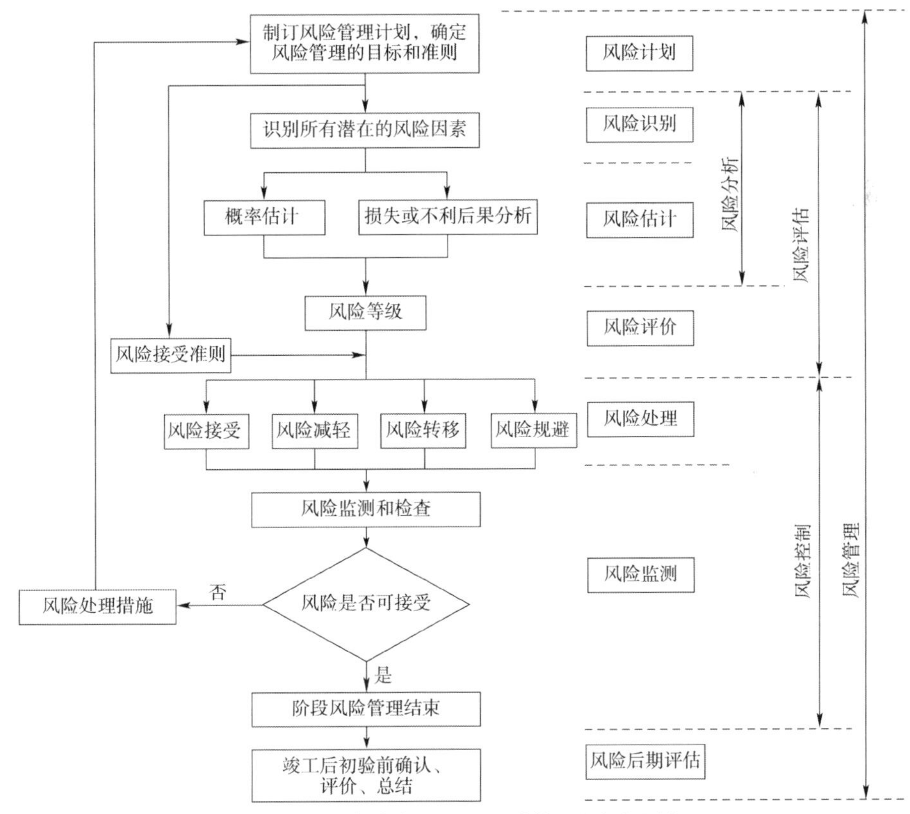

图4-1　铁路隧道工程施工风险管理基本流程图

铁路建设工程风险分级应根据风险事件发生概率的等级、风险事件发生后果的等级，评定相应风险的等级。

风险事件发生概率等级可按定量或定性的标准进行判别，并应符合表4-1的规定。

风险事件发生概率等级标准　　表4-1

概率范围	概率等级描述	概率等级
>0.3	很可能	5
0.03～0.3	可能	4
0.003～0.03	偶然	3
0.0003～0.003	不可能	2
<0.0003	很不可能	1

注：“～”含义为包括上限值而不包括下限值，以下各表均同。

风险事件发生后果等级按严重程度分为五级,并应符合表4-2的规定。

风险事件发生后果等级 表4-2

后果等级	5	4	3	2	1
后果定性描述	灾难性的	很严重的	严重的	较大的	轻微的

风险事件发生的后果可分为人员伤亡、稳定影响、环境影响、经济损失、工期延误和功能缺陷,其后果等级标准应符合表4-3～表4-8的规定。

人员伤亡等级标准。人员伤亡是指风险事件可能造成的人员伤亡,依据人员伤亡的类别和严重程度进行分级,并应符合表4-3的规定。

人员伤亡等级标准 表4-3

后果等级	5	4	3	2	1
人员伤亡数量(人)	$F \geqslant 30$ 或 $SI \geqslant 100$	$10 \leqslant F < 30$ 或 $50 \leqslant SI < 100$	$3 \leqslant F < 10$ 或 $10 \leqslant SI < 50$	$F < 3$ 或 $SI < 10$ 或 $MI \geqslant 5$	$MI < 5$

稳定影响等级标准。稳定影响是铁路项目建设和运营可能诱发社会矛盾、群体性或个体极端事件等造成的负面影响,根据其涉及范围、影响程度进行分级,并应符合表4-4的规定。

稳定影响等级标准 表4-4

后果等级	5	4	3	2	1
稳定影响	绝大部分群众有意见、反映极其强烈,引发大规模群体性事件	大部分群众有意见、反映特别强烈,引发大规模群体性事件	部分群众有意见、反应强烈,引发矛盾冲突	多数群众理解支持,但少部分人有意见,通过有效工作,可防范与化解矛盾	绝大部分群众理解支持,极少数人有意见,矛盾易化解

环境影响等级标准。环境影响是指铁路工程施工对环境可能造成的破坏、污染或造成的不良社会影响,根据其涉及范围影响程度进行分级,并应符合表4-5的规定。

环境影响等级标准 表4-5

后果等级	5	4	3	2	1
自然环境影响	涉及范围非常大,周边生态环境发生严重破坏	涉及范围很大,周边生态环境发生较重污染或破坏	涉及范围较大,邻近区域内生态环境发生污染或破坏	涉及范围较小,邻近区域生态环境发生轻度污染或破坏	涉及范围很小,施工区生态环境发生少量污染或破坏
社会环境影响	恶劣的,或需要转移安置1000人以上	严重的或需要转移安置500～1000人	较严重的,或需要转移安置100～500人	需考虑的,或需转移安置50～100人	轻微的,或需转移安置小于50人

经济损失等级标准。经济损失是指风险事件可能造成的工程项目各种费用的总和,可

按绝对经济损失或相对经济损失进行评定,并应符合表 4-6 的规定

经济损失等级标准　　表 4-6

后果等级	5	4	3	2	1
绝对经济损失(万元)	EL≥10000	5000≤EL<10000	1000≤EL<5000	100≤EL<1000	EL<100
相对经济损失(%)	EL≥100	50≤EL<100	20≤EL<50	5≤EL<20	EL<5

注:1. "EL"是指经济损失。
2. 相对经济损失的基数为原工程的造价。
3. 后果等级取绝对经济损失或相对经济损失中对应的最高等级。

工期延误等级标准。工期延误是指风险事件可能引起的工程建设时间的延长,应按控制工期工程和非控制工期工程进行分级,采用绝对延误时间和相对延误时间进行评定,并应符合表 4-7 的规定。

工期延误等级标准　　表 4-7

后果等级		5	4	3	2	1
控制工期工程	绝对延误时间(月/单一事故)	>12	6~12	3~6	0.5~3	≤0.5
	相对延误时间(%)	>50	20~50	10~20	5~10	≤5
非控制工期工程	绝对延误时间(月/单一事故)	>24	12~24	6~12	1~6	≤1
	相对延误时间(%)	>100	50~100	25~50	10~25	≤10

注:1. 相对工期延误的基数为原工程的工期。
2. 后果等级取绝对延误时间或相对延误时间中对应的最高等级。
3. 如非控制工期工程因延误而转变为控制工期工程,应按控制工期工程进行管理。

功能缺陷等级标准。功能缺陷是指质量风险事件可能导致的工程预定功能的丧失或缺失,是质量风险发生的后果,可按功能缺陷程度进行分级,并应符合表 4-8 的规定。

功能缺陷等级标准　　表 4-8

后果等级	5	4	3	2	1
功能缺陷程度	完全丧失使用功能	主要功能严重缺失	主要功能部分缺失	辅助功能严重缺失	辅助功能部分缺失

注:主要功能是指满足安全和结构耐久等方面需求的属性;辅助功能是指工程是运营维护等使用方面需求的属性。

第三方风险后果包括人员伤亡、环境影响和经济损失,其分级标准见表 4-3、表 4-5、表 4-6。

铁路建设工程风险等级可根据风险事件发生的概率等线和后果等级分为极高、高度、中度、低度四级,并可按表 4-9 确定。

风险等级标准 表4-9

概率等级		后果等级				
		灾难性的	很严重的	严重的	较大的	轻微的
		5	4	3	2	1
频繁发生	5	极高	极高	极高	高度	中度
可能发生	4	极高	极高	高度	高度	中度
偶然发生	3	极高	高度	高度	中度	中度
很少发生	2	高度	高度	中度	中度	低度
极不可能发生	1	中度	中度	中度	低度	低度

4.1.4 风险接受准则

①铁路建设工程应根据其工程性质和环境条件,分阶段制定风险接受准则和风险控制原则。

②铁路建设工程风险管理应针对不同等级的风险,采用不同的风险接受准则。各等级风险的接受准则与控制原则可按表4-10确定。

风险接受准则与控制原则 表4-10

风险等级	接受准则	风险控制原则
极高	不可接受	必须高度重视并规避,否则必须采取有效措施处理
高度	不期望	应重视并采取有效措施处理,加强风险监测
中度	可接受	宜采取有效措施处理,并进行风险监测
低度	接受	可不采取措施,但需关注,防止风险等级上升

4.1.5 建设各方风险管理

①铁路建设工程参建各方应建立风险管理机构。

②参与风险管理的人员上岗前应进行培训。

③建设单位风险管理工作应包括下列内容:

a. 制定项目风险管理实施办法,制定项目风险接受准则和风险控制原则;

b. 组织指导监督参建各方开展风险管理;

c. 组织设计单位进行风险技术交底;

d. 审查风险管理成果,并做出相应的决策;

e. 必要时委托专业机构进行风险监测;

f. 监督检查、协调处理参建各方风险管理工作中的有关问题;

g. 完善用工管理制度,并检查参建各单位规范用工、合法分包、文明施工等情况;

h. 与地方建立协调沟通机制和处置预案,及时处理建设过程中的稳定风险;

i. 组织参建各方或委托专业机构开展风险后期评估工作。

④设计单位风险管理工作应包括下列内容:

a. 制定设计阶段风险管理实施细则;

b. 按设计阶段进行风险评估,确定风险控制措施和风险防范注意事项;

c. 优化工程措施,重点评价导致稳定风险的征地拆迁、环境污染、水系破坏等问题;

d. 向施工单位进行有关风险的技术交底；

e. 结合施工期间的风险管理，动态调整风险设计措施；

f. 编制可行性研究、初步设计及施工图阶段风险评估报告或成果文件；

g. 参与风险后期评估工作。

⑤施工单位风险管理工作应包括下列内容：

a. 核实施工阶段风险评估结果；

b. 制定施工阶段风险管理实施细则；

c. 开展施工阶段的风险管理，落实风险控制措施和风险防范工作要求；

d. 制定风险应急预案并组织实施；

e. 动态跟踪风险变化状态，及时上报经监理单位确认风险监测情况和风险管理资料，及时启动风险预警或应急预案；

f. 对施工人员进行风险交底和岗前培训，负责施工现场风险公告；

g. 完善用工管理制度，规范分包行为，加强文明施工；

h. 与地方建立协调沟通机制和预案，及时处理建设过程中的稳定风险；

i. 编制施工阶段风险管理报告；

j. 参与风险后期评估工作。

⑥监理单位风险管理工作应包括下列内容：

a. 制定风险管理实施细则；

b. 参与施工阶段风险管理；

c. 审核施工风险处置措施、风险监测方案、专项施工方案和应急预案；

d. 监督检查用工管理、分包行为、文明施工情况；

e. 监督检查风险管制措施的落实情况，并做好相关记录；

f. 参与风险后期评估工作。

4.2 可行性研究阶段风险管理

4.2.1 一般规定

①可行性研究阶段应对工程的安全、稳定、工期、投资、环境有重大影响的控制性隧道工程进行风险评估。

②可行性研究阶段应通过综合选线，对控制性隧道多方案比选，评估各方案存在的安全、稳定、环境、工期、投资、第三方风险，规避极高风险。

③可行性研究阶段隧道工程风险管理工作应与现场调查、方案比选等初测工作相结合，并收集下列资料：

a. 预可行性研究报告及批复意见；

b. 沿线的自然、地理和区域地质资料；

c. 重大不良地质和特殊岩土等资料；

d. 河流、水库分布和居民用水情况；

e. 文化、生活方式、宗教信仰、社会习俗等资料；

f. 环境敏感区、军事保护区、重要基础设施现状及规划、建(构)筑物、地下管线;

g. 类似工程的设计资料和施工情况等;

h. 其他可能对隧道方案有重大影响的因素。

④可行性研究阶段隧道工程风险管理成果应包含以下内容:

a. 重点工程风险评估结论与风险控制措施;

b. 下阶段风险管理建议和注意事项。

4.2.2 风险管理内容与流程

①可行性研究阶段应开展以下风险管理工作:

a. 制订工作计划、进行人员培训等;

b. 实施风险辨识,对辨识出的风险因素进行筛选;

c. 评价重大风险因素的发生概率和后果等级,并最终确定初始风险的等级;

d. 针对初始风险,根据风险接受准则制定风险处理措施和对策,开展方案设计,并进行综合比较;

e. 明确残留风险,提出下阶段风险管理工作的建议。

②可行性研究阶段风险管理宜按图 4-2 所示流程开展。

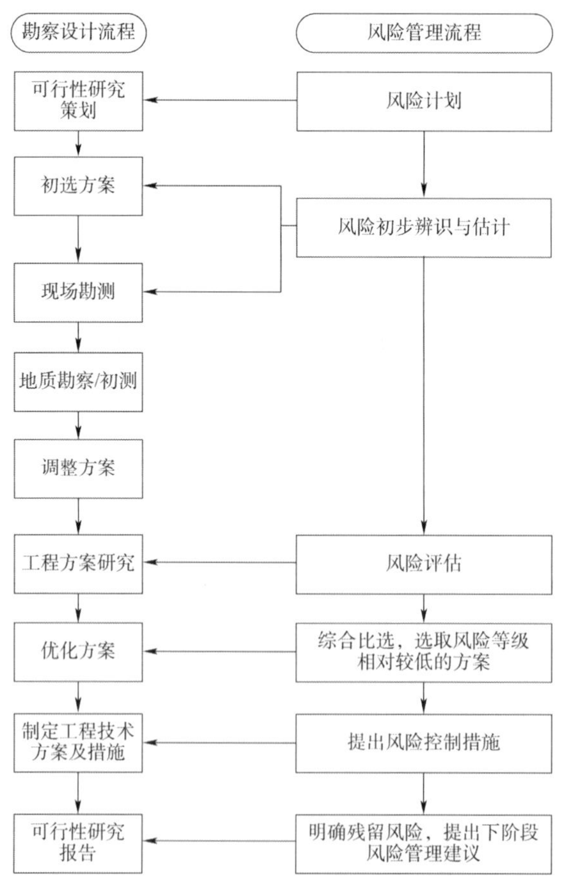

图 4-2 可行性研究阶段风险管理流程图

4.2.3 风险计划

①应根据工程特点和预可行性研究报告等编制可行性研究阶段风险计划。

②可行性研究阶段风险计划应包含以下内容：

a. 提出应重点识别的自然风险、地质风险、技术风险、社会风险因素；

b. 明确控制性隧道工程的目标风险，并提出目标风险的控制原则。

4.2.4 风险评估

①可行性研究阶段风险辨识可采用核对表法、头脑风暴法等，初步辨识与排查重大风险因素。可行性研究阶段风险因素见表4-11。

可行性研究阶段风险因素 表4-11

风险因素类别	风 险 因 素
地质因素	区域地形、地貌、地质对隧道方案的影响程度
	不良地质、特殊岩土对隧道方案影响程度
	地质勘查的不确定性程度
	其他
自然风险	江河、湖泊分布情况
	环境敏感区
	文物保护单位
	水源保护区
	珍稀野生动植物资源
	既有重要建(构)物、管线
	其他
技术风险	工法选择
	类似工程可参考程度
	特殊复杂结构设计
	控制性隧道的线路情况
	辅助坑道方案比选
	其他
社会风险	征地拆迁与补偿
	环境污染
	水系破坏
	当地文化、生活方式
	宗教信仰和社会习俗
	其他

②可行性研究阶段风险估计可采用核对表法、专家调查法、头脑风暴法等，对多方案比选开展定性的风险概率估计和后果评估。

③可行性研究阶段风险评价应根据定性的概率估计和后果分析，采用表4-9确定风险等级。

4.2.5 风险控制要点

①可行性研究阶段风险处理应以规避风险为主，对极高、高度风险提出线路优化调整方案。特长隧道和地质条件特别复杂的隧道应进行深入的地质调查，开展地质综合选线，合理确定隧道通过的平面位置与高程。

②地质风险管理应符合下列要求：

a. 优先采用靠山内移，以绕避重大不良地质体发育区；

b. 尽量大角度、短距离通过活动断裂带或大型构造带；

c. 岩溶地区隧道优先选择从岩溶垂直渗流带内通过，岩溶斜坡地区隧道优先选择在岩溶安全带通过；

d. 绕避大型密集、难以查明、治理困难的采空区，并设置在其塌陷影响区范围外一定距离，必须通过采空区时，绕避采空区地表变形活跃、移动盆地边缘地带；

e. 绕避可能大范围出现严重热害的高地温地区(段、带)，选择在常温带或相对较低地温带通过，隧道通过高地温区(段、带)最大可能减少隧道埋深；

f. 尽量避开高地应力、高瓦斯、强放射性等不良地质、特殊岩土和含有害气体地层。

③自然风险管理应符合下列要求：

a. 下穿江河、湖泊时进行多方案比选，选择风险较小的方案；

b. 下穿风景名胜区、自然保护区时应有针对性的保护措施；

c. 下穿地下水敏感区时采取有效措施，减少地下水流失和污染；

d. 下穿生态环境脆弱区时采取生态保护和恢复措施；

e. 下穿既有重要建筑(构)物、管线时进行功能调查，并征求产权单位意见。

④技术风险管理应符合下列要求：

a. 比选特长隧道分(合)修方案；

b. 比选特长隧道辅助坑道方案；

c. 比选穿越河流、水库、不良地质发育区修建方法；

d. 评估重要车站隧道工程可实施性；

e. 分析隧道的涌水、有害气体、高地温、高地应力等控制措施的可靠性。

⑤社会风险管理应符合下列要求：

a. 防范大型弃土场选址征地拆迁、次生灾害引发群体性事件；

b. 评价可能造成的环境污染、水系破坏，并制定控制措施；

c. 比选文教区及大规模的居民住宅区的穿越方案，采取有效的减振降噪和变形控制等措施；

d. 开展社会稳定风险调查分析，征询相关群众意见，查找并列出风险发生的可能性及影响程度，提出风险控制方案和措施。

4.3 初步设计及施工图设计阶段风险管理

4.3.1 一般规定

①初步设计阶段应全面开展风险评估工作,施工图阶段应根据初步设计审查意见,对设计方案需要进行重大调整的隧道进行评估。

②经初步设计审查后施工图阶段隧道风险因素和风险等级无重大变化时,施工图阶段可不再进行风险管理成果文件专项审查。

③初步设计阶段及施工图阶段应开展隧道工程勘察与环境调查,结合相应阶段的勘察资料和设计原则,对不同工法的典型风险进行评估。

④初步设计阶段及施工图阶段隧道工程风险管理工作应与现场勘测、线路方案优化等勘测工作相结合,并收集下列资料:

a. 上阶段文件及其批复意见;

b. 上阶段风险管理成果及其审查意见;

c. 环境影响、水土保持方案、土地复垦方案、地质灾害危险性评估、压覆矿产资源评估、地震安全性评价、防洪影响评价、通航论证等单项报告及其审批(批复)意见;

d. 勘测资料;

e. 其他。

⑤初步设计阶段及施工图阶段隧道工程风险管理成果应包含以下内容:

a. 一般隧道风险管理成果表;

b. 控制性隧道专项风险管理报告。

4.3.2 风险管理内容与流程

①初步设计阶段及施工图阶段应开展以下风险管理工作:

a. 开展隧道工程勘察与环境调查风险评估,对地质风险因素不确定性进行分析;

b. 根据隧道地质资料分段评估,确定初始风险等级,提出相应的设计措施;

c. 根据设计措施进行再评估,确定残留风险;

d. 提出下阶段风险管理工作的建议。

②初步设计阶段及施工图阶段风险管理流程如图 4-3 所示。

4.3.3 风险计划

①初步设计及施工图阶段应根据工程特点、上阶段风险评估成果等编制风险计划。

②初步设计及施工图阶段风险计划应包含以下内容:

a. 提出需识别的自然风险、地质风险、技术风险和社会风险因素;

b. 明确隧道需评估的典型风险;

c. 提出风险控制原则,采取措施减轻风险。

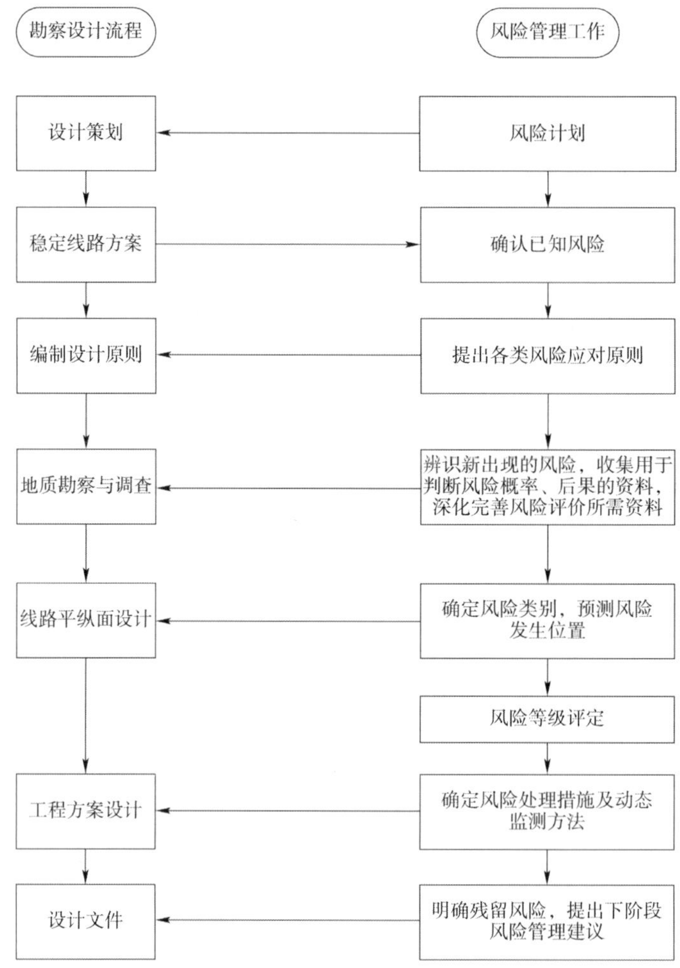

图 4-3　初步设计阶段及施工图阶段风险管理流程图

4.3.4　风险评估

①初步设计及施工图阶段风险因素辨识可采用核对表法、专家调查法、层次分析法等，全面辨识与排查风险因素。矿山法隧道、明挖法隧道、掘进机和盾构法隧道风险因素辨识分别参照表 4-12 ~ 表 4-14 进行。

矿山法隧道风险因素核对表　　表 4-12

风险因素		风险事件							
		塌方	瓦斯事故	突水（泥、石）	大变形	岩爆	基底变形	第三方损失	其他
自然因素	地形地貌	★							
	江河湖泊	★		★					
	风景名胜区、自然保护区							★	
	水源保护区							★	
	珍稀野生动植物资源							★	

续上表

风险因素		风险事件							
		塌方	瓦斯事故	突水（泥、石）	大变形	岩爆	基底变形	第三方损失	其他
自然因素	既有建（构）筑物、管线	★						★	
	其他								
地质因素	岩性及风化程度	★		★	★	★	★		
	构造（单斜、向斜、背斜、断层等）	★	★	★	★	★	★		
	地下水	★		★	★		★		
	滑坡	★					★		
	岩堆	★							
	顺层	★							
	岩溶			★			★		
	煤层及矿采空区	★	★	★			★		
	挤压性地层				★		★		
	含放射性物质地层								★
	膨胀岩土、冻土、软土				★		★		
	其他								
技术因素	超前地质预报	★	★	★	★	★			
	施工工法	★	★	★	★	★			
	超前支护	★							
	初期支护	★			★	★			
	二次衬砌	★			★		★		
	监控测量设计	★		★	★	★	★		
	断面形状和大小	★			★				
	辅助坑道情况	★	★	★					
	特殊、复杂结构设计	★	★	★	★	★	★		
	其他								
社会因素	当地文化、生活方式							★	
	宗教信仰和社会习俗							★	
	征地拆迁与补偿							★	
	环境污染							★	
	水系破坏							★	
	其他								

注："★"表示该风险因素对风险事件有影响，以下表同。

明挖法隧道风险因素核对表 表 4-13

风险因素		风险事件							
		塌方	瓦斯事故	突水（泥、石）	大变形	岩爆	基底变形	第三方损失	其他
自然因素	地形地貌	★			★	★			
	江河湖泊	★	★	★	★		★		
	风景名胜区、自然保护区							★	
	水源保护区							★	
	地下水	★	★	★	★	★	★		
	珍稀野生动植物资源							★	
	既有建（构）筑物、管线	★						★	
	暴雨、洪水	★	★	★	★	★	★		
	其他								
地质因素	岩性及风化程度	★			★	★	★		
	构造（单斜、向斜、背斜、断层等）	★			★	★	★		
	高灵敏度淤泥厚层、富水粉系砂层等软弱地层	★	★	★	★		★		
	可液化地层	★	★	★	★		★		
	膨胀岩（土）、冻土、软土	★			★	★	★		
	顺层	★			★	★			
	其他								
技术因素	施工工法	★	★	★	★		★		
	地基处理		★	★			★		
	支护结构	★			★				
	二次衬砌	★				★	★		
	止水、降水与排水	★	★	★	★	★	★		
	其他								
社会因素	当地文化、生活方式							★	
	宗教信仰和社会习俗							★	
	征地拆迁与补偿							★	
	环境污染							★	
	水系破坏							★	
	其他								

掘进机和盾构法隧道风险因素核对表　　表4-14

风险因素		风险事件						
		掘进与出渣困难	进出洞风险	缺氧有害气体危害	盾构机姿态变化	地表变形	涌水涌砂	其他
自然因素	地形地貌	★	★			★		
	江河湖泊	★	★			★	★	
	风景名胜区、自然保护区							★
	水源保护区							★
	珍稀野生动植物资源							★
	既有建(构)筑物、管线					★		★
	暴雨、洪水		★			★	★	
	其他							
地质因素	岩性及风化程度	★	★		★	★		
	构造(单斜、向斜、背斜、断层等)	★			★	★	★	
	地下水	★	★			★	★	
	有害气体			★				
	顺层	★			★	★		
	岩溶	★			★	★	★	
	挤压性地层	★			★			
	复合地层	★			★			
	膨胀岩(土)、冻土、软土	★	★		★	★	★	
	其他							
技术因素	常规设计	★	★	★	★	★	★	
	特殊设计	★	★	★	★	★	★	
	监控测量设计	★	★	★	★	★	★	
	设备选型	★		★	★	★	★	
	小净距施工	★			★			
	辅助工法	★	★		★	★	★	
	洞室及通道	★				★	★	
	工作井		★			★	★	
	断面	★	★			★		
	长度	★						
	埋深	★			★	★	★	

续上表

风险因素		风险事件						
		掘进与出渣困难	进出洞风险	缺氧有害气体危害	盾构机姿态变化	地表变形	涌水涌砂	其他
社会因素	当地文化、生活方式							★
	宗教信仰和社会习俗							★
	征地拆迁与补偿							★
	环境污染							★
	水系破坏							★
	渣土存放与转运							★
	其他							

②初步设计阶段及施工图阶段风险估计可采用核对表法、专家调查法、蒙特卡罗法、层次分析法和风险矩阵法等,开展定量或定性与定量相结合的风险概率估计和后果评估。

③初步设计阶段及施工图阶段风险评价应根据定量或定性与定量相结合的概率估计和后果分析,采用表4-9确定风险等级。

4.3.5 风险控制要点

①初步设计阶段及施工图阶段应对上一阶段所确定的风险和新识别的风险进行评估,优化设计方案,提出合理的施工方法、切实可行的工程措施,为施工阶段的风险管理创造条件。

②初步设计阶段及施工图阶段应对地质勘察孔位与数量、钻探与原位测试技术、室内土工试验方法等进行评估,控制因勘察遗漏失误或环境调查不准、室内试验方法及参数获取失误等引起的工程设计与施工风险。

③一般隧道塌方风险管理主要内容应包括:

a. 评价地层岩性、岩层产状、地质构造、岩石力学参数等因素对塌方的影响;

b. 评估开挖工法、支护体系、预注浆等防塌措施;

c. 提出针对性的超前地质预报方法和变形监控量测要求。

④瓦斯隧道风险管理主要内容应包括:

a. 评价瓦斯封闭条件、吨煤瓦斯含量、瓦斯压力、瓦斯涌出量等因素的影响;

b. 评估揭煤、过煤和瓦斯突出隧道预防煤与瓦斯突出的专项措施与预案;

c. 提出施工通风、瓦斯监测要求。

⑤岩溶隧道风险管理主要内容应包括:

a. 评价地下水水位、地下水补给、隧道涌水量及溶洞暗河、可溶岩与非可溶岩接触带、向斜核部、断层等因素的影响;

b. 评估排水、堵水措施及地下水水压对衬砌结构的影响;

c. 提出岩溶发育段超前地质预报和施工安全应急要求。

⑥黄土隧道风险管理主要内容应包括:

a. 评价湿陷性等级、黄土厚度、水环境等因素的影响;

b. 评估开挖工法、支护体系、衬砌结构、截排水及湿陷性处理等措施。

⑦高地应力隧道风险管理主要内容应包括：

a. 评价地层岩性、岩石抗压强度、地应力等因素的影响；

b. 评估支护体系、地应力释放等防岩爆专项措施；

c. 评估围岩加固、支护体系、衬砌结构等大变形整治专项措施；

d. 提出高地应力段超前地质预报和监控量测要求。

⑧下穿或邻近既有建(构)筑物、管线隧道风险管理主要内容应包括：

a. 评价地层岩性、岩层产状、建(构)筑物基础形式、与隧道相对位置的影响；

b. 评估隧道结构与建(构)筑物、管线的相互影响及隧道防塌、变形控制专项措施与预案；

c. 提出隧道与建(构)筑物、管线监控量测要求。

⑨下穿松散地层隧道风险管理主要内容应包括：

a. 评价地层颗粒组成、含水率、孔隙率、固结度、承载能力、变形特性等因素的影响；

b. 评估围岩加固、开挖工法、支护体系、变形控制等措施。

⑩明挖隧道风险管理主要内容应包括：

a. 评价地层岩性、岩层产状、水环境、开挖深度、既有建(构)筑物、管线等因素的影响；

b. 评估开挖工法、支护体系、基础处理、截排水等措施；

c. 提出监控量测和变形控制要求。

⑪掘进机与盾构法隧道风险管理主要内容应包括：

a. 评价地层条件、水环境、隧道埋深、建(构)筑物、管线等因素的影响；

b. 评估高地应力、高水压、高地温、断层破碎带、复杂地层等特殊地段处理措施；

c. 评估辅助施工方法及设备进出洞处理措施。

4.4 施工阶段风险管理

4.4.1 一般规定

①施工阶段应根据施工图阶段的风险管理报告开展风险管理，重点结合施工前及施工过程中的调查对风险因素进行核对，对施工方案和地质因素有重大变化的风险进行评估。

②施工阶段施工单位风险控制应按照分级管理、分级负责的基本原则开展。施工阶段应全面落实设计风险控制措施，实施风险的动态管理与控制，确保对风险的有效管理。

③施工阶段风险管理应收集下列资料：

a. 施工图设计文件及技术交底资料；

b. 施工图阶段风险管理评估及其审查意见；

c. 施工前及施工过程调查资料；

d. 相关协议；

e. 其他。

④施工阶段隧道工程风险管理成果应包含以下内容：

a. 隧道工程风险管理报告；

b. 风险后期评估报告。

4.4.2　风险管理内容与流程

①施工阶段应开展以下风险管理工作

a. 编制风险计划；

b. 核对设计提出的风险，评估新出现的风险；

c. 制定风险管理实施细则及应急预案；

d. 风险公告及人员培训；

e. 施工中进行动态评估，落实风险控制措施；

f. 明确残留风险，提出运营阶段风险管理工作的建议。

②施工阶段风险管理宜按图 4-4 所示流程开展。

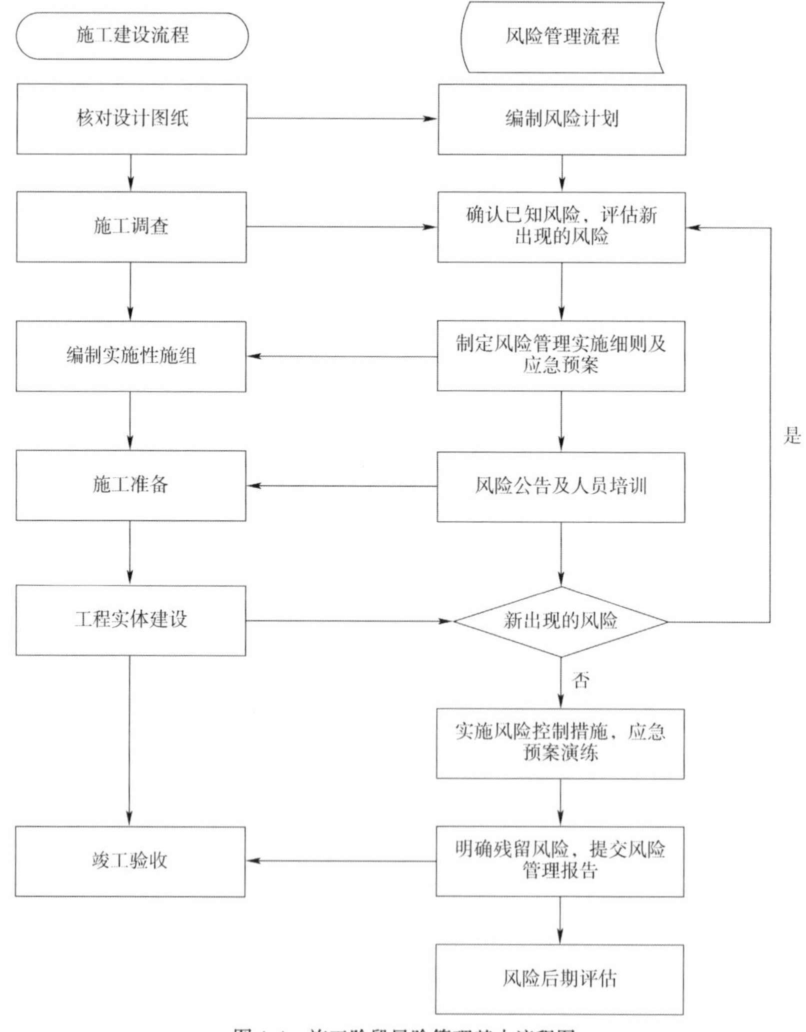

图 4-4　施工阶段风险管理基本流程图

4.4.3 风险计划

①施工阶段应根据工程特点、施工图阶段风险管理成果等编制风险计划。

②施工阶段风险计划应包含以下内容：

a. 明确需再评估的典型风险，提出风险控制原则；

b. 明确风险分级管控原则；

c. 确定工程风险管理组织构架、参与人员的职责及工作沟通协调机制。

4.4.4 风险评估

①施工阶段风险因素辨识可采用核对表法、专家调查法、层次分析法等，全面辨识与排查风险因素。

②施工阶段风险估计可采用核对表法、专家调查法、头脑风暴法、蒙特卡罗法、层次分析法和风险矩阵法等，开展定量或定性与定量相结合的风险概率估计和后果评估。

③施工阶段风险评价应根据定量或定性与定量相结合的概率估计和后果分析，采用表4-9 确定风险等级。

④施工中应结合现场踏勘、地质素描、超前地质预报等手段对自然、地质、技术和社会风险因素进行动态识别。

⑤矿山法施工隧道风险因素识别可参照表4-15 进行。

矿山法施工隧道风险因素核对表 表4-15

风险因素		风险事件							
		塌方	瓦斯事故	突水(泥、石)	大变形	岩爆	基底变形	第三方损失	其他
自然因素	地形地貌	★							
	江河湖泊	★		★					
	风景名胜区、自然保护区							★	
	水源保护区							★	
	珍稀野生动植物资源							★	
	既有建(构)筑物、管线	★						★	
	其他								
地质因素	岩性及风化程度	★		★	★	★	★		
	构造(单斜、向斜、背斜、断层等)	★	★	★	★	★	★		
	地下水	★		★	★		★		
	滑坡	★					★		
	岩堆	★							
	顺层	★							
	岩溶			★			★		
	煤层及矿采空区	★	★	★			★		
	挤压性地层				★		★		

续上表

风险因素			风险事件							
			塌方	瓦斯事故	突水（泥、石）	大变形	岩爆	基底变形	第三方损失	其他
地质因素	含放射性物质地层									★
	膨胀岩土、冻土、软土					★		★		
	其他									
技术因素	超前地质预报	超前地质预报方法	★	★	★	★	★			
		超前地质预报结果翻译	★	★	★	★	★			
	开挖	开挖工法	★			★	★			
		爆破方法	★	★	★		★		★	
		循环进尺长度	★	★	★		★			
		落地与挑顶	★							
		断面变化处或工法转换处	★							
		爆破器材检查和落实	★	★	★	★	★			
		其他								
	支护及衬砌	超前支护方式	★		★	★				
		钢架形式及间距	★			★				
		钢架闭合成环周期	★			★				
		预注浆	★		★					
		隔离措施		★						
		二次衬砌厚度与强度				★				
		气密性混凝土		★						
		地层改良加固	★			★		★		
		其他								
	通风与防排水	通风系统		★						
		通风设备		★						
		通风质量监测		★						
		注浆堵水措施			★					
		反坡排水措施						★		
		降水措施			★			★		
		地下水水压、水量			★			★		
		其他								
	隧道特征	埋深	★	★	★	★	★			
		断面大小	★	★	★	★	★			

续上表

风险因素			风险事件							
			塌方	瓦斯事故	突水（泥、石）	大变形	岩爆	基底变形	第三方损失	其他
技术因素	隧道特征	长度		★						
		辅助坑道		★	★					
		其他								
	监控量测	测量器材及布置	★	★	★	★	★	★		
		测量频率	★	★	★	★	★	★		
		规范要求监测项目	★	★	★	★	★	★		
		监控量测制度	★	★	★	★	★	★		
		信息反馈及处理	★	★	★	★	★	★		
		其他		★						
	瓦斯与揭煤层处理	石门开启方法	★	★						
		安全岩柱留设	★	★						
		瓦斯预抽放		★						
		瓦斯泄压与排放		★						
		注浆封闭瓦斯		★						
		瓦斯浓度、压力监测		★						
		通风与洒水除尘		★						
		洞口火源检查		★						
		焊接切割等危险作业规章制度及执行		★						
		进洞人员禁穿化纤服装		★						
		防爆电气设备与作业机械		★						
		其他								
	岩溶处理	溶洞空腔	★					★		
		充填型溶洞	★					★		
		充水型溶洞	★		★					
		暗河管道			★					
		溶蚀破碎带	★		★	★		★		
		其他								
	高地应力处理	掌子面减压措施	★			★	★			
		应力释放措施	★			★	★			
		其他								
	接近工程处理	邻近公路	★						★	
		邻近既有线	★						★	

续上表

风险因素			风险事件							
			塌方	瓦斯事故	突水（泥、石）	大变形	岩爆	基底变形	第三方损失	其他
技术因素	接近工程处理	下穿既有结构物	★						★	
		其他								
社会因素	施工管理	人员管理情况								★
		施工队伍状况								★
		职工工资发放								★
		其他								
	征地拆迁	规划选址								★
		征地补偿								★
		道路改迁								★
		移民安置								★
		其他								
	环境影响	爆破振动								★
		地下水流失								★
		污水排放								★
		粉尘污染								★
		光与噪声污染								★
		其他								
	人文环境	宗教信仰								★
		社会习俗								★
		其他								

⑥明挖法施工隧道风险因素识别可参照表4-16进行。

明挖法施工隧道主要风险因素核对表　　表4-16

风险因素		风险事件							
		塌方	涌水	流土（沙）	围护结构变形	主体结构破坏	基地变形	第三方损失	其他
自然因素	地形地貌	★			★	★			
	江河湖泊	★	★	★	★		★		
	风景名胜区、自然保护区							★	
	水源保护区							★	
	地下水	★	★	★	★	★	★		
	珍稀野生动植物资源							★	
	既有建（构）筑物、管线							★	
	暴雨、洪水	★	★	★	★	★	★		
	其他								

续上表

风险因素			风险事件							
			塌方	涌水	流土(沙)	围护结构变形	主体结构破坏	基地变形	第三方损失	其他
地质因素	岩性及风化程度		★			★	★	★		
	构造(单斜、向斜、背斜、断层等)		★			★	★	★		
	高灵敏度淤泥厚层、富水粉系砂层等软弱地层		★	★	★	★		★		
	可液化地层		★	★	★	★		★		
	膨胀岩(土)、冻土、软土		★			★	★	★		
	顺层		★			★	★			
	其他									
技术因素	开挖	施工方法	★	★	★	★	★			
		爆破方法	★	★	★	★	★			
		开挖工序	★	★	★	★	★			
		开挖速度	★	★	★	★	★			
		弃渣堆放	★	★	★	★	★			
		其他								
	支护及衬砌	支护结构形式	★			★	★			
		支护支撑与拆换工序	★			★	★			
		支护强度	★			★	★			
		二次衬砌厚度与强度	★			★	★			
		其他								
	地基处理			★	★			★		
	止水、降水与排水		★	★	★		★	★		
	隧道特征	开挖深度	★			★	★	★		
		开挖跨度	★			★	★	★		
		其他								
	监控量测	量测器材及布置	★	★	★	★	★	★		
		量测频率	★	★	★	★	★	★		
		规范要求监测项目	★	★	★	★	★	★		
		监控量测制度	★	★	★	★	★	★		
		信息反馈及处理	★	★	★	★	★	★		
		其他								

续上表

风险因素			风险事件							
			塌方	涌水	流土（沙）	围护结构变形	主体结构破坏	基地变形	第三方损失	其他
技术因素	接近工程处理	邻近公路							★	
		邻近既有线							★	
		下穿既有结构物、管线							★	
		其他								
	其他									
社会因素	施工管理	人员管理情况								★
		施工队伍状况								★
		职工工资发放								★
		其他								
	征地拆迁	规划选址								★
		征地补偿								★
		道路改迁								★
		移民安置								★
		其他								
	环境影响	爆破振动								★
		地下水流失								★
		污水排放								★
		粉尘污染								★
		光与噪声污染								★
		其他								
	人文环境	宗教信仰								★
		社会习俗								★
		其他								

⑦掘进机施工隧道风险因素识别可参照表4-17进行。

掘进机施工隧道主要风险因素核对表 表4-17

风险因素		风险事件					
		掘进与出渣困难	缺氧，有害气体危害	掘进机姿态变化	地表变形	衬砌破坏与渗水	其他
自然因素	地形地貌	★			★		
	江河湖泊	★			★	★	
	风景名胜区、自然保护区						★
	水源保护区						★
	地下水				★	★	★
	珍稀野生动植物资源						★
	既有建（构）筑物、管线						★
	暴雨、洪水					★	
	其他						

续上表

风险因素			风险事件					
			掘进与出渣困难	缺氧,有害气体危害	掘进机姿态变化	地表变形	衬砌破坏与渗水	其他
地质因素	岩性及风化程度		★		★	★		
	构造(单斜、向斜、背斜、断层等)		★		★	★	★	
	挤压性地层		★		★		★	
	复合地层		★		★			
	顺层		★			★	★	
	膨胀岩(土)、冻土、软土		★				★	
	岩溶		★		★	★		
	其他							
技术因素	掘进机选型	主要技术参数	★	★	★	★		
		适应性	★	★	★	★		
		可靠性	★	★	★	★		
		其他						
	设备	刀头、刀盘	★		★	★		
		主轴承	★		★	★		
		液压系统	★		★	★	★	
		控制系统	★		★	★	★	
		其他						
	机械操作	姿态控制	★		★	★		
		止水注浆	★		★	★	★	
		预加固	★		★	★	★	
		其他						
	支护	掌子面处理	★		★	★		
		支护形式	★		★	★		
		支护时机	★		★	★		
		支护质量	★		★	★		
		管片后注浆	★		★	★	★	
		其他						
	隧道特征	埋深	★		★	★	★	
		断面大小	★		★	★	★	
		长度	★					
		辅助坑道	★		★	★	★	
		其他						
	监控量测	压力值	★		★	★	★	
		管片变形量	★		★	★	★	
		设备运行状态	★		★	★	★	
		建(构)筑物变形				★		
		有害气体监测		★				

续上表

风险因素			风险事件					
			掘进与出渣困难	缺氧,有害气体危害	掘进机姿态变化	地表变形	衬砌破坏与渗水	其他
技术因素	监控量测	其他						
社会因素	施工管理	人员管理情况						★
		施工队伍状况						★
		职工工资发放						★
		其他						
	征地拆迁	规划选址						★
		征地补偿						★
		道路改迁						★
		移民安置						★
		其他						
	环境影响	爆破振动						★
		地下水流失						★
		污水排放						★
		粉尘污染						★
		光与噪声污染						★
		其他						
	人文环境	宗教信仰						★
		社会习俗						★
		其他						

⑧盾构施工隧道风险因素识别可参照表4-18进行。

盾构施工隧道主要风险因素核对表 表4-18

风险因素		风险事件							
		掘进与出渣困难	进出洞风险	缺氧,有害气体危害	盾构机姿态变化	地表变形	涌水涌砂	衬砌破损与渗水	其他
自然因素	地形地貌	★	★			★			
	江河湖泊	★	★			★	★	★	
	风景名胜区、自然保护区								★
	水源保护区								★
	地下水					★	★	★	★
	珍稀野生动植物资源								★
	既有建(构)筑物、管线								★
	暴雨、洪水		★			★	★		
	其他								
地质因素	岩性及风化程度	★	★		★	★			
	构造(单斜、向斜、背斜、断层等)	★			★	★	★		
	高灵敏度淤泥厚层、富水粉系砂层等软弱地层	★			★	★	★		
	可液化地层	★			★	★	★		

续上表

风险因素			风险事件							
			掘进与出渣困难	进出洞风险	缺氧,有害气体危害	盾构机姿态变化	地表变形	涌水涌砂	衬砌破损与渗水	其他
地质因素	复合地层		★			★				
	可挤压性地层		★			★			★	
	顺层		★			★	★		★	
	膨胀土、冻土、软土		★	★			★		★	
	岩溶		★			★	★			
	其他									
技术因素	盾构选型	主要技术参数	★		★	★	★	★		
		适应性	★		★	★	★	★		
		可靠性	★		★	★	★	★		
		其他								
	机械安装和吊装	人员		★			★	★	★	
		操作		★			★	★	★	
		设备		★			★	★	★	
		其他								
	盾构进出洞	姿态控制	★	★		★	★			
		土层加固	★	★		★	★	★		
		洞口密封		★					★	
		反力支架		★						
		其他								
	设备	刀头、刀盘	★	★		★	★			
		主轴承	★	★		★	★			
		前仓防水	★	★		★	★	★	★	
		平衡系统	★	★		★	★	★		
		密封系统	★	★	★	★	★	★	★	
		液压系统	★	★		★	★	★	★	
		控制系统	★	★		★	★	★		
		其他								
	操作	姿态控制	★	★		★	★			
		盾构机施工参数	★	★		★	★		★	
		注浆	★	★		★	★	★	★	
		其他								
	近接辅助措施	既有建(构)物保护措施	★	★		★	★			
		盾构隧道内辅助措施	★	★		★	★			
		中间地层辅助措施	★	★		★	★			
		其他								

续上表

风险因素			风险事件							
			掘进与出渣困难	进出洞风险	缺氧,有害气体危害	盾构机姿态变化	地表变形	涌水涌砂	衬砌破损与渗水	其他
技术因素	隧道特征	埋深	★	★		★	★		★	
		断面大小	★	★		★	★		★	
		长度	★							
		辅助坑道	★			★	★		★	
		其他								
	监控量测	压力值	★	★		★	★		★	
		管片变形量	★	★		★	★		★	
		设备运行状态	★	★		★	★		★	
		建(构)物变形	★	★		★	★			
		有害气体监测			★					
		其他								
社会因素	施工管理	人员管理情况								★
		施工队伍状况								★
		职工工资发放								★
		其他								
	征地拆迁	规划选址								★
		征地补偿								★
		道路改迁								★
		移民安置								★
		其他								
	环境影响	爆破振动								★
		地下水流失								★
		污水排放								★
		粉尘污染								★
		光与噪声污染								★
		其他								
	人文环境	宗教信仰								★
		社会习俗								★
		其他								

4.4.5 风险控制要点

①施工阶段应重点对影响工程安全、稳定的风险进行管理。

②施工阶段应根据工程条件、施工方法、施工工艺以及设备、材料等,结合工程施工进度和工序,开展风险管理工作。

③施工单位应落实风险控制措施,并应包括以下内容:

a. 开展隧道洞口边仰坡工程、不良地质洞口工程、不良地质洞身工程、大型弃渣场工程等风险控制措施实施效果评估;

b. 开展煤层与瓦斯突出、瓦斯燃烧爆炸、突水(泥)等不良地质及特殊岩土地段施工安全风险评估,并对运营期间的瓦斯、高水压等风险因素进行评估;

c. 开展围岩矿石中射线对施工人员的辐射施工中产生的放射性废水、弃渣等放射性废物对环境的污染、放射性物质对运营期造成的辐射污染等风险因素的全面评估,并制定详细的管理流程与控制防护技术规定。

④施工阶段完善用工管理制度,规范分包行为,建立协调机制,加强文明施工,以及宣传、解释、舆论引导工作。

⑤施工阶段应结合工程建设工期及进度安排,开展工程施工组织设计及技术方案风险评估。

⑥施工阶段应建立现场风险管理制度及组织机构,完善现场施工安全防范措施,储备抢险物资。

⑦施工阶段应加强从业人员的作业技能、安全意识突发事件应对能力等的培训工作。

⑧施工阶段应对作业人员进行风险技术交底,交底应采用书面形式,并保存签认记录。

⑨施工阶段应对已识别风险和其他新出现的风险进行跟踪,并对风险发展的状况进行记录。记录应包括风险识别人员、风险发生区域、发展状态、控制措施、实施人员及风险控制效果等内容。

⑩监控量测、超前地质预报应纳入施工工序管理,并实行信息化施工。

⑪现场施工应建立风险监控和预警预报体系,并符合以下要求:

a. 确定合理的工程监测方案和预警阈值;

b. 确定基于监测结果的风险预警等级;

c. 建立风险预警等级和风险处理措施的对应关系;

d. 发现异常或超过预警阈值,应及时采取风险处理措施。

⑫施工单位应在工程现场进行风险公告,并应包括以下内容:

a. 风险管理实施责任人;

b. 风险因素与风险等级;

c. 风险事件;

d. 风险事件预兆;

e. 风险处置措施;

f. 风险事故预案;

g. 施工人员注意事项。

4.4.6 风险后期评估

①铁路隧道建设工程竣工后应开展风险后期评估。

②风险后期评估应对风险管理工作的效果进行确认和评价,全面总结风险管理过程中的经验教训,形成闭环管理。

③风险后期评估报告应随竣工文件一并交付。

4.5 典型铁路隧道工程事故

4.5.1 隧道塌方

截至2019年底,中国铁路营业里程达13.9万km。其中投入运营的铁路隧道16084座,总长18401km。2019年新增开通运营线路铁路隧道967座,总长1710km。其中,长度10km以上的特长隧道27座,总长369km。在建铁路隧道2950座,总长6419km。在规划中的铁路隧道6395座,总长16326km。与其他工程设施相比,隧道工程所受外界环境地质影响大,所处的岩土施工环境复杂,建设工程充满不确定性,对技术要求及管理水平的要求高,加之我国在隧道工程施工风险管理方面研究时间较短,管理人员对隧道风险管理的重要性意识不强,对隧道风险管理不重视的主观原因,导致了在隧道工程建设过程中事故频发。

塌方是常见的隧道风险事故之一。塌方的发生是多因素共同作用的结果,主要影响因素有:

(1)自然因素

降水量过大,尤其是雨季持续性的强降水,导致排水系统崩溃,大量雨水渗入地层对围岩的稳定性产生不利影响。

地震对于深埋隧道而言影响不是太大,浅埋隧道受地震的影响就比较大。地震荷载加上不良地质对隧道的衬砌结构造成的破坏可能是毁灭性的。

(2)不良的水文地质条件

由于地质条件的复杂多变,地下工程难免会通过褶皱构造、断层、节理裂隙发育的地方产生塌方。由于围岩本身不稳定导致结构内部松散,节理面有泥质物及岩屑填充。遇到较高水压富水洞段,地下水向洞室内漏出,淘空了断层构造带中破碎岩体和充填物,以及由于岩层产状不利或因岩爆等诸多地质原因而产生不同程度的塌方。

(3)勘察设计因素

勘察程度不足,地质勘探不够详细清楚,导致设计出现偏差;资料收集不齐全,导致所用参数与实际不符,设计参数选取不合理。

(4)施工因素

支护强度不够、爆破振动过大、防排水措施不力、开挖进尺不当、支护背后存在空洞、钢拱架未坐落在坚实的基础上等施工技术问题,对塌方起到不可忽略的诱发作用。诱发隧道塌方的施工因素还有:施工方法与地质条件不适应;工序间距安排不当,进度安排不合理;监控量测、地质预报等信息更新不及时,等等。

[**工程事故**] 2011年4月19日,小平羌隧道发生了严重的坍塌事故,事故导致初期支护的工22型钢拱架及喷浆作业台架被砸垮,12名作业人员全部被埋入坍塌体中,在抢险救援过程中连续发生坍方,抢险工作被迫停止。经事故现场勘察,坍塌范围里程为DK349+035~DK349+050,距离地表深度100~110m。坍塌岩石块体约400m^3(最大块径约1m左右),塌腔高8~10m。直接经济损失约908万元。

事故现场如图4-5所示。

a)

b)

图4-5 事故现场图

经分析造成这次突水突泥事故的主要原因如下：

①小平羌隧道岩层倾角较陡,节理发育,岩体破碎,岩层的层间结合力较差,加之小平羌隧道洞顶地表冻土冬春后开始融化,冰雪融水下渗软化软弱结构面,致使围岩抗剪强度降低,是该起事故发生的潜在客观因素。

②施工单位在4月4日塌方后,依"四方"商定的会议纪要作为技术交底内容,未单独编制塌方处理方案且未向监理单位报验,已塌方段施工处理缓慢,在4月5日至4月19日仅完成初期支护,未及时对上部空腔进行压注水泥砂浆回填处理,没有形成有效抵抗塌方冲击荷载的结构体系。

③由于4月4日塌方处理施工进度缓慢,拱顶空腔围岩临空暴露过久,引起围岩松动、风化,导致上部围岩抗剪强度进一步降低,引起岩体失稳,导致DK349+055~DK349+035段拱顶围岩发生整体坍塌。

4.5.2 突水突泥

隧道工程快速建设的同时,也存在着诸多重大安全和技术难题。隧道工程施工中经常会遇到多种复杂的地质条件,经常穿越断层破碎带、软弱地层、溶洞、暗河等不良地质发育段落,导致工程建设过程中往往遭遇突水突泥等重大灾害,严重威胁了隧道的施工安全。事故一旦发生,轻则造成工期延误,重则造成人员伤亡和经济损失。广邻高速公路华蓥山隧道、渝怀铁路、武隆隧道、城黔公路通渝隧道、宜万铁路、云雾山隧道、马鹿箐隧道、齐岳山隧道等在隧道施工过程中,均多次发生突水突泥事故。在已发生的重大隧道施工灾害中,突水突泥在发生次数、经济损失、人员伤亡等方面均居于前列。突水突泥灾害的发生不仅严重影响隧道工程的施工工期,同时也会造成隧道中重大施工设备的机械损坏,造成巨大的经济损失。

突水突泥主要受三种因素的影响:水文地质条件、监控测量信息、施工因素。

水文地质条件是突水突泥风险的物质基础与孕险条件,是突水突泥风险的决定性因素。

监控量测信息是隧道施工中对围岩、地表、支护结构的变形、稳定状态和对工程与水文地质条件等周边环境动态进行的经常性观察与量测工作,是施工工艺流程中的一道重要工序,能够动态反映隧道围岩与支护的变形、应力等动态信息,可为施工方案优化、变更设计等提供指导,也可为突水突泥灾害防治提供重要的前兆信息,是隧道信息化施工与灾害控制的重要信息。

施工因素是风险的诱导因子,未施作超前地质预报与监控量测,或预报与监测方案不合理、数据解译人水平低、数据分析结论准确度低、设备不能满足施工要求、管理混乱、未能充分发挥预报与监测作用等,导致施工人员对地质认识不清,采用了错误的施工方案而造成工程事故;或由于开挖支护方案与工法不适于隧道施工地质情况,人员技术熟练程度低,设备陈旧,欠缺有效的施工组织管理,支护不及时、强度不够等而产生塌方、掉块、涌泥等风险事故。这些均是风险事故的致险因子。

[**工程事故**] 2019 年“8.5”日 1:00 左右,宜万铁路野三关隧道 I 线 DK124 + 602 在掌子面爆破后,在出渣过程中发生了突水突泥事故,一个半小时突水量 15.1 万 m^3,泥石量 5.35m^3,造成 52 名施工人员被困。30t 的载重机被冲走 80m,50t 重的喷浆车被冲走 50m。涌水持续半个小时后才有所减小,隧道斜井喇叭口处淤泥厚达 2m。最终导致 10 人死亡。

事故现场如图 4-6 所示。

a)

b)

图 4-6 事故现场图

经分析造成这次突水突泥事故的主要原因如下:

①由于连续的强降雨,造成事故地段地表水与地下岩腔及断层水系连通,并存在大容量承压水体,地质构造复杂。

②地质勘探工作不充分,认识水平能力有限,未能及时发现不明承压水体。

③施工过程中,对岩层变化及实测出主要发育的岩溶裂隙水超压先兆分析判断不够,未能采取有效措施。

4.5.3 瓦斯

由于我国煤炭和天然气分布广泛,随着我国铁路和高速公路的迅速发展,大量修建的隧道将不可避免地穿越含瓦斯地层,施工过程中遭遇瓦斯的情况越来越频繁,瓦斯隧道出现事故灾害的情况也越来越多,这对隧道工程建设和施工人员安全构成了极大的威胁。近些年,国内拟建或在建隧道出现越来越多的瓦斯隧道。据不完全统计,新中国成立至 2000 年,我国修建的瓦斯数量为 20 座,约占全国隧道建设总量的 0.2%,2000—2016 年,我国在建或拟建瓦斯隧道约 150 座,其中长度超过 3km 的特长大瓦斯隧道占比近 50%。特长大瓦斯隧道不仅穿越地质复杂,技术要求高,建设难度大,而且作业环境狭隘、空气质量差、安全要求高,对于现有的设计与施工,都提出更高的要求。

瓦斯并不是一种气体而是各种有害气体的统称,其主要成分是甲烷,包括甲烷(CH)、一氧化碳(CO)和二氧化碳(CO_2)等。瓦斯具有无色、无味等特性。在标准状态下,瓦斯的密度和相对密度都已知，分别为0.7168kg/m³和0.554kg/m³。由于瓦斯质量较小，往往容易分布在巷道的顶部、上山掘进面及顶板冒落空洞中。瓦斯自身无毒，但不能供给人类呼吸；瓦斯不可以助燃，但与空气中的氧气相互混合，遇到高温火源易发生引燃、爆炸等事故。

在瓦斯隧道施工中一旦发生瓦斯事故，不仅会延误工期，造成严重经济损失，还会直接对施工人员的生命造成严重威胁，造成恶劣的社会影响。瓦斯事故的发生主要与地质勘察和超前地质预报的准确性、瓦斯溢出部位准确性、开挖方法正确性、瓦斯积聚情况等相关。

［**工程事故**］　2005年12月22日14:40，四川省都江堰至汶川高速公路董家山右线隧道发生特别重大瓦斯爆炸事故，造成44人死亡，11人受伤，直接经济损失2035万元。

事故现场如图4-7所示。

图4-7　事故现场图

经分析造成这次瓦斯事故的主要原因如下。

直接原因：

掌子面处塌方导致瓦斯异常涌出，刚好隧道里有电路短路产生了火花，引起瓦斯爆炸。

根本原因：

施工中安全治理混乱；透风治理不善；检查人员工作不到位；监理单位未履行好职责。

勘察设计对涉及施工安全的瓦斯异常涌出熟悉不足，防范措施不到位。

4.6　铁路交通地下工程风险管理案例

4.6.1　编制依据

相关的国家和行业标准、规范及规定如下：

①《铁路基本建设项目预可行性研究、可行性研究和设计文件编制办法》。

②《铁路隧道设计施工有关标准补充规定》。

③《铁路隧道风险评估与管理暂行规定》。

④《铁路隧道设计规范》（TB 10003—2005）。

⑤《地下工程防水技术规范》（GB 50108—2008）。

⑥《铁路隧道防排水施工技术指南》（TZ 331—2009）。

⑦《铁路隧道辅助坑道技术规范》（TBJ 10109—95）。

⑧《铁路隧道监控量测技术规程》（TB 10121—2007）。

⑨《混凝土结构耐久性设计规范》(GB/T 50476—2008)。

⑩《铁路混凝土结构耐久性设计暂行规定》。

⑪《铁路工程施工安全技术规程》(TB 10401.1—2003)。

⑫《铁路工程建设项目水土保持方案技术标准》(TB 10503—2005)。

⑬《铁路工程抗震设计规范》(GB 50111—2006)。

4.6.2 风险评估

4.6.2.1 初步设计阶段及施工图阶段

该阶段风险评估以定性、半定量为主,结合现有统计数据及现行规范、规定,通过工程类比进行。评估方法以专家调查法为主,根据已掌握的勘测、设计资料,分析确定各风险因素可能导致的风险事件的概率大小和后果严重程度。

在综合考虑了地形地质条件、勘测、设计有关资料后,根据《铁路隧道风险评估与管理暂行规定》,将各种风险因素导致相应事故发生的概率及后果分别用1~5五个数值来表示。其中,概率等级1~5分别代表“很不可能”“不可能”“偶然”“可能”“很可能”,后果等级1~5分别代表“轻微的”“较大的”“严重的”“很严重的”“灾难性的”;并定义概率及后果的估值的乘积为风险指数,风险分级标准将风险指数分为极高(Ⅰ级)、高度(Ⅱ级)、中度(Ⅲ级)、低度(Ⅳ级)四个等级。

按照不同的等级确定风险接受准则,《铁路隧道风险评估与管理暂行规定》中推荐的风险接受准则见表4-19。

风险接受准则表　　表4-19

风险等级	接受准则	处理措施
低度	可忽略	此类风险较小,不需采取风险处理措施和监测
中度	可接受	此类风险次之,一般不需采取风险处理措施,但需予以监测
高度	不期望	此类风险较大,必须采取风险处理措施降低风险并加强监测,且满足降低风险的成本不高于风险发生后的损失
极高	不可接受	此类风险最大,必须高度重视并规避;否则要不惜代价将风险至少降低到期望的程度

1)工程概况

隧道为单洞双线隧道。隧道纵坡为15‰的上坡和9‰的下坡构成的人字坡,变坡点里程为DK891+700。隧道进口里程为DK888+376,出口里程为DK896+376,隧道全长8000m,隧道最大埋深约565m。

隧道位于云贵高原侵蚀构造中低山区,区内地形总体为北高南低。隧道洞身穿越区域主要以三叠系下统飞仙关(T_1f)砂岩、泥岩为主,少部分段落为碳酸盐岩分布。山体两侧及隧道出口坡度较陡,自然斜坡陡峻,坡角达25°~50°,个别地段形成陡崖,常为地下水的集中排泄和地表冲沟源头。隧道南侧位岩溶地貌,地表串珠状分布有溶蚀洼地、落水洞、竖井等岩溶形态。

为加快施工进度,解决施工通风及运营期间排水问题,结合地形、地质条件,辅助坑道模式为“一平一横”。在DK890+100线路前进方向的右侧设置横洞(全长330m)。在隧道出口端线路前进方向的左侧 30m 位置,平行于正洞设置出口平导(全长 1000m)。根据本线工期安排,本隧道控制工期为 55 个月。

2)地层岩性

隧道区基岩大多裸露,为三叠系下统永宁镇组第三、四段(T_1yn^{3+4})、永宁镇组二段(T_1yn^2)、永宁镇组一段(T_1yn^1)、三叠系下统飞仙关组(T_1f)、二叠系上统长兴组(P_2c),隧道进口及缓坡地带有少量覆土。地层由新到老分述如下:

〔4-3〕粉质黏土(Q_4^{dl+pl}):灰黄色、灰褐色、棕黄色、黄褐色等,硬塑状,主要分布在低洼的槽谷、洼地等地。

〔6-4〕粉质黏土(Q_4^{dl+el}):主要分布在地形坡度较缓的斜坡之上,为黏土、粉质黏土、角砾土组成。黏土多呈硬塑状,角砾土多呈松散至中密。

〔28-3〕泥质白云岩、白云岩、灰岩(T_1yn^{3+4}):上部为灰、黄灰色薄至中厚层状泥质白云岩、白云岩、角砾状白云岩;下部由灰、浅灰色中厚层至块状灰岩及深灰色泥质灰岩组成。

〔29-1〕泥岩、泥质白云岩(T_1yn^2):紫红、黄绿色砂质泥岩、钙质泥岩与泥灰岩、灰岩、泥晶白云岩、具盐类假晶溶塌角砾岩不等厚互层。

〔29-2〕灰岩、泥灰岩(T_1yn^1):岩性浅灰~深灰色薄至厚层块状灰岩,夹薄层泥灰岩。

〔32-1〕砂岩夹泥岩(T_1f):上部为紫红、灰绿色薄至中厚层条带状长石砂岩及岩屑长石砂岩及黏土岩。下部为灰绿色细砂岩、粉砂岩、凝灰质粉砂岩、黏土岩,全风化至弱风化。

〔36-1〕黏土岩夹泥灰岩(P_2c):岩性为深灰色黏土岩夹泥灰岩、粉砂岩及硅质岩,强风化到弱风化。

3)地质构造及地震动参数

隧址区主体构造为坡头上向斜西端,该向斜位于旋扭构造变形区。区内构造以北东南西向断裂为主,主要断裂与褶皱为同期形成,与山体走向大致相同。

(1)木城断层

木城断层发育于 T_1f 至 $P_2\beta$ 地层中,走向北东向,错开了上二叠统到下三叠统飞仙关组的各地层。隧道轴线上断层两盘均为三叠系下统飞仙关组泥岩、砂岩。断层总体向北西向倾斜。断层与隧道洞身相交于 DK888+440 左右,交角为 42°。

(2)四寨断层

四寨断层为一平移断层,分布于坡头上向斜北西翼,发育于 T_2f 至 T_1yn^{3+4} 地层中,走向北东向,东盘向南西推移,西盘向北东推移,水平推移 166~425m,与地层走向小角度相交,倾向为 N55°~60°W,倾角 65°~85°。南东盘岩层产状 N55~85E/80°,断层附近有一定变化。断层与隧道洞身相交于 DK890+690 左右,交角为 22°。

(3)节理

隧址区受断层和褶曲等地质构造影响较严重,节理裂隙发育。

根据《中国地震动参数区划图》(GB 18306—2001)划定,测区地震动峰值加速度为 $0.05g$,地震动反应谱特征周期为 0.45s。

4)水文地质

(1)地表水

测区地表水以槽谷内小河水、山间沟水为主,主要以季节性水流为主。

(2)地下水

本区地下水类型主要为第四系松散土层孔隙水、基岩裂隙水、碳酸盐岩岩溶水。

①松散堆积层孔隙水。

主要分布于常年有水的宽缓沟槽中,岩性为第四系冲洪积成因的松散~中密的卵石土,主要受大气降水补给,水位和水量季节性变化显著,水量一般较小。

②基岩裂隙水。

主要分布于二叠系上统龙潭、长兴组和三叠系飞仙关组页岩夹泥质粉砂岩地层中,为相对隔水层。但丰水期其水量可能会明显增大。

此外,区内还有构造裂隙水,主要分布于断层破碎带中,其岩体破碎、构造裂隙发育,形成了有利于地下水运移的通道。

③碳酸盐岩岩溶水。

隧址内岩溶含水层有三叠系中统杨柳井组(T_2y)、关岭组(T_2g^2)、三叠系下统永宁镇一段(T_1yn^1)、永宁镇三四段(T_1yn^{3+4})地层的灰岩、白云岩、泥质白云岩等。根据地表岩溶形态分析,该含水层属于岩溶强烈~中等发育含水层,主要接受大气降水补给。溶蚀现象以地表岩溶溶蚀洼地、落水洞、溶洞等溶蚀现象为特征。

(3)地下水的补给、径流、排泄

隧址区地处亚热带,降水充沛,桌状山体高原表面地势较为平坦,可溶岩分布面积大,溶蚀槽谷、洼地、漏斗等现象发育。其地下水补给主要为大气降水。

①补给。

隧址区内大气降水补给是主要的补给形式。本区的降水特点是雨量大、雨时短、雨期集中,加之地形坡度较大,沟谷发育,切割较深,整体上不利于对地下水的补给。

②径流和排泄。

在碳酸盐岩内,其径流途径主要是各种溶蚀空间,地下水相对集中,但其途径的畅通与否还取决于碳酸盐岩区四周的开放程度。

岩溶水系统分为三个一级单元:光照河系统Ⅰ、岔河系统Ⅱ和西泌河系统Ⅲ。

(4)水化学特征

隧址区主要地下水类型为 $HCO^{3-}-Ca^{2+}$、HCO^{3-}、$SO_4^{2-}-Ca^{2+}$、$HCO^{3-}-Ca^{2+}$、Mg^{2+}、$SO_4^{2-}-Ca^{2+}$。在环境作用类别为化学腐蚀环境时,地下水对混凝土结构具有弱硫酸型酸和弱苛性碱腐蚀、对混凝土中的钢筋具有弱腐蚀性,腐蚀等级为 H_2。

(5)隧道涌水量预测

本隧道预测正常涌水量 $Q_{正}=26200m^3/d$,预测最大涌水量 $Q_{最大}=52400m^3/d$。

5)不良地质及特殊岩土

不良地质现象为岩溶及岩溶水、危岩落石、断层破碎带,分述如下:

(1)岩溶及岩溶水

隧道可溶岩地层为三叠系下统永宁镇组第三、四段(T_1yn^{3+4})、永宁镇组一段(T_1yn^1),且属于岩溶强烈发育地层。碳酸盐岩地层中浅部有较多的岩溶洞穴,多为垂直发育,地表岩溶形态主要为溶沟、溶槽、石芽、溶洞、溶蚀裂隙。隧道存在可溶岩与非可溶岩接触带。岩溶及岩溶水对隧道影响较大,会遇到大型岩溶管道及溶洞,易发生突水突泥现象。

(2)危岩落石

隧道出口地形较陡峻,出露地层为永宁镇组三四段(T_1yn^{3+4})灰岩、白云岩。隧道出口上方存在零星危岩落石,落石大小、数量和发生时间无一定的规律。

(3)地应力及岩爆

隧道区构造线方向主要呈NE—SW向,推断该段最大水平应力方向为NW—SE向,线路方向与最大水平应力方向小角度相交,对隧道的建设有利。隧道中段埋深大,地应力相对较高,其地层为三叠系下统飞仙关组(T_1f)泥岩、砂岩,在高地应力作用下易产生变形。

本隧道为岩溶隧道,可溶岩长度共2386m,占全隧道总长度30%。其中,岩溶属于强烈发育段的长度共1853m,占全隧道总长度23%。隧道可能在可溶岩地段发生突水突泥。可能在木城断裂带发生塌方。本隧道各级围岩级别及所占比例如图4-8所示。

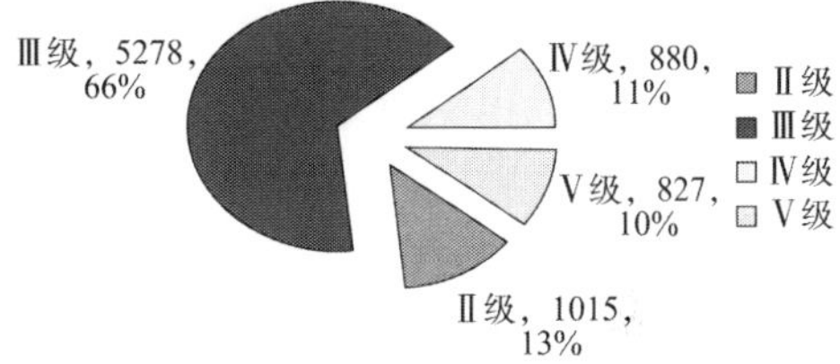

图4-8 隧道各级围岩级别及所占比例

4.6.2.2 隧道风险分析

根据本阶段工程地质概况可知,隧道存在的主要风险类型有突水突泥、塌方、岩爆、软岩大变形和危岩落石风险。对隧道中各段落中存在的风险因素及可能发生的典型风险事件进行分析,具体如下。

隧道进、出口段地形陡峭,施工中可能发生洞口塌方风险。另外隧道出口处存在零星的危岩落石,施工和运营中有危岩落石的风险。

DK888+386~DK888+581段,本段主要穿越砂岩夹泥岩,围岩级别为Ⅴ级。另外,本段穿过木城断层。评估认为,该段塌方的初始风险高,突水突泥的初始风险高。

DK891+201~DK891+241段,本段主要穿越砂岩夹泥岩,该段属于Ⅴ级浅埋段且地表有一小河沟。评估认为,该段塌方的初始风险高,突水突泥的初始风险一般。

DK893+935~DK894+010段,本段主要穿越砂岩夹泥岩和灰岩、泥灰岩交接的可溶岩与非可溶解接触带,围岩级别为Ⅴ级。另外,本段隧道埋深均介于300~500m之间,考虑到围岩级别为Ⅴ级,岩体可能较为破碎。评估认为,该段塌方的初始风险一般,突水突泥的初始风险极高。

DK894+010~DK894+060段,本段主要穿越灰岩、泥灰岩,围岩级别为Ⅳ级。本段隧道埋深均介于300~500m之间,考虑到围岩级别为Ⅳ级,岩体可能较为破碎,未考虑岩爆的风险。另外,该段属于可溶岩地段,且岩溶发育强烈。评估认为,该段塌方的初始风险一般,突水突泥的初始风险高。

DK894+214~DK895+082段,本段主要穿越灰岩、泥灰岩,围岩级别为Ⅱ级。本段隧道埋深均大于500m,考虑到围岩级别为Ⅱ级,属于较为完整的硬岩。另外,该段属于可溶岩地段,且岩溶发育强烈。评估认为,该段岩爆的初始风险一般,突水突泥的初始风险高。

DK895+082~DK895+157段,本段主要穿越灰岩、泥灰岩和泥岩、泥质白云岩连接的可溶岩与非可溶岩接触带,围岩级别为Ⅴ级。另外,该段岩溶发育强烈,隧道埋深均介于300~500m之间,岩体为软岩,且埋深较大。评估认为,该段塌方、软岩大变形的初始风险一般,突水突泥的初始风险极高。

DK895+157~DK895+651段，本段主要穿越泥岩、泥质白云岩，本段隧道埋深均介于300~500m之间，岩体为软岩，且埋深较大。评估认为，该段存在软岩大变形的风险，但其初始风险一般。

DK895+651~DK895+726段，本段主要穿越泥岩、泥质白云岩和泥质白云岩、白云岩、灰岩的可溶岩与非可溶岩接触带。围岩级别为Ⅴ级。本段隧道埋深均介于300~500m之间，岩体为软岩，且埋深较大。另外，该段属于可溶岩地段，且岩溶发育强烈。评估认为，该段塌方的初始风险一般，突水突泥的初始风险极高。

DK895+726~DK896+270段，本段主要穿越泥质白云岩、白云岩、灰岩。该段属于可溶岩地段，且岩溶发育强烈。评估认为，该段突水突泥的初始风险高。

DK896+270~DK896+365段，本段主要穿越泥质白云岩、白云岩、灰岩。该段属于Ⅴ级浅埋段且岩溶发育强烈。

综上所述，本隧道存在的风险类型有塌方、突水突泥、岩爆、软岩大变形和洞口危岩落石等风险。评估认为，该段塌方和突水突泥的初始风险均较高。塌方风险主要集中在隧道通过断层、岩层溶蚀破碎带以及洞身浅埋等段落。突水突泥风险主要集中在可溶岩地段，尤其在断层破碎带、洞身浅埋且地表有河沟地段、岩溶发育强烈地段尤为突出。

建立隧道风险评估指标体系，见表4-20。

隧道风险评估指标体系　　表4-20

风险因素		风险事件				
		塌方	突水突泥	岩爆	软岩大变形	危岩落石
地形	偏压、浅埋、进口陡峭	★				★
地质	岩性(可溶岩)	★	★	★	★	★
	构造(向斜、断层)	★	★	★	★	
	地下水	★	★	★		
不良地质	岩溶		★			
	高地应力			★	★	
设计情况	常规设计	★	★	★	★	★
	特殊设计	★	★	★	★	★
	监控量测设计	★	★	★	★	★
隧道	断面	★	★	★	★	
	长度	★	★	★	★	
	埋深	★	★	★	★	
辅助坑道	类型		★			
	长度		★			
	位置		★			
	坡度		★			
	断面大小		★			

4.6.2.3　隧道初始风险评价

通过风险分析，对隧道正洞存在的初始风险评价，结果见表4-21。

经评估，本隧道中的主要典型风险事件类型为塌方及突水突泥风险。隧道初始风险等

隧道正洞初始风险等级表 表 4-21

风险段落	长度	塌方			突水突泥			岩爆			大变形			危岩落石		
		概率等级	后果等级	风险等级	概率等级	后果等级	风险等级	概率等级	后果等级	风险等级	概率等级	后果等级	风险等级	概率等级	后果等级	风险等级
隧道进口		1	1	Ⅳ										1	1	Ⅳ
隧道出口		1	2	Ⅳ										3	2	Ⅲ
DK888 +386 ~ DK888 +581	195	3	3	Ⅱ	3	3	Ⅱ	1	1	Ⅳ	1	1	Ⅳ			
DK888 +581 ~ DK888 +651	70	2	2	Ⅲ	1	1	Ⅳ	1	1	Ⅳ	1	1	Ⅳ			
DK888 +651 ~ DK890 +811	2160	2	1	Ⅳ	1	1	Ⅳ	1	1	Ⅳ	1	1	Ⅳ			
DK890 +811 ~ DK891 +201	390	2	2	Ⅲ	1	1	Ⅳ	1	1	Ⅳ	1	1	Ⅳ			
DK891 +201 ~ DK891 +241	40	3	3	Ⅱ	2	2	Ⅲ	1	1	Ⅳ	1	1	Ⅳ			
DK891 +241 ~ DK891 +311	70	2	2	Ⅲ	1	1	Ⅳ	1	1	Ⅳ	1	1	Ⅳ			
DK891 +311 ~ DK891 +820	509	2	1	Ⅳ	1	1	Ⅳ	1	1	Ⅳ	1	1	Ⅳ			
DK891 +820 ~ DK893 +885	2065	2	1	Ⅳ	1	1	Ⅳ	2	2	Ⅲ	1	1	Ⅳ			
DK893 +885 ~ DK893 +935	50	2	2	Ⅲ	1	1	Ⅳ	1	1	Ⅳ	1	1	Ⅳ			
DK893 +935 ~ DK894 +010	75	2	2	Ⅲ	5	5	Ⅰ	1	1	Ⅳ	1	1	Ⅳ			
DK894 +010 ~ DK894 +060	50	2	2	Ⅲ	3	3	Ⅱ	1	1	Ⅳ	1	1	Ⅳ			
DK894 +060 ~ DK894 +214	154	2	1	Ⅳ	3	3	Ⅱ	1	1	Ⅳ	1	1	Ⅳ			
DK894 +214 ~ DK894 +625	411	2	1	Ⅳ	3	3	Ⅱ	2	2	Ⅲ	1	1	Ⅳ			
DK894 +625 ~ DK895 +032	407	2	1	Ⅳ	3	3	Ⅱ	1	1	Ⅳ	1	1	Ⅳ			
DK895 +032 ~ DK895 +082	50	2	2	Ⅲ	3	3	Ⅱ	1	1	Ⅳ	1	1	Ⅳ			
DK895 +082 ~ DK895 +157	75	2	2	Ⅲ	5	5	Ⅰ	1	1	Ⅳ	2	2	Ⅲ			
DK895 +157 ~ DK895 +207	50	2	2	Ⅲ	1	1	Ⅳ	1	1	Ⅳ	2	2	Ⅲ			
DK895 +207 ~ DK895 +601	394	2	1	Ⅳ	1	1	Ⅳ	1	1	Ⅳ	2	2	Ⅲ			
DK895 +601 ~ DK895 +651	50	2	2	Ⅲ	1	1	Ⅳ	1	1	Ⅳ	2	2	Ⅲ			
DK895 +651 ~ DK895 +726	75	2	2	Ⅲ	5	5	Ⅰ	1	1	Ⅳ	2	2	Ⅲ			
DK895 +726 ~ DK895 +776	50	2	2	Ⅲ	3	3	Ⅱ	1	1	Ⅳ	1	1	Ⅳ			
DK895 +776 ~ DK896 +019	243	2	1	Ⅳ	3	3	Ⅱ	1	1	Ⅳ	1	1	Ⅳ			
DK896 +019 ~ DK896 +270	251	2	2	Ⅲ	3	3	Ⅱ	1	1	Ⅳ	1	1	Ⅳ			
DK896 +270 ~ DK896 +365	95	3	3	Ⅱ	3	3	Ⅱ	1	1	Ⅳ	1	1	Ⅳ			

级为极高的有 3 处,高度的有 6 处,具体情况如下:

1)塌方

塌方初始风险等级为高度的有 3 处,分别为:

DK888 +386 ~ DK888 +581 段(穿越木城断层)

DK891 +201 ~ DK891 +241 段(隧道洞身 V 级浅埋段)

DK896 +270 ~ DK896 +365(隧道出口附近 V 级浅埋段)

2)突水突泥

突水突泥初始风险等级为极高有 3 处,分别为:DK893 +935 ~ DK894 +010 段、DK895 +082 ~ DK895 +157 段和 DK895 +651 ~ DK895 +726 段(穿越岩溶强烈发育且为可溶岩与非可溶岩接触带)。

初始风险等级为高度的有 3 处,分别为:DK888 +386 ~ DK888 +581 段(穿越木城断层)、DK888 +386 ~ DK888 +470 段(穿越木城断层)、DK894 +010 ~ DK895 +082 段(穿越岩溶强烈发育段落)、DK895 +726 ~ DK896 +365 段(穿越岩溶强烈发育地段)。

3)岩爆

本隧道初始风险均为中度及以下。

4)软岩大变形

本隧道初始风险均为中度及以下。

5)地表失水

本隧道沿线岩溶发育且附近有几处村庄,隧道施工期间可能会导致地下水水位下降,影响部分村民的生活及生产用水。本隧道该类风险为中度。

6)危岩落石风险

该类风险为中度,位于隧道进口范围。

正洞初始风险比例、风险级别占比分别见图 4-9、表 4-22。

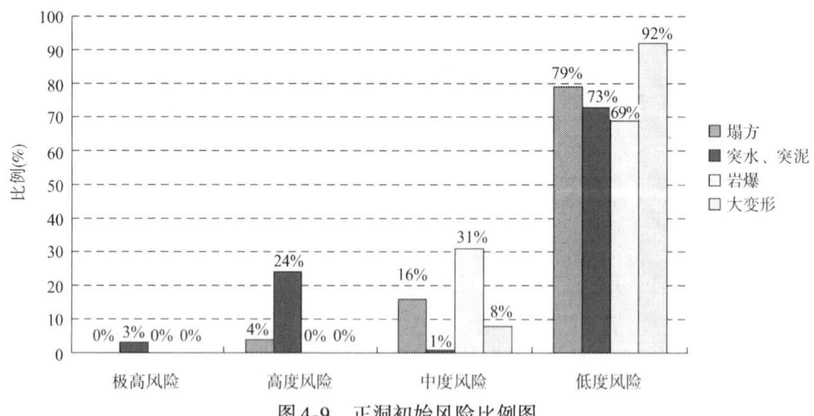

图 4-9 正洞初始风险比例图

风险级别占比(%)统计表

表 4-22

风险名称	风险级别			
	极高风险	高度风险	中度风险	低度风险
塌方	0	4	16	79
突水突泥	3	24	1	73

续上表

风险名称	风险级别			
	极高风险	高度风险	中度风险	低度风险
岩爆	0	0	31	69
大变形	0	0	8	92

4.6.2.4 风险控制措施

由风险分析及初始风险评估结果可知,本隧道岩溶强烈发育的段落较长,突水突泥风险十分明显,全隧道突水突泥风险为高度及以上的段落占隧道总长度的26.7%,塌方风险为高度及以上段落占隧道总长度4.1%。为减缓本隧道中的塌方、突水突泥等风险,降低风险危害程度,本隧道采用以下风险控制措施:

1)塌方处理措施

①针对塌方初始风险较高的段落,施工方法调整为大拱脚台阶法或交叉中隔墙(CRD)法施工,减少一次开挖断面。

②设置超前支护,采用超前小导管或超前锚杆进行预支护,同时对支护及衬砌结构加强,采用型钢钢架加强支护,根据结构受力对二次衬砌进行结构加强,防止塌方事件发生。

③加强超前地质预测预报。对本隧道可溶岩与非可溶岩接触带,断层破碎带采取常规地质法+物探法(TSP203+红外探水+地质雷达等)+超前钻探法(超前钻孔3孔+加深炮眼)开展超前地质预报,其余一般地段采用常规地质法+物探法(地质雷达等)+超前钻探法(加深炮眼)开展超前地质预报,根据预测及预报结果对围岩进行预加固处理。

④施工中加强系统支护监控量测,特别是洞口浅埋段及洞身断层破碎带地段的监控量测,通过监控量测反映的信息指导施工,及时调整初期支护及施作二次衬砌。

2)突水突泥处理措施

①本隧道为岩溶隧道,隧道纵坡采用人字坡,形成顺坡排水条件。全隧共设置1座横洞和1出口平导,一方面起开辟工作面以缩短隧道工期,另一方面横洞和平导还可兼作隧道施工及运营期间排水通道,综合工期等因素全隧道除DK891+700~DK892+838非可溶岩段落采用反坡施工外,其余均顺坡组织施工,避免了在可溶岩地段进行反坡施工。

②采用多种超前预报手段,以地质调查法为基础,以超前钻探法为主,结合多种物探手段进行综合超前地质预报。对本隧道下穿可溶岩与非可溶岩接触带,断层破碎带采取常规地质法+物探法(TSP203+红外探水+地质雷达等)+超前钻探法(超前钻孔3孔+加深炮眼)开展超前地质预报,其余一般地段采用常规地质法+物探法(地质雷达等)+超前钻探法(加深炮眼)开展超前地质预报,根据预测及预报结果对围岩进行预加固处理。

③根据超前地质预测预报的结果,对隧道穿过可溶岩与非可溶岩接触带地段采取超前周边注浆,其他段在施工中根据预测预报结果必要时采用注浆加固处理。

④施工中再根据超前预报结果对地下水处理措施进行优化调整。

3)岩爆处理措施

本隧道埋深较大,地应力较高,且穿越地层以硬质岩为主,施工中存在岩爆的风险,岩爆风险等级为中度及以下。施工中须加强对岩爆征兆的观测,并结合开挖情况,开挖后及时洒水,加强拱部系统锚杆、拱部设置钢筋网等措施,降低岩爆发生的概率和岩爆对工程施工的影响。

施工中根据实际情况，必要时加设应力释放孔。

4）软岩大变形处理措施

本隧道埋深较大，地应力较高，部分段落为软岩，施工中存在软岩大变形的风险，大变形风险等级为中度及以下。施工过程中加强支护措施，并加强监测。

5）地表风险处理措施

根据地勘资料，结合地表村庄分布，对地下水敏感地段按照“以堵为主，控制排放”的原则进行设计。采用超前周边注浆等措施，施工中加强超前地质预报，并加强对前方地下水的探测，同时应加强对地表泉眼、井点的观测。

6）危岩落石风险处理措施

隧道出口地形陡峭且存在零星的危岩落石，施工时先对危岩落石进行清理，降低施工及运营期间危岩落石的风险。

本隧道全长8000m，据本线工期安排，本隧道控制工期为55个月。为加快施工进度，满足工期要求，设置1座出口平导和1座横洞，根据指导性施工组织设计。本隧道土建工程贯通工期为31个月，比控制工期富余9个月，有效降低了工期风险。

4.6.2.5 残留风险评估

在采取了风险控制措施以后，对本隧道中残留的各种风险进行评估。隧道正洞残留风险等级评估结果见表4-23。

正洞中塌方及突水突泥等残留风险统计如图4-10、表4-24所示。

风险级别占比（%）统计表　　表4-23

风险名称	风险级别			
	极高风险	高度风险	中度风险	低度风险
塌方	0	0	4	96
突水突泥	0	0	27	73
岩爆	0	0	0	100
大变形	0	0	0	100

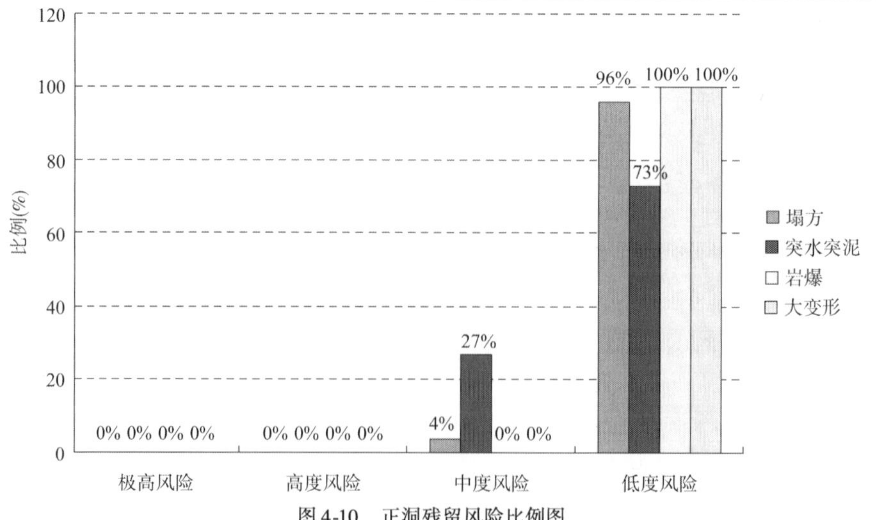

图4-10　正洞残留风险比例图

表 4-24

隧道正洞残留风险等级表

风险段落	长度	塌方			突水突泥			岩爆			大变形			危岩落石		
		概率等级	后果等级	风险等级	概率等级	后果等级	风险等级	概率等级	后果等级	风险等级	概率等级	后果等级	风险等级	概率等级	后果等级	风险等级
隧道进口				Ⅳ										1	1	Ⅳ
隧道出口				Ⅳ										2	1	Ⅳ
DK888 +386 ~ DK888 +581	195	2	2	Ⅲ	2	2	Ⅲ									
DK888 +581 ~ DK888 +651	70	1	1	Ⅳ												
DK888 +651 ~ DK890 +811	2160															
DK890 +811 ~ DK891 +201	390	1	1	Ⅳ												
DK891 +201 ~ DK891 +241	40	2	2	Ⅲ	1	1	Ⅳ									
DK891 +241 ~ DK891 +311	70	1	1	Ⅳ												
DK891 +311 ~ DK891 +820	509															
DK891 +820 ~ DK893 +885	2065							1	1	Ⅳ						
DK893 +885 ~ DK893 +935	50	1	1	Ⅳ												
DK893 +935 ~ DK894 +010	75	1	1	Ⅳ	3	2	Ⅲ									
DK894 +010 ~ DK894 +060	50	1	1	Ⅳ	2	2	Ⅲ									
DK894 +060 ~ DK894 +214	154				2	2	Ⅲ									
DK894 +214 ~ DK894 +625	411				2	2	Ⅲ	1	1	Ⅳ						
DK894 +625 ~ DK895 +032	407				2	2	Ⅲ									
DK895 +032 ~ DK895 +082	50	1	1	Ⅳ	2	2	Ⅲ									
DK895 +082 ~ DK895 +157	75	1	1	Ⅳ	3	2	Ⅲ				1	1	Ⅳ			
DK895 +157 ~ DK895 +207	50	1	1	Ⅳ							1	1	Ⅳ			
DK895 +207 ~ DK895 +601	394										1	1	Ⅳ			
DK895 +601 ~ DK895 +651	50	1	1	Ⅳ							1	1	Ⅳ			
DK895 +651 ~ DK895 +726	75	1	1	Ⅳ	3	2	Ⅲ				1	1	Ⅳ			
DK895 +726 ~ DK895 +776	50	1	1	Ⅳ	2	2	Ⅲ									
DK895 +776 ~ DK896 +019	243				2	2	Ⅲ									
DK896 +019 ~ DK896 +270	251	1	1	Ⅳ	2	2	Ⅲ									
DK896 +270 ~ DK896 +365	95	2	2	Ⅲ	2	2	Ⅲ									

由图 4-10 可以看出,正洞残留风险中已不存在高度风险,正洞的塌方风险、突水突泥等风险均能降至中度及以下。

4.6.3 评估结论

结合初步设计阶段及施工图阶段工程地资料和相关设计文件,对隧道进行风险评估,得出如下结论:

(1)该隧道地质条件复杂,地质构造频繁,岩性以可溶岩为主,隧道设计难度较大,以目前的地质资料所反映的情况来看,本隧道中存在有风险等级为高度以上的初始风险,以塌方和突水突泥风险尤为突出。全隧有 3 处极高初始风险,3 处均为突水突泥风险极高段落,3 处均穿越岩溶强烈发育且为可溶岩与非可溶岩接触带地段;全隧高度初始风险共 6 处,其中突水突泥和塌方为高度初始风险的各有 3 段,塌方高度风险主要集中在断层破碎带和浅埋段,突水突泥高度风险主要集中在岩溶强烈发育地段。

(2)在本阶段地质资料基础上,在兼顾了投资和工期的前提下,针对各种风险均采用合理措施,以有效降低隧道中各种风险等级,残留风险等级均已降至中度以下,为可接受范围。

(3)下阶段工作建议。

针对本阶段残留的塌方、突水突泥等风险,在下阶段应有针对性地加深地质勘探工作及调查工作。

针对塌方风险(主要在断层破碎带及浅埋段中),须对隧道穿越的断层破碎带位置、影响范围、围岩产状、岩石破碎程度进行进一步调查,重点查明各断层破碎带与隧道之间的关系,以及是否还存在其他不利于工程施工的负面因素等;并在设计中采取针对性措施,将风险进一步降低。

针对突水突泥风险(主要在断层破碎带、可溶岩与非可溶岩接触带且岩溶强烈发育地段),需对可溶岩地层的地下水水位、地下水赋存情况、富水段地质构造等情况进行深入调查,以方便下阶段设计工作。

第 5 章　公路交通地下工程风险管理

5.1　基 本 规 定

5.1.1　总则

1) 风险的定义

“风险”一词早在 17 世纪就已经出现,它来自西班牙的航海术语,意思是指航海时遇上危机或触礁,反映了资本主义早期商贸航行活动中的不确定性因素。随着社会的发展,“风险”这一概念的含义不断得以丰富。

当前,对于风险的概念可以从经济学、管理学、保险学等不同角度去认识。风险常被用于描述人们的财产受损和人员伤亡的危险情景;说明人们从事某项事业面临损失的情景;是人们为获得某种利益和某种成功而甘愿付出的代价等。

曾流行的风险定义:风险是损失的可能性;风险是损失的机会或概率;风险是潜在损失;风险是潜在损失的变化范围与幅度等。虽然风险的说法不统一,但其具有两个基本特征,即不确定性和损失性。

在隧道工程中,风险是指事故发生的可能性(概率)及其损失(后果)的组合。事故,是指可能造成工程发生人员伤亡、伤害、职业病、设备或财产损失、环境影响、经济损失等不利事件,也称为风险事件、风险事故。损失,是指工程建设中任何潜在的或外在的负面影响或不利的后果,包括人员伤亡、经济损失、环境影响、社会影响或其他等。风险具有概率和后果的双重性,风险 R 可用不利事件发生概率 P 和后果或损失程度 C 的函数来表示,即 $R=f(P,C)$。

这一定义不仅确认风险是客观存在的,而且说明其大小也是可以科学度量的。根据定义可知,风险的存在与客观环境有关,与一定的时空条件有关,与人们对某一事件所抱的期望值有关。当这些情况发生变化时,风险也可能发生变化。通常,风险是伴随人类的生存与活动而存在的,若没有人类的生存需要和活动,也就不存在风险。

2) 风险的构成要素

为了进一步理解风险的含义,还必须弄清楚风险的构成要素(风险因素、风险事件、风险损失),以及它们之间的关系。

(1) 风险因素

风险因素是指促使风险事件发生概率(频率)和(或)损失幅度增加的因素,它是风险事故发生的潜在原因,是造成损失的间接的和内在的原因。根据其性质,通常把风险因素分为实质性风险因素、道德风险因素和心理风险因素三类。

实质性风险因素,属于有形因素,指能引起或增加损失机会与损失程度的物质条件。如失灵的车辆制动系统、恶劣的气候、易爆物品等。

道德风险因素，属于无形因素，与人的不正当社会行为和个人的品德修养有关。常常表现为不良企图或恶意行为、故意促使风险事故发生或损失扩大，如不诚实、纵火、勒索、扣押人质谋钱财等。

心理风险因素，也属于无形因素，是指可能引起或增加风险事故发生和发展的人的心理状态方面的原因，如违章作业、一时疏忽造成合同上的漏洞等。心理风险因素偏向于人的无意或疏忽，而道德风险因素强调的是人的故意或恶行。

(2)风险事件

风险事件是指工程中发生的人员伤亡、环境破坏、财产损失、工程经济损失、工期延误等偶然性事件，也称为风险事故。风险事件是直接造成损失或损害的风险条件，它是酿成事故和损失的直接原因和条件。风险事件的发生引起损失的可能性转化为现实的损失，它的可能发生或可能不发生是不确定性的外在表现形式。例如，因水灾中断交通而引起的巨大经济损失，水灾就成为风险事件。因此，风险事件是损失的媒介，它的偶然性是由客观存在的不确定性所决定的。

(3)风险损失

风险损失是指非预期的不利后果，包括人员伤亡、环境破坏、财产损失、工程经济损失、工期延误等直接或间接损失。风险控制与管理中的损失不同于一般损失，它是风险的结果，是风险承担者不愿看到的后果，是指非故意的、非计划的和非预期的经济价值的减少。这种损失分为直接损失和间接损失两种：直接损失是指实质性的经济价值的减少，是可以观察、计量和测定的；间接损失是由直接损失引起的破坏事实，一般是指额外的费用损失、收入的减少和责任的追究。例如，由于机器损坏导致生产线的中断所引起的直接损失是机器的价值和产出的减少，而因未能按期交货而引起客户索赔及造成订单减少，就是间接损失。

(4)风险要素之间的关系

风险因素、风险事件和风险损失三者之间是紧密相关的。风险因素引发风险事件，风险事件导致损失，产生实际结果与预期结果的差异，这就是风险。

风险的构成要素也称为风险属性，包括风险因素、风险事故和风险损失。风险属性关系如图 5-1 所示，即由于潜在的风险因素导致发生风险事故，从而导致承险体发生损失。

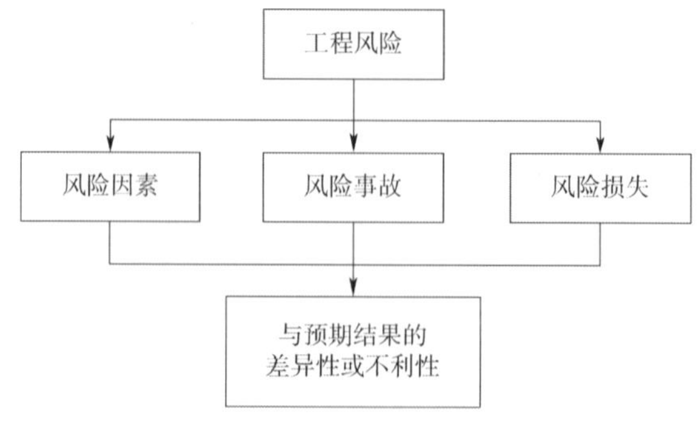

图 5-1　风险属性关系图

承险体是指遭受或承担风险损失的具体对象。风险一旦发生必然导致不良后果，工程风险具有不确定性、可度量性、相对性和可变性等特点。

5.1.2 风险管理概述

1)风险管理的定义

风险管理是人类在不断追求安全与幸福的过程中,结合历史经验和近代科技成就,研究风险发生规律和风险控制技术的一门新兴管理学科。

隧道工程风险管理是指工程建设参与各方(包括建设单位、勘察单位、咨询单位、设计单位、施工单位、监理单位、监测单位等),通过风险界定、风险辨识、风险估计、风险评价、风险处理和风险监测等,优化组合各种风险管理技术,对工程实施有效风险控制和妥善的跟踪处理,以求减少风险的影响,以较低的合理成本,获得最大安全保障的管理行为。

它的目标应是在安全可靠、经济合理、技术可行的前提下,把隧道工程设计潜在的各类风险降到尽可能低的水平,以获得最大程度的建设安全与优质的工程质量,控制工程建设投资,降低经济损失或人员伤亡,保障工程建设工期,提高风险管理效益。

风险管理的对象、方法和程序等一系列活动都应以选择最佳风险管理技术为中心,保障最佳安全和最佳经营效能并且讲求经济效益,以最低成本进行风险管理以获取最佳效益。风险管理方案的实施是动态过程,管理者必须根据实际情况随时修改管理方案,这样才能达到以最小的成本,实现最大安全保障的目标。

2)风险管理的特点

(1)施工环境差

外部环境,公路隧道多位于深山、水下、市区。内部环境,工作场地狭小,环境恶劣,自然灾害和作业人员健康安全风险大。

(2)地质状况复杂

不良工程水文地质或特殊岩土及隧道埋深条件,导致隧道施工可能遇上各种险情。隧道塌方、涌水突泥风险大。

(3)环境风险大

位于市区时,施工期间会对沿线居民、建筑物、地面交通、商业设施等造成不同程度的影响,第三者风险很大。

(4)不确定性因素多

目前勘测手段所限和地层的不均匀性,导致设计的水文地质条件与实际情况存在差异;施工单位的管理、技术水平导致施工效果存在差别;施工调查的完整性和准确性存在缺陷。

以上特点注定了隧道及地下工程建设有着较高的风险,而且风险管理的难度也比较大。

3)风险管理的工程类型及阶段

(1)风险管理的地下工程类型

我国地下工程包括城市地铁、公路隧道、铁路隧道、水工隧洞、地下洞室、地下停车场等。其中,城市地铁和公路、铁路隧道发展迅猛,所占的比例较大,所涉及的地下工程类型主要包括矿山法隧道、盾构法隧道、明挖法隧道(基坑工程)和掘进机法隧道(TBM 法隧道)、沉管隧道等。

(2)风险管理的建设阶段

矿山法隧道建设期的风险管理应贯彻于整个工程建设全过程,结合我国地下工程建设实际情况,一般按照工程进度可划分为 5 个阶段,包括:规划阶段、工程可行性研究(简称工可)阶段、设计阶段、招投标阶段和施工阶段等。其中,施工阶段的风险较大(可通过层次分析法确定其重要度或权重,体现其在5个阶段中的相对重要性),而施工阶段的风险管理研究更具有代表性和现实意义。

4)风险管理的目标及关系

隧道施工阶段风险管理目标包括安全风险、质量风险、环境风险、工期风险、成本(投资)风险及第三方风险等。地下工程施工过程中,人、机械设备、物料、环境组成了一个生产系统。施工方项目管理的安全目标、成本目标、进度目标、质量目标等是相互制约、相互促进的目标体系,安全问题是其他目标实现的巨大障碍。

由于施工阶段最主要的目标就是顺利施工和保证安全,因此风险管理的重点应放在安全上,以安全风险事故为主要管理目标。同时,安全风险也是管理目标全面实现的基础和关键,安全风险的管理尤其重要,在条件允许时应尽量进行较为全面、系统的风险管理。

(1)施工进度与安全的关系

在项目实施过程中往往由于加快施工进度,而增加"人、材、机"在某一段时间的投入,或者增加每个劳动力的劳动强度和劳动时间。所有这些,都直接或间接地增加了安全控制的难度和安全事故发生的概率,同时也造成工程质量的下降和各种施工成本的增加。把安全管理与施工项目的进度计划结合起来,在项目的进度计划中充分考虑安全管理问题,根据进度计划确定安全管理的对象、措施和目标,从而实现安全管理目标与进度计划同步、协调实施,达到在保证安全的前提下实现进度计划。

(2)安全投入和施工项目成本的关系

安全投入是施工项目工程费的一部分,但它和其他工程费用不同,安全投入也是一种投资,是有投资回报的,安全投入的增加,为施工现场操作人员营造一个良好的安全氛围和工作环境,有助于保证工程质量和加快工程进度,避免处理安全事故而投入费用。

(3)安全管理和工程质量的关系

安全管理好,表现到施工项目中就是施工操作要求严格、规范,工序流程科学、合理,各种交叉作业井然有序,这样,工程质量自然就有保障。我国安全生产的基本方针是"安全第一、预防为主、综合治理"。"安全第一"就是在生产经营活动中,在处理保证安全与生产经营活动中的关系上,要始终把安全放在首要位置,优先考虑从业人员和其他人员的人身安全,实行"安全优先"的原则。在确保安全的前提下,努力实现生产的其他目标。

5)风险管理范围

①对工程自身可能造成经济损失以及意外损坏的风险。工程自身,是指工程的自身结构及附属工程设施。

②工程建设相关人员的安全和健康风险,包括人身伤害、死亡。

③第三方财产损失风险,主要针对邻近既有各类建(构)筑物,尤其注意历史保护性建筑物、地表和地下基础设施的施工风险。

④第三方的人员安全和健康等风险。第三方,是指不参与工程建设,受到工程活动影响的周边区域环境、社会群体及人员等。

⑤周围区域环境风险,包括对土地、水资源、动植物的破坏,以及对空气的污染、电磁辐射、噪声及振动等。

5.1.3　风险管理流程

工程风险管理内容根据不同建设阶段分步实施,隧道安全风险管理内容与过程包括:风险界定或风险计划、风险识别、风险分析、风险评估、风险控制等。风险管理技术部分可以归结为主要由风险识别、风险评估、风险控制三大部分组成。进行隧道动态风险管理的基本流程如图5-2所示。

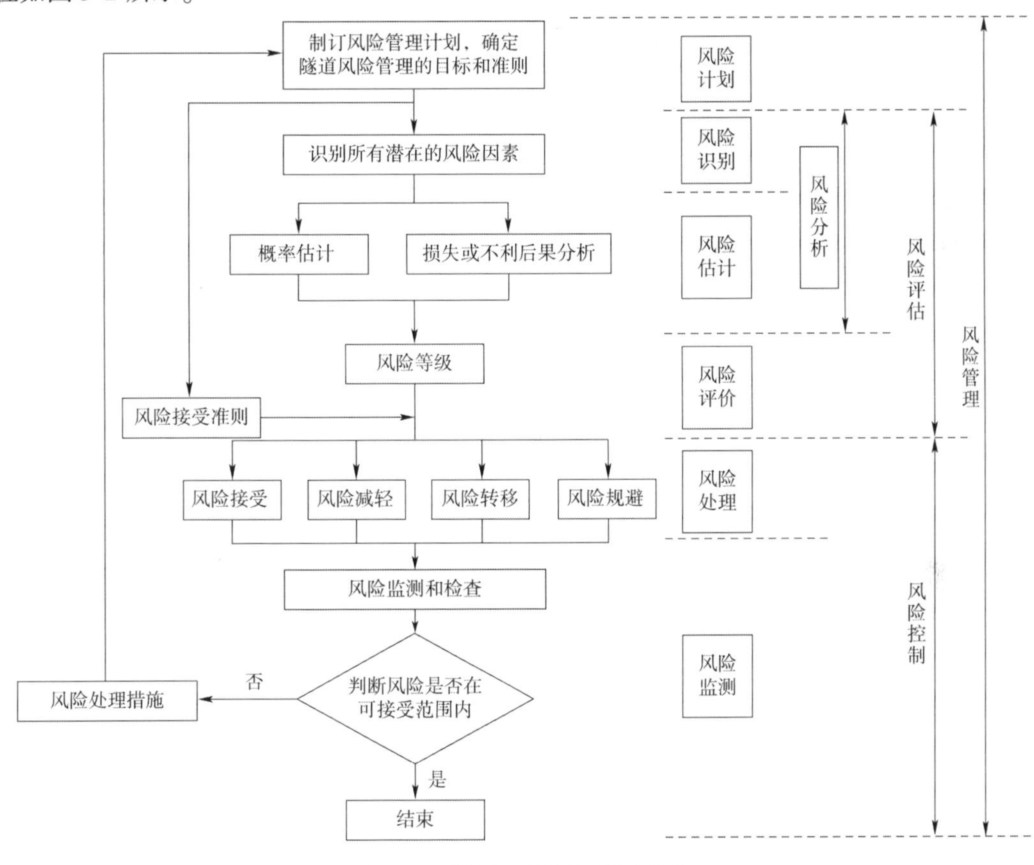

图5-2　隧道动态风险管理基本流程

5.1.4　风险管理内容

1)风险管理计划的制订

工程风险管理计划是工程风险管理组织进行风险管理的重要工具,是全部风险管理过程的基础环节。

施工阶段的风险管理应首先针对工程特点、设计阶段风险评估成果、施工水平和对风险进行再辨识、再评估的基础上等制订风险管理计划。

风险管理计划中明确相关人员及组织机构,制订计划和策略,确定风险评估对象及目标、风险等级标准和接受准则,收集基本资料,提出风险辨识和评价方法等。制订风险管理计划应包括下列内容:

①确定风险目标、原则和策略;

②规定相关报告的内容及格式；

③提出阶段性工作目标、范围、方法与评估标准；

④明确工程参与各方的职责；

⑤组织开展各方自身与相互之间的风险管理及协调工作。

2）风险辨识

风险管理的第二步是风险辨识。工程风险辨识是明确风险辨识对象，选取适当的风险辨识方法，按照一定原则辨识出工程施工环节中可能存在的风险，估计哪些风险可能影响项目的进展，并记录每个风险因素所具有的特点。

风险辨识是一个连续的过程，因为项目建设是一个动态的过程，情况在不断变化，风险因素当然也就不会一成不变，即使某工程进行了一次大规模的风险辨识工作，但在一段时间后，旧的风险可能消失或减少，新的风险可能出现，因此，风险辨识是持续不断的。

3）风险估计

在辨识出工程存在的主要风险后，接下来需要进行工程风险估计，对辨识出来的风险尽可能量化，估算风险事件发生的概率，估计风险后果的大小，确定各风险因素的大小，对风险出现的时间和影响范围进行确认。或者说，风险估计是对个别风险因素及其影响进行量化，并以此为基础形成风险清单。衡量工程风险时，可以采用模糊评估方法，根据风险属性将其定级，以不同的风险级别区分风险大小。

风险因素的发生概率估计分为主观和客观两种。客观的风险估计以历史数据和资料为依据，主观的风险估计无历史数据和资料可参考，而凭借人的经验和判断力，一般情况下这两种估计都要做。

4）风险评价

风险评价就是对各风险事件的后果进行评价，并确定不同风险的严重程度顺序，重点是综合考虑各种风险因素对项目总体目标的影响。确定对风险应该采取的应对措施，同时也要评价各种处理措施可能需要花费的成本，也就是综合考虑风险成本效益。

风险评价方法有定性和定量两种。进行风险评价时，要提出防止、减少、转移或消除风险损失的初步办法，并将其列入风险管理阶段要进一步考虑的各种方法之中。

在实践中，风险辨识、风险估计、风险评价绝非互不相关，而常常是互相重叠，需要反复交替进行。

5）风险处置

在明确了工程所有存在的风险，并估计和评价了风险损失对项目目标的影响程度之后，应该采取一定的风险处置对策来避免风险的发生或减少风险造成的损失。处置工程风险的方法有三大类，即风险回避、风险自留和风险转移。根据工程风险环境的不同，每类工程风险处置方法中的具体处置措施是不同的，工程风险安排方案也是不同的。

6）风险监控

风险因素及风险管理的过程并非一成不变的，随着工程项目的进展和相关措施的实施，影响项目目标的各种因素都会发生变化，只有适时地对风险新的变化进行跟踪，才可能发现新的风险因素，并及时对风险管理计划和措施进行修改和完善。

5.2　施工安全总体风险评估

5.2.1　总体评估思路

公路隧道工程因为自身复杂的特点,导致隧道施工具有很大的难度。公路隧道因其隐蔽性、工程量大、施工复杂性、作业空间受限、地质条件和周围环境复杂等诸多特点,在施工过程中容易发生各类风险事故。随着公路隧道施工技术的广泛应用,复杂的隧道施工技术也对施工人员的技术水平提出了更高的要求,为了规避施工过程中可能发生的风险事故,对其进行施工过程风险评估非常有必要,并采用有效的措施控制风险事故,从而尽可能减少事故发生,把事故产生的损失降到最小。

安全评估的目的是查找、分析和预测工程、系统中存在的危险有害因素及可能导致事故的严重程度,提出合理可行的安全对策措施,指导危险源监控和事故预防,实现最低事故率、最少损失并获得最优的安全投资效益。总体风险评估主要考虑工程建设期可能发生的各类安全事故所对应的风险,特别是重大事故类型。在进行总体风险评估之后,确定总体风险评估的等级,才能确定是否需要再进一步开展专项风险评估。

总体风险评估主要是将隧道工程施工风险进行分级管理,从总体上确定隧道工程项目的风险大小。《公路桥梁和隧道工程施工安全风险评估指南》(以下简称《指南》)对总体风险评估的定义是指开工前根据桥梁或隧道工程的地质环境条件、建设规模、结构特点等孕险环境与致险因子,评估桥梁或隧道工程整体风险,估测其安全风险等级。隧道总体风险评估阶段主要考虑施工期所可能发生的各类安全事故,例如塌方、涌水突泥、瓦斯爆炸、洞口失稳和大变形等风险事故。因此进行总体风险评估时主要考虑隧道所在地点的地质灾害情况、不利气象条件、工程建设规模和工艺复杂度等因素。《指南》推荐采用风险指标体系法进行总体风险评估,即根据隧道工程地质条件、开挖断面、隧道全长、洞口形式和洞口特征等作为评估指标。总体风险等级达到Ⅲ级(高度风险)及以上的项目,因其风险较高,应进行专项风险评估,即针对具体的施工工艺过程进一步详细评估,找出主要风险节点,预先制订风险防控措施。

在实际隧道工程总体风险评估中,应遵循以下思路:

①结合项目实际,遵循《指南》要求,建立评估体系。根据项目提供的资料、地质报告及水文地质条件、施工设计、施工方法和施工工艺,综合实地考察调研,遵循《指南》相关条文要求,从隧道工程开工前的地质环境条件、隧道规模、气候与地形条件等方面建立实际项目的总体风险评估指标体系。

②根据项目情况,参照评估体系,选择合适的分值。评估指标体系中各指标所赋予的分值应结合工程实际,综合考虑各种因素的影响程度而定,数值应取整数。评估指标也可以根据工程实际进行相应的增加或删除。

③建立评估等级,并确定项目的等级。计算得到总体风险值之后,按照风险分级标准确定项目的风险等级。风险等级标准表也应结合工程实际经验,在评估指标进行增加或删减的同时,其风险分级标准也需进行相应的调整。

5.2.2 建立风险评估体系

隧道工程施工安全总体风险评估主要考虑隧道地质条件、建设规模、气候与地形条件等评估指标。评估指标的分类、赋值标准参见表5-1。

隧道工程总体风险评估指标体系　　表5-1

<table>
<tr><th>评估指标</th><th colspan="2">分类</th><th>分值</th><th>说明</th></tr>
<tr><td rowspan="10">地质
$G=a+b+c$</td><td rowspan="4">围岩情况
a</td><td>1. Ⅴ级、Ⅵ级围岩长度占全隧长度70%以上</td><td>4~5</td><td rowspan="10">根据设计文件
和施工实际情况确定</td></tr>
<tr><td>2. Ⅴ级、Ⅵ级围岩长度占全隧长度40%以上、70%以下</td><td>3</td></tr>
<tr><td>3. Ⅴ级、Ⅵ级围岩长度占全隧长度20%以上、40%以下</td><td>2</td></tr>
<tr><td>4. Ⅴ级、Ⅵ级围岩长度占全隧长度20%以下</td><td>1</td></tr>
<tr><td rowspan="3">瓦斯含量
b</td><td>1. 隧道洞身穿越瓦斯地层</td><td>2~3</td></tr>
<tr><td>2. 隧道洞身附近可能存在瓦斯地层</td><td>1</td></tr>
<tr><td>3. 隧道施工区域不会出现瓦斯</td><td>0</td></tr>
<tr><td rowspan="3">富水情况
c</td><td>1. 隧道全程存在可能发生涌水突泥的地质</td><td>2~3</td></tr>
<tr><td>2. 有部分可能发生涌水突泥的地质</td><td>1</td></tr>
<tr><td>3. 无涌水突泥的地质</td><td>0</td></tr>
<tr><td rowspan="4">开挖断面
A</td><td colspan="2">1. 特大断面(单洞四车道隧道)</td><td>4</td><td></td></tr>
<tr><td colspan="2">2. 大断面(单洞三车道隧道)</td><td>3</td><td></td></tr>
<tr><td colspan="2">3. 中断面(单洞双车道隧道)</td><td>2</td><td></td></tr>
<tr><td colspan="2">4. 小断面(单洞单车道隧道)</td><td>1</td><td></td></tr>
<tr><td rowspan="4">隧道全长
L</td><td colspan="2">1. 特长(3000m以上)</td><td>4</td><td></td></tr>
<tr><td colspan="2">2. 长(大于1000m、小于3000m)</td><td>3</td><td></td></tr>
<tr><td colspan="2">3. 中(大于500m、小于1000m)</td><td>2</td><td></td></tr>
<tr><td colspan="2">4. 短(小于500m)</td><td>1</td><td></td></tr>
<tr><td rowspan="3">洞口形式
S</td><td colspan="2">1. 竖井</td><td>3</td><td></td></tr>
<tr><td colspan="2">2. 斜井</td><td>2</td><td></td></tr>
<tr><td colspan="2">3. 水平洞</td><td>1</td><td></td></tr>
<tr><td rowspan="2">洞口特征
C</td><td colspan="2">1. 隧道进口施工困难</td><td>2</td><td rowspan="2">从施工便道难易、
地形特点等考虑</td></tr>
<tr><td colspan="2">2. 隧道进口施工较容易</td><td>1</td></tr>
</table>

注:1. 指标的取值针对单洞。

2. 表中"以上"表示含本数,"以下"表示不含本数,下同。

隧道工程总体风险评估指标包括地质、开挖断面、隧道全长、洞口形式、洞口特征等,各指标和风险的关系说明如下:

(1)地质

地质主要考虑围岩级别、瓦斯含量、富水情况,这些因素是隧道发生坍塌、涌水突泥、瓦斯爆炸等重大事故的主要客观条件。一般来说,整条隧道中Ⅴ级、Ⅵ级围岩所占比例大小是决定隧道围岩稳定性的一个主要因素,因此《指南》将比例大小分别定在20%、40%、70%、70%以上这四个档进行评分。瓦斯含量主要考虑隧道与瓦斯地层的位置关系,分为穿越、附近、不存在三个层次,这里还未考虑隧道里瓦斯的浓度,主要考虑出现瓦斯的可能性。富水情况主要考虑涌水突泥事故存在的地形条件和地质条件。对于隧道上方地表有盆状地形,处于多雪、多雨地带，地表有河谷或河流穿过，且断层较多的火山岩、花岗岩地带，较易形成地表水倒灌。另外，对岩溶地质，砂岩、泥岩相交岩层，带水砂岩层等区域也是涌水突泥事故多发的地质条件。

(2)开挖断面

主要考虑开挖断面的面积大小。《指南》按照公路隧道单洞内车道数的多少划分四个层级。因为隧道挖掘断面越大，遇到不良地质的风险越高，对于隧道坍塌的监测和支护、瓦斯的逸放量以及事故事态扩大的应急处置越不利，因此开挖断面越大风险也越大。

(3)隧道全长

主要考虑隧道单洞的长度。《指南》按照公路隧道相关规范的规定划分四个层级。因为隧道事故的危险性主要受地质条件影响，如果隧道掘进长度变长，则遇到断层、破碎带及涌水的可能性也增加，因此隧道长度越长，风险也越大。

(4)洞口形式

主要是指隧道进出洞的形式，某些长隧道为实现大掘进面施工，开挖了竖井和斜井。竖井和斜井中施工机械、人员、废渣进出困难，工作面狭小，不仅作业难度大，而且应急避难难度也增加。有竖井、斜井时，需要使用升降机等才能逃离，或使用紧急逃生通道，所需的体力和时间较多，因而增大了危险性；相反，水平洞口能比较容易地逃离到洞外安全场所。

(5)洞口特征

当前桥隧相连工程较多，很多隧道进洞口在悬崖峭壁或高边坡上，施工场地布设十分困难，场地的限制增加了安全风险，特别是交叉作业风险较大，同时增大了应急抢险的难度。这个因素主要从施工便道开辟的难易程度、隧道洞口所在的地形特点来考虑赋值。

5.2.3　确定风险等级

根据表5-1建立的风险评估体系指标分值，可以确定风险等级，隧道工程施工安全总体风险大小计算公式为：

$$R = G(A + L + S + C)$$

式中：G——隧道、竖井、斜井周围的地质条件所赋分值；

A——标准的开挖断面所赋分值；

L——隧道入口到出口的长度所赋分值(计算隧道长度时将隧道竖井、斜井长度计算在内)；

S——称为通道的隧道出入口的形式所赋分值；

C——隧道洞口地形条件所赋分值。

评估指标体系中各指标所赋分值应结合工程实际，综合考虑各种因素的影响程度而定，数值取整数。评估指标也可根据工程实际情况进行相应的增加或删除，同时风险分级标准也需进行相应的调整。

计算得到总体风险值 R 后，对照表5-2确定隧道工程施工安全总体风险等级。

隧道工程施工安全总体风险分级标准　　表5-2

风险等级	计算分值 R	风险等级	计算分值 R
Ⅳ级(极高风险)	22分及以上	Ⅱ级(中度风险)	7～13分
Ⅲ级(高度风险)	14～21分	Ⅰ级(低度风险)	0～6分

5.3 施工安全专项风险评估

5.3.1 专项风险评估思路

在总体风险评估完成之后,总体风险等级达到Ⅲ级(高度风险)及以上的项目,存在需要重点评估的风险源。专项评估就是为了对重大风险源进行普查、辨识、分析,并对重大风险源进行估测和控制,以达到降低事故发生和减少损失的目的。

专项风险评估属于微观、细部的评估,立足点是隧道工程的施工区段,分为一般风险源评估、重大风险源评估两部分内容,主要目的是通过风险源辨识、风险分析、风险估测等过程,找出影响事故发生的各个因素,进而提出风险控制的措施。

由于施工中常遇到地质变化、设计变更、队伍改变等重大变化,在发生重大变化时,应及时对变化的内容进行重新评估,完善风险评估内容,从这个意义上来说,专项风险评估属于动态评估。

专项风险评估是针对施工组织设计确定的施工流程中各类风险源进行普查、分析和估测,并结合施工人员和管理情况,对风险进行量化。其基本程序包括风险源普查、辨识、分析,并针对重大风险源进行估测、控制,具体流程如图5-3所示。

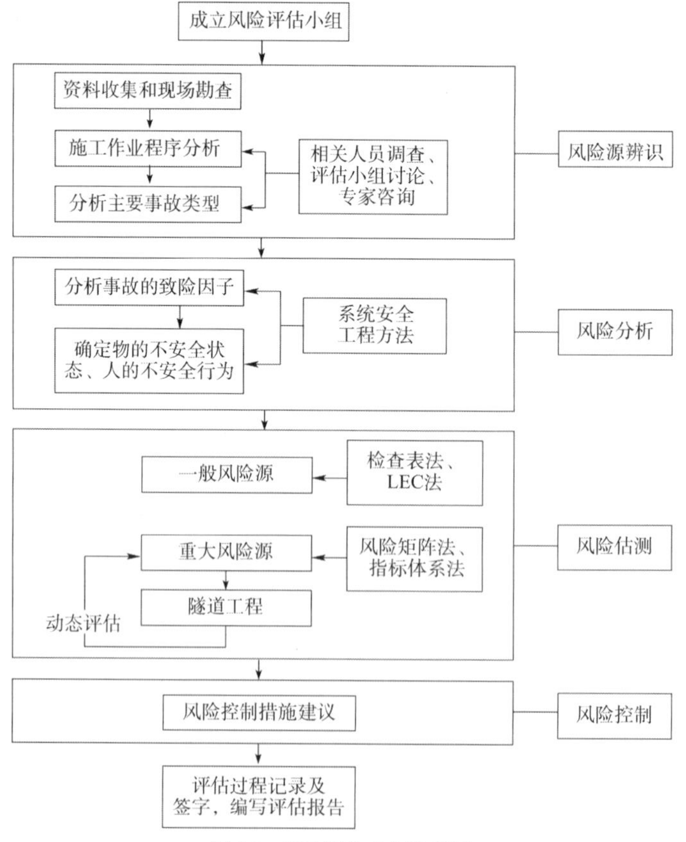

图5-3 风险评估具体流程图

为了确定施工现场安全管理的重点，体现全面覆盖有层次、分重点的安全管理理念，让建设单位、监理单位，施工单位掌握管理范围内的重大风险源的数量、风险等级，为方案论证、安全检查、现场监督提供指导，应该按照以下思路进行专项风险评估：

①按照施工组织设计所确定的施工工法，将某一阶段的施工工序进行分解；

②结合分解的工序作业特点、环境条件、施工组织等因子，辨识施工作业活动中典型事故类型，进行危险源普查，从而建立风险源普查清单；

③用系统安全方法对辨识出的危险源进行定性评估，确定重大风险源；

④选用合适的评估方法，对辨识出的危险源进行定量评估，并对照风险可接受准则，确定相应的风险防控措施。

5.3.2　风险源辨识

隧道工程风险辨识是工程风险管理中比较重要的基础性工作，这一阶段的工作结果直接影响其后的风险分析和处置，因此工程风险管理者应遵循一定的原则做好工程风险辨识工作。

(1)完整性原则

工程风险辨识的完整性原则是指在工程风险计划制订阶段应全面完整地辨识出工程潜伏的风险。为了保证工程风险辨识的完整性，可以采用多种风险辨识方法，从多个角度进行分析和辨识，各种方法之间具有相互补充的作用。多角度的工程风险辨识也可以避免遗漏风险。工程风险辨识可以选取的角度包括时间角度和空间角度等。

工程风险的时间角度是指按照工程施工各个阶段的风险环境、施工特点等因素进行工程风险的辨识。从时间角度看，工程风险辨识主要分为三个阶段，第一阶段是工程施工准备中的风险辨识，第二阶段是工程施工中的风险辨识，第三阶段是工程竣工试运行阶段的风险辨识。

工程风险辨识的空间角度，是指从不同的分部工程或者分项工程辨识工程风险。分部工程是工程的进一步分解，是按照工程的部位和专业性质划分的工程单位，分部工程可以进一步划分为分项工程；分项工程是指按工程、材料、施工工艺等因素划分的工程单位。

总之，多种方法和多个角度变换和交叉的结果有助于全面而无遗漏地辨识工程风险。

(2)系统性原则

工程风险辨识的系统性原则就是要求在工程风险计划的制订阶段，应从工程全局的角度系统地辨识工程风险。工程风险辨识的系统性主要表现为按照工程的内在施工工艺顺序和内在结构关系辨识风险。为了实现系统地辨识工程风险，风险管理人员应深入了解工程设计和施工工艺，清楚工程施工流程和施工进度，按照工程项目施工系统的自然发展过程进行工程风险辨识。

(3)重要性原则

重要性原则是指工程风险辨识应有所侧重，侧重点应放在两个方面：一是风险属性。着力把一些重要的工程风险即期望风险损失较大的风险辨识出来，对于影响较小的风险可以忽略，不必花费太多的时间和人力、物力进行风险分析，这样有利于节约成本，保证工程风险辨识的效率。二是风险载体。那些对整体工程项目都有重要影响的结构和环节，必然是工程风险辨识的重点。

在风险辨识过程中，系统性原则与重要性原则是紧密联系在一起的一对重要的风险辨识原则,在系统性原则的指导下,还应按照重要性原则有所侧重地辨识风险。只有系统性原则和重要性原则相互结合,才能保证风险辨识的效果和效率。

系统性原则保证了风险辨识的效果,而重要性原则保证了工程风险辨识的效率。从工程总体目标来说,工程风险辨识的效率和效果都是必不可少的,不能偏弃任何一方。系统性原则与重要性原则应配合应用,在重要性原则指导下的工程风险辨识必须站在工程项目系统的高度来判断风险或风险载体的重要性,即重要性原则必须以系统性原则为指导,否则从非系统的角度判断重要性可能会造成遗漏一些原本很重要的风险。在系统性原则指导下的工程风险辨识应该在系统辨识风险的同时,有所侧重地把重要的风险载体的风险和一些比较重要的风险辨识出来。

风险源辨识是风险评估的基础,《指南》采用从空间角度进行风险辨识的方法,包括三个步骤:工程资料收集、施工作业程序分解、风险源普查。

1)工程资料收集

风险源辨识前应按照《关于开展公路桥梁和隧道工程施工安全风险评估试行工作的通知》(交质监发〔2011〕217 号)中的要求,先成立评估小组。评估小组负责人应具有类似工程施工经历和 5 年以上的工程管理经验,评估小组成员的专业范围应覆盖隧道工程及安全工程。由评估负责人进行分工,分头开展工作。

评估小组应该先进行现场勘查,收集风险评估相关的基础资料,包括:

①类似工程事故资料;

②本工程相关设计及施工文件资料;

③本工程区域内水文、地质、气候等资料;

④工程可行性研究报告、工程地质勘察报告、初步设计文件、施工图设计文件及工程施工组织设计文件等资料;

⑤工程区域内的建(构)筑物(含管线、民防设施、铁路、公路等)资料;

⑥上阶段风险评估的成果;

⑦其他与风险辨识对象相关的资料。

收集的资料中,有些是勘察设计单位能提供的,有些是施工单位自己编写的,还有一部分是需要协调相关单位提供的(如相关管线、铁路和公路等建筑物、附近其他在建工程的资料)。按照《中华人民共和国建筑法》的相关要求,应由建设单位向施工单位或行业内安全评估机构提供相关资料。类似工程事故资料等其他相关资料应由评估小组自行收集整理。

2)施工作业程序分解

施工作业程序分解重点是把握分解到的层次。施工作业程序分解包括分部工程分项工程及工序(单位)作业划分。可参照现行《公路工程质量检验评定标准》(JTG F80),将公路隧道工程按照单位工程—分部工程—分项工程—工序(单位)作业的层次进行分解,并结合实际工程的施工组织设计文件,明确施工方法、作业程序以及使用的机具和材料等,便于事故辨识。

《指南》中隧道作业程序分解的示例是到单位作业,实际操作也可到分项工程,重点是根据隧道施工难易程度,提出隧道施工容易发生人员伤亡的施工作业。也应同时根据隧道施工的掘进区段,进行施工作业分解,以便找出不同施工区段的重大事故类型。

钻爆法施工的公路隧道工程施工作业程序分解可见表5-3。

公路隧道工程钻爆法施工作业程序分解　　表5-3

分部工程	分项工程	单位作业	作业内容
洞口工程	洞口开挖	清表作业	略
		挖掘作业	
		爆破作业	
		超前管棚	
		支护钢拱架	
		喷射混凝土	
	洞口边仰坡防护	地锚布设	
		混凝土格框施工	
		危石清除	
		截水沟施工	
		边坡植被恢复	
洞身开挖	钻爆作业	人工钻孔/凿岩车钻孔	
		装药与起爆	
		通风	
		危石清除(找顶)	
	洞内运输	装渣	
		无轨运输/有轨运输	
		卸渣	
		爆破器材运输	
洞身衬砌	初期支护	超前支护或超前小导管	
		立拱架	
		铺设钢筋网	
		喷射混凝土	
	二次衬砌	铺设防水层	
		绑扎二次衬砌钢筋	
		浇筑二次衬砌混凝土	
		填充仰拱混凝土	
隧道路面	基层、面层	(沥青)混凝土浇筑	
		养护	
交通工程	交通安全设施	高处作业	
	机电设施	机电设备安装	

3)风险源普查

施工作业程序分解后,通过相关人员调查、评估小组讨论、专家咨询等方式,分析评估单元中可能发生的典型事故类型,并形成风险源普查清单,见表5-4。

隧道工程施工安全风险源普查清单　　表5-4

序号	风险源	判断依据
1	风险源1	
2	风险源2	

续上表

序　　号	风　险　源	判 断 依 据
……	……	
N	风险源 N	

每个施工作业可能对应多种可能的事故类型,这一步应把可预见的所有事故类型进行逐一辨识。从某种意义上来说,风险评估的最基本元素应该是风险事件(事故),对分部工程、分项工程的评估实际是针对综合风险的评估。施工安全风险评估应针对每个施工作业活动的每种事故类型展开评估工作,考虑到执行层面的实际情况,应针对典型施工作业活动中发生的重大事故类型开展定量的评估。

事故辨识是经验性非常强的一项工作,应广泛听取专家意见,结合前期事故资料收集整理结果,采用头脑风暴法,按照梳理的施工流程在会议室内进行,确定本工作主要作业活动可能发生的事故类型,特别是重大事故类型。普查成果务必全面、准确。

5.3.3　风险分析

风险是指"遭受损失、伤害、不利或毁灭的可能性",具有普遍性与不确定性两大特性。国际隧道协会将风险定义为:"灾害事故对人身安全及健康可能造成损害的概率",是指在项目正常施工和运营为目标的行动过程中,如果某项活动存在足以导致承险体系统发生各类直接或间接损失的可能性,那么就称这项活动存在风险,而这项活动所引发的后果就称为风险事故。

工程项目风险具有三个性质:

①损害性。即风险无论对于个人或团体都意味着会有不利后果。

②不确定性。风险发生不利后果无论在空间、时间、强度以及是否发生都具有很强的不确定性。

③复杂性。由于风险因素之间的相互作用、相互影响,使风险系统变得异常庞大和复杂,难以用精确的概率分布或状态方程来表达。

风险分析的目的就是分析风险源辨识得到的风险事故及其发生因素。根据风险源辨识的成果,结合具体工程特点,对施工中可能发生风险的途径进行系统分析。

评估小组应从人、机、料、法、环等方面对可能导致事故的致险因子进行分析,重点分析以下几个方面:

(1)致险因子

致险因子包括:

①人员活动、作业能力及其他因素;

②作业场所内设施、设备及物料等;

③作业场所外对施工人员安全的影响。

(2)可能受到事故伤害的人员类型

这包括:

①作业人员本身;

②同一作业场所的其他作业人员;

③周围其他人员。

(3)事故发生的原因

事故发生的原因包括：

①机械设备故障；

②人为失误；

③自然灾害等。

(4)人员伤害程度

这包括：

①死亡；

②重伤；

③轻伤。

风险分析应在深入分析已有资料的基础上进行,特别针对确定的施工组织设计、工程施工环境条件、可能的现场情况,从人、机、料、法、环等方面,找出受伤害对象(人或物)、伤害主体(机械、临时结构、外界条件等)、损失程度(人员伤亡、财产损失)、事故原因。

为了系统全面、科学合理进行风险分析,应采用系统安全工程的方法,常用的有鱼刺图法、危害及操作性评估(HAZOP)、故障模式与影响分析(FMEA)、故障树分析法、事件树分析法等。

风险分析中事故原因部分应作为分析重点,这部分工作的好坏直接影响后面的措施建议是否准确、全面。作为预评估,应重点针对物的不安全状态来开展,适当考虑过程中可能出现的人的不安全行为。

1)物的不安全状态

物的不安全状态也是事故产生的直接因素。导致事故发生的物的因素主要包括施工设备、施工设施、施工材料、隧道结构等方面。

①施工设备的不安全状态。施工设备主要是指隧道加固、开挖、支护、衬砌、出渣、提升、通风、运输、地质预报等过程中所用到的机械设备。

②施工设施的不安全状态。施工设施主要是指隧道施工涉及的脚手架、安全防护装置、个人防护用品、施工便道等临时设施。

③施工材料的不安全状态。主要是指施工原材料、构件有质量缺陷,性能不达标等。

④隧道结构的不安全状态。主要是指施工方案不合理导致隧道围岩和结构处于不稳定状态,或原材料、施工质量不合格导致隧道围岩和结构处于不稳定状态。

2)人的不安全行为

人的不安全行为是事故产生的最直接因素。除了先天性的身体、生理因素外,导致事故发生的人的因素主要包括人的安全知识、安全意识和安全习惯等方面。

①安全知识不够。操作人员缺乏必要的安全知识,就不能正确判断其操作过程是否是安全的。如缺乏必要的电气安全知识,容易发生检修作业中的误合开关,造成检修中的带电作业,或检修中的设备启动。由于缺乏必要的预防中毒、窒息方面的专业知识,可能盲目地进入窒息、中毒、高温、低温、重物掉落等危险场所。

②缺乏安全意识。缺乏必要的安全意识,对不安全行为视而不见,在自觉不自觉中产生失误。如拆除转动中的设备安全保护罩、强行启动不安全的设备等情况;本来应该用设备或工具操作,但为了省事,用手、脚或身体其他部位操作。

③不安全的习惯。人们在长期的生产过程中形成了一些不安全习惯,这些习惯也是造成人为失误的一个原因。如由于作业习惯,有时物体的存放角度、位置、高度、方式等不合理,容易引起物体的掉落;不系好安全带在高处作业、不戴安全帽进入低处作业等。

风险源风险分析的结果应填入表5-5。

风险源风险分析表 表5-5

单位作业内容	潜在的事故类型	致险因子	受伤害人员类型	伤害程度	不安全状态	不安全行为	备注
……	……	……	……	……	……	……	……

5.3.4 风险估测

风险估测是采用定性或定量的方法对风险事故发生的可能性及严重程度进行数量估算。风险的大小=事故发生的可能性×事故严重程度。这里的“×”不一定代表乘积的意思,也可以是加和等其他运算,表示事故发生可能性和事故严重程度的组合,应视事故发生可能性和事故严重程度而定。

风险估测方法应结合工程施工内容、安全管理方案、可能发生的事故特点等因素确定。事故可能性评估可选用专家调查法、故障树分析法、事件树分析法等,事故严重程度评估可选用专家调查法等。

一般风险源的风险估测,不宜过分强调精确量化,评估小组可自行设计简单风险等级判定标准,或参考检查表法、LEC法,以相对风险等级来确定。主要是因为一般风险源采用常识性安全管理措施即可进行防范,由于一般风险源点多面广,量化管理必要性不大。

重大风险源在一个工程中常常多处存在,为了找出安全管理的重点,应进行定量风险估测,确定风险等级。

风险估测结果应填入表5-6。

风险估测结果汇总表 表5-6

编号	风险源		风险估测			
	作业内容	潜在的事故类型	严重程度		可能性	风险大小
			人员伤亡	经济损失		
……	……	……	……	……	……	……

5.4 施工安全重大风险源评估

5.4.1 重大风险评估思路

重大风险源是指风险源相对比较复杂,存在较大的不可预见性,引发的事故严重性较大,必须从结构设计、环境因素、施工方法、安全管理等角度进行控制和防范的风险源。

隧道工程施工安全重大风险源估测应按照《指南》推荐的定性与定量相结合的方法。事故严重程度的估测方法推荐采用专家调查法,事故可能性的估测方法推荐采用指标体系法。

事故严重程度,主要从人员伤亡、直接经济损失两个方面进行估算。评估小组可根据实际情况考虑工期延误、环境破坏、社会影响等方面的后果。当多种后果同时产生时,应采用就高原则确定事故严重程度等级,在合理范围内,考虑事故可能造成的最严重情况。

事故可能性应重点考虑物的状态、人的因素及施工管理缺陷。其中,物的状态主要考虑气候环境、地形地貌、施工难度等工程客观条件,属于工程固有的风险;人的因素及施工管理主要考虑总承包企业资质、专业及劳务分包企业资质、历史事故情况、作业人员经验、安全管理人员配备及安全投入情况。施工管理因素是变化的,主要与施工单位的管理水平有关,这里主要以施工单位历史安全绩效和实际安全投入情况进行衡量。

重大风险源评估思路应按照以下步骤进行:

①按《指南》要求推荐的专家调查法和指标体系法,建立隧道施工安全风险评估风险矩阵;

②根据项目实际情况,评估事故发生的可能性,预测事故后果,对重大危险源进行评估;

③参照风险矩阵,确定风险等级。

5.4.2 风险矩阵的建立

按照事故发生的可能性、事故后果的严重程度建立风险矩阵表(表5-7)。表5-7参考了国际隧道协会的*Guidelines for Tunneling Risk Management*。一般来说,概率值较难直接确定,因此常使用概率等级描述的定性方法,利用一定数量的专家调查结果,确定概率等级。

事故可能性等级标准 表5-7

概率范围	中心值	概率等级描述	概率等级
>0.3	1	很可能	4
0.03~0.3	0.1	可能	3
0.003~0.03	0.01	偶然	2
<0.003	0.001	不太可能	1

注:1.当概率值难以取得时,可用频率代替概率。

2.中心值代表所给区间的对数平均值。

参考国务院《生产安全事故报告和调查处理条例》,事故严重程度的等级分成四级。《指南》主要考虑人员伤亡和直接经济损失。

人员伤亡是指在施工活动过程中人员所发生的伤亡。依据人员伤亡的类别和严重程度进行分级,等级标准见表5-8。

直接经济损失是指事故发生后造成工程项目发生的各种费用的总和,包括直接费用和事故处理所需(不含恢复重建)的各种费用,等级标准见表5-9。

人员伤亡等级标准 表5-8

等级	1	2	3	4
定性描述	一般	较大	重大	特大
人员伤亡	人员死亡(含失踪)人数<3人或重伤人数<10人	3人≤人员死亡(含失踪)人数<10人或10人≤重伤人数<50人	10人≤人员死亡(含失踪)人数<30人或50人≤重伤人数<100人	人员死亡(含失踪)人数≥30人或重伤人数≥100人

直接经济损失等级标准 表5-9

等级	1	2	3	4
定性描述	一般	较大	重大	特大
经济损失(万元)	$Z<10$	$10\leqslant Z<50$	$50\leqslant Z<500$	$Z\geqslant 500$

专项风险等级分为四级:低度(Ⅰ级)、中度(Ⅱ级)、高度(Ⅲ级)、极高(Ⅳ级),见表5-10 。低度(Ⅰ级)表示风险可忽略,不需采取风险处理措施和监测;中度(Ⅱ级)表示风险可接受,一般不需采取风险处理措施,但需予以监测;高度(Ⅲ级)表示风险不期望出现,必须采取风险处理措施降低风险并加强监测,且满足降低风险成本不高于风险发生后的损失的原则;极高(Ⅳ级)表示风险不可接受,必须高度重视,须采取切实可行的规避措施并加强监测,否则要不惜代价将风险至少降低到不期望的程度。

专项风险等级标准 表5-10

可能性等级		严重程度等级			
		一般	较大	重大	特大
		1	2	3	4
很可能	4	高度(Ⅲ级)	高度(Ⅲ级)	极高(Ⅳ级)	极高(Ⅳ级)
可能	3	中度(Ⅱ级)	高度(Ⅲ级)	高度(Ⅲ级)	极高(Ⅳ级)
偶然	2	中度(Ⅱ级)	中度(Ⅱ级)	高度(Ⅲ级)	高度(Ⅲ级)
不太可能	1	低度(Ⅰ级)	中度(Ⅱ级)	中度(Ⅱ级)	高度(Ⅲ级)

5.4.3 施工管理引发的事故可能性评估指标

根据《指南》规定,隧道施工过程中因人的因素及施工管理引发的事故可能性的安全管理评估指标体系见表5-11。

安全管理评估指标体系 表5-11

评估指标	分类	分值	说明
总承包企业资质 A	三级	3	
	二级	2	
	一级	1	
	特级	0	
专业及劳务分包企业资质 B	无资质	1	针对当前作业的主要分包企业
	有资质	0	
历史事故情况 C	发生过重大事故	3	指项目部主要管理人员从事过的工程项目曾经发生的事故情况
	发生过较大事故	2	
	发生过一般事故	1	
	未发生过事故	0	
作业人员经验 D	无经验	2	从特种作业人员、一线施工人员的工程经验考虑
	经验不足	1	
	经验丰富	0	
安全管理人员配备 E	不足	2	从“三类人”的持证、在岗情况考虑
	基本符合规定	1	
	符合规定	0	

续上表

评估指标	分　类	分　值	说　明
安全投入 F	不足	2	
	基本符合规定	1	
	符合规定	0	
机械设备配置及管理 G	不符合合同要求	2	
	基本符合合同要求	1	
	符合合同要求	0	
专项施工方案 H	可操作性较差	2	
	可操作性一般	1	
	可操作性强	0	

将评估指标分值通过公式 $M = A + B + C + D + E + F + G + H$ 进行计算，根据分值对照表5-12 找出折减系数 γ，再计算事故可能性。

安全管理评估指标分值与折减系数对照表　　表5-12

计算分值 M	折减系数 γ
$M > 12$	1.2
$9 \leqslant M \leqslant 12$	1.1
$6 \leqslant M \leqslant 8$	1
$3 \leqslant M \leqslant 5$	0.9
$0 \leqslant M \leqslant 2$	0.8

5.4.4　典型事故危险性评估

1）坍塌事故

（1）事故可能性评估指标

隧道坍塌事故的可能性，可从施工区段的围岩级别、断层破碎带、渗水状态、地质符合性、施工方法、施工步距等指标进行估算。具体评估指标可参考表5-13，评估时可根据工程实际情况对评估指标分类和分值进行改进。

隧道施工区段坍塌事故可能性评估指标　　表5-13

评估指标	分　类	分值	说　明
围岩级别 A	Ⅴ级、Ⅵ级	4～5	可根据围岩节理发育情况和岩性适当调整分值
	Ⅳ级	3	
	Ⅲ级	2	
	Ⅰ级、Ⅱ级	0～1	
断层破碎情况 B	存在宽度50m以上的大规模断层破碎带	3～4	
	存在宽度20m以上、50m以下的中等规模断层破碎带	2	
	存在宽度在20m以下小规模断层破碎带	1	
	不存在断层破碎带	0	
渗水状态 C	岩溶管道式涌水	1.5	渗水状态应考虑天气影响因素
	线状～股状涌水	1.2	
	线状涌水	1	
	干～滴渗水	0.9	

续上表

<table>
<tr><th>评估指标</th><th colspan="2">分　类</th><th>分值</th><th>说　明</th></tr>
<tr><td rowspan="3">地质状况符合性 D</td><td colspan="2">工程地质条件与设计文件相比较差</td><td>2 ~ 3</td><td rowspan="3">由监理工程师确认</td></tr>
<tr><td colspan="2">工程地质条件与设计文件基本一致</td><td>1</td></tr>
<tr><td colspan="2">对工程地质条件进行了施工控制与设计</td><td>0</td></tr>
<tr><td rowspan="3">施工方法 E</td><td colspan="2">施工方法不适合水文地质条件的要求</td><td>2 ~ 3</td><td rowspan="3">可参照有关技术标准确定是否合适</td></tr>
<tr><td colspan="2">施工方法基本适合水文地质条件的要求</td><td>1</td></tr>
<tr><td colspan="2">施工方法完全适合水文地质条件的要求</td><td>0</td></tr>
<tr><td rowspan="6">施工步距 $F = a + b$</td><td rowspan="4">a</td><td>Ⅴ级、Ⅵ级围岩衬砌到掌子面距离在200m以上，或全断面开挖衬砌到掌子面距离在250m以上</td><td>4 ~ 5</td><td rowspan="6">二次衬砌距掌子面的距离是影响隧道稳定性的一个重要因素。本指标主要考虑施工时，台阶法施工、全断面法施工二次衬砌是否及时跟上</td></tr>
<tr><td>Ⅴ级、Ⅵ级围岩衬砌到掌子面距离在120m以上、200m以下，或全断面开挖衬砌到掌子面距离在160m以上、250m以下</td><td>3</td></tr>
<tr><td>Ⅴ级、Ⅵ级围岩衬砌到掌子面距离在70m以上、120m以下，或全断面开挖衬砌到掌子面距离在120m以上、160m以下</td><td>2</td></tr>
<tr><td>Ⅴ级、Ⅵ级围岩衬砌到掌子面距离在70m以下，或全断面开挖衬砌到掌子面距离在120m以下</td><td>0 ~ 1</td></tr>
<tr><td rowspan="2">b</td><td>一次性仰拱开挖长度在8m以上</td><td>2 ~ 3</td></tr>
<tr><td>一次性仰拱开挖长度在8m以下</td><td>0 ~ 1</td></tr>
</table>

围岩级别是隧道稳定性最基本的参数，本书按照《公路隧道设计规范　第一册　土建工程》(JTG 3370.1—2018)的规定，将围岩级别划分为四类。断层破碎带的存在是造成坍塌事故的主要因素，常导致围岩变化处发生塌方冒顶事故。本书从断层破碎带的规模来进行分类，规模越大，施工难度越大，风险越高。隧道中水含量是影响围岩稳定性的重要因素，将渗水状态定性划分四类，作为围岩级别系数处理。地质符合性是指实际揭露的地质情况与设计文件的符合性，由监理工程师确认。施工方法是否符合水文、地质条件，可参照隧道施工有关标准规范。施工步距控制是隧道稳定性的因素之一，很多工程冒险蛮干，不及时支护，步距较大，往往引发坍塌事故。

(2)事故可能性等级标准

隧道施工区段坍塌事故可能性分值计算公式为：$P = \gamma \cdot (C \cdot A + B + D + E + F)$。计算结果要四舍五入为整数。分值大小确定后，对照表5-14确定隧道施工区段坍塌事故可能性等级。

隧道施工区段坍塌事故可能性等级标准　　表5-14

计算分值 P	事故可能性描述	等　级
$P \geqslant 15$	很可能	4
$8 \leqslant P < 15$	可能	3
$3 \leqslant P < 8$	偶然	2
$0 \leqslant P < 3$	不太可能	1

2)洞口失稳

(1)事故可能性评估指标

隧道洞口失稳事故的可能性，可从施工区段的围岩级别、施工方法、洞口偏压等指标进行估算。具体评估指标可参考表5-15。

隧道施工区段洞口失稳事故可能性评估指标 表5-15

评估指标	分类	分值	说明
围岩级别 *A*	Ⅴ级、Ⅵ级	4~5	可根据围岩节理发育情况和岩性，适当调整分值
	Ⅳ级	3	
	Ⅲ级	2	
	Ⅰ级、Ⅱ级	0~1	
施工方法 *B*	施工方法不适合水文地质条件的要求	2~3	可参照有关技术标准确定是否合适
	施工方法基本适合水文地质条件的要求	1	
	施工方法完全适合水文地质条件的要求	0	
洞口偏压 *C*	洞口存在较严重偏压	3	
	洞口存在可矫正偏压	2	
	洞口无偏压	0~1	

(2)事故可能性等级标准

隧道施工区段洞口失稳事故可能性分值计算公式为：$P=\gamma\cdot(A+B+C)$。计算结果要四舍五入为整数。分值大小确定后，对照表5-16确定隧道洞口失稳事故可能性等级。

隧道施工区段洞口失稳事故可能性等级标准 表5-16

计算分值 *P*	事故可能性描述	等级
$P\geqslant 8$	很可能	4
$5\leqslant P<8$	可能	3
$2\leqslant P<5$	偶然	2
$0\leqslant P<2$	不太可能	1

3)涌水突泥

(1)事故可能性评估指标

隧道涌水突泥事故的可能性，可从施工区段的岩溶发育程度、断层破碎带、外水压力水头等指标进行估测。具体评估指标见表5-17。

隧道施工区段涌水突泥事故可能性评估指标 表5-17

评估指标	分类	分值	说明
岩溶发育程度 *A*	岩溶极发育，有宽大岩溶洞穴、地下暗河、塌陷坑等	4~5	根据设计文件和超前地质预报结果判定
	岩溶发育，有宽大岩溶发育带和大岩溶洞穴	3	
	岩溶较发育，有岩溶裂隙带和较大岩溶洞	2	
	岩溶不发育，有岩溶裂隙、小溶洞发育	0~1	
断层破碎带 *B*	施工区段及附近存在断层破碎带或较大裂隙	2~3	根据设计文件和超前地质预报结果判定
	施工区段不存在断层破碎带或较大裂隙	0~1	
周围水体情况 *C*	隧道上方存在湖泊、河流、水库等水体	3	根据现场调查情况判定
	隧道附近存在补给性水体	2	
	隧道周围不存在补给性水体	0~1	

岩溶发育程度是指被评价施工区段内岩溶地质存在的情况。其通过岩溶裂隙规模来确定，由评估小组根据设计文件和超前地质预报的结果进行判定。施工区段断层破碎带往往是涌水突泥的导水渠道，由评估小组根据地质预报情况进行判定。周围水体情况是指隧道周围水体是否存在，以及存在的规模大小，可由现场勘查结果判定。

(2)事故可能性等级标准

隧道施工区段涌水突泥事故可能性分值计算公式为：$P=\gamma \cdot B \times (A+C)$。分值大小确定后，对照表5-18确定涌水突泥事故可能性等级。如果施工区段存在盆状地形，同时施工期间有大雨、暴雨等强降水天气时，则事故可能性等级为4级。

隧道施工区段涌水突泥事故可能性等级标准 表5-18

计算分值 P	事故可能性描述	等 级
$P \geqslant 12$	很可能	4
$6 \leqslant P < 12$	可能	3
$3 \leqslant P < 6$	偶然	2
$0 \leqslant P < 3$	不太可能	1

4)瓦斯爆炸

(1)事故可能性评估指标

瓦斯爆炸事故的可能性，可从施工区段的瓦斯含量、洞内通风情况、机械设备防爆情况、瓦斯监测体系等指标进行估算。具体评估指标见表5-19。

隧道施工区段瓦斯爆炸事故可能性评估指标 表5-19

评估指标	分 类	分值	说 明
瓦斯含量 A	存在瓦斯突出危险	4	可根据设计文件、现场监测结果进行判断
	瓦斯涌出量≥0.5m^3/min	2~3	
	瓦斯涌出量<0.5m^3/min	1	
	无瓦斯	0	
洞内通风 B	洞内掌子面最小风速未达标	2~3	由现场监测结果进行判定
	洞内掌子面最小风速达标	1	
机械设备防爆情况 C	未采用防爆设备	3	对出渣机械、机电设备等综合判定
	采用防爆设备	1~2	
瓦斯监测体系 D	洞内瓦斯监测体系不完备	2~3	由评估小组按照有关技术标准判定
	洞内瓦斯监测体系完备	1	

瓦斯爆炸事故的评估指标主要从隧道固有危险性(瓦斯含量)和安全技术措施(通风、机械防爆、瓦斯检测)两方面入手。瓦斯含量是指被评估施工区段地层中瓦斯的含量，可根据设计文件、洞内通风现场检测结果，以及机械防爆，瓦斯监控室的相关设备是否存在、是否正常使用等来确定。

(2)事故可能性等级标准

隧道施工区段瓦斯爆炸事故可能性分值计算公式为：$P=\gamma \times (C \times A+B+D)$。分值大小确定后，对照表5-20确定瓦斯爆炸事故可能性等级。

隧道施工区段瓦斯爆炸事故可能性等级标准 表5-20

计算分值 P	事故可能性描述	等 级
$P \geqslant 12$	很可能	4
$7 \leqslant P < 12$	可能	3
$3 \leqslant P < 7$	偶然	2
$0 \leqslant P < 3$	不太可能	1

根据事故发生的可能性和严重程度等级,采用风险矩阵法确定隧道施工区段发生某种重大风险源等级,划分标准见表5-10。

5.4.5 绘制风险分布表

完成重大风险源估测后,应根据隧道工程进度表,绘制施工安全风险评估分布图,将重大风险源的风险等级用不同颜色在隧道纵断面图上的分布情况标示出来,并附到评估报告中。同时将不同施工区段的重大风险源列表说明,见表5-21。

××隧道重大风险源风险等级表 表5-21

序号	施工区段(里程桩号)	坍塌			涌水突泥			瓦斯爆炸			洞口失稳			岩爆			大变形		
		可能性等级	严重程度等级	风险等级	可能性等级	严重程度等级	风险等级	可能性等级	严重程度等级	风险等级	可能性等级	严重程度等级	风险等级	可能性等级	严重程度等级	风险等级	可能性等级	严重程度等级	风险等级

5.5 施工安全风险控制措施

5.5.1 风险接受准则

根据风险评估结果,按照风险接受准则,提出风险控制措施。公路隧道施工安全风险接受准则见表5-22。

公路隧道施工安全风险接受准则 表5-22

风险等级	接受准则	处理措施
低度	可忽略	不需采取风险处理措施和监测
中度	可接受	一般不需采取风险处理措施,但需予以监测
高度	不期望	必须采取风险处理措施降低风险并加强监测,且满足降低风险的成本不高于风险发生后的损失
极高	不可接受	必须高度重视,采取切实可行的规避措施并加强监测;否则要不惜代价将风险至少降低到不期望的程度

风险控制措施是风险评估的最终目的,应根据风险源辨识、风险分析、风险估测的结果,特别是风险分析的结果,从管理制度、技术手段、安全教育、应急救援等方面提出防范事故的建议。

应根据工程特点、风险评估结果、成本效益比等,选择合适的风险控制措施。风险控制措施建议应具体翔实并具有可操作性。按照针对性和重要性的不同,风险控制措施建议可分为应采纳和宜采纳两种类型。

以下是宏观要求，提出了风险控制措施的制订原则，具体措施应由评估小组斟酌确定。应采纳的措施建议是有关法律法规、标准规范规定的要求，必须执行的；宜采取的措施建议是评估小组根据工程实际情况提出的建议，施工单位也应综合考虑，在施工组织设计或安全专项施工方案中落实。

一般风险源控制措施由施工单位按常规制订。重大风险源控制措施应按照预案、预警、预防三个阶段逐一明确要求。经专项风险评估达到高度风险及以上的施工作业活动或施工区段，应采取完善专项施工方案及应急预案、开展施工监测与预警、提高现场防护条件、加强施工安全技术交底和危险告知等措施，防止重大险情或事故发生。

一般风险源控制措施主要是设立安全防护、警示设施，加强安全教育等，施工单位应按照相关要求进行落实。重大风险源控制包括预案、预警、预防三个层面。预案是指专项施工方案（应经专家评审）、应急预案，主要是在纸面上制定相关安全管理规划。预警是针对桥梁或隧道开展施工动态监测，重大风险预警（如台风、支架垮塌、边坡滑塌等）的措施，是针对重大事故在现场采取的技术措施，需要进行一定的投入。预防主要是从人员教育和物理防护等角度，通过在现场设立安全防护、警示设施，加强施工安全技术交底和人员危险告知，提高大家的安全意识。

选择风险控制措施时应按照如下顺序进行：

（1）本质安全

控制措施宜首先从本质安全的角度，来消除风险源或将风险降低到可接受的程度。

①重新评估工程设计中残留的风险。

a. 是否可变更设计，以降低风险？

b. 是否可以选择不同施工方法，以避开风险源或降低风险？

②评估施工临时结构的本质安全。

（2）安全隔离或防护

不能从本质安全进行控制的风险，应优先采用隔离或防护的手段降低风险，其顺序是：

①施工方法的残留风险能否通过合理安排施工顺序而避开；

②必须面对的风险源应采取隔离或保护全体作业人员的措施；

③个体防护措施。

（3）警告或标示

上述措施采取后残留的风险，应采取警告或标示等辅助措施降低：

①自动监测并发出警告；

②设立警告标志；

③人工观测、警戒、监视或专人指挥。

（4）教育培训

将确定的安全措施在施工前通过安全技术交底等方式，传递给安全管理和施工作业人员，减少和避免人的不安全行为。

一般来说，本质安全是最好的，但由于工程必须实施，环境改变不了，特别是技术方案是确定的，因此本质安全常实现不了，但在临时工程中应注意本质安全的要求。安全隔离或防护是采取现场防护或个体防护等手段，将人员和风险源隔开，比如临边防护等。警示或标示是物理措施中较弱的手段，投入不多，应在不能采取安全隔离或防护措施时使用。教育培训是最后的手段，对从业人员进行相应的培训，提高其安全意识，改进其安全行为，达到安全管理的目的。教育培训应和其他手段结合使用。

5.5.2　一般风险源控制措施

初步设计阶段及施工图阶段应对上一阶段所确定的风险和新识别的风险进行评估，优化设计方案，提出合理的施工方法、切实可行的工程措施，为施工阶段的风险管理创造条件。

初步设计阶段及施工图设计阶段应对地质勘察孔位与数量、钻探与原位测试技术、室内土工试验方法等进行评估，控制因勘察遗漏失误或环境调查不准、室内试验方法及参数获取失误等引起的工程设计与施工风险。

(1)一般隧道塌方风险管理

主要内容应包括：

①评价地层岩性、岩层产状、地质构造、岩石力学参数等因素对塌方的影响；

②评估开挖工法、支护体系、预注浆等防塌方措施；

③提出针对性的超前地质预报方法和变形监控量测要求。

(2)瓦斯隧道风险管理

主要内容应包括：

①评价瓦斯封闭条件、吨煤瓦斯含量、瓦斯压力、瓦斯涌出量等因素的影响；

②评估揭煤、过煤和瓦斯突出隧道的风险，提出预防煤与瓦斯突出的专项措施与预案；

③提出施工通风、瓦斯监测要求。

(3)岩溶隧道风险管理

主要内容应包括：

①评价地下水水位、地下水补给、隧道涌水量及溶洞暗河、可溶岩与非可溶岩接触带、向斜核部、断层等因素的影响；

②评估排水、堵水措施及地下水水压对衬砌结构的影响；

③提出岩溶发育段超前地质预报和施工安全应急要求。

(4)黄土隧道风险管理

主要内容应包括：

①评价黄土湿陷性等级、黄土厚度、水环境等因素的影响；

②评估开挖工法、支护体系、衬砌结构、截排水及湿陷性处理等措施。

(5)高地应力隧道风险管理

主要内容应包括：

①评价地层岩性、岩石抗压强度、地应力等因素的影响；

②评估支护体系、地应力释放等防岩爆专项措施；

③评估围岩加固、支护体系、衬砌结构等大变形整治专项措施；

④提出高地应力段超前地质预报和监控量测要求。

(6)下穿或邻近既有建(构)筑物、管线隧道风险管理

主要内容应包括:

①评价地层岩性、岩层产状、建(构)筑物基础形式、与隧道相对位置等因素的影响;

②评估隧道结构与建(构)筑物、管线的相互影响,以及隧道防塌、变形控制专项措施与预案;

③提出隧道与邻近建(构)筑物、管线监控量测要求。

(7)下穿松散地层隧道风险管理

主要内容应包括:

①评价地层颗粒组成、含水率、孔隙率、固结度、承载能力、变形特性等因素的影响;

②评估围岩加固、开挖工法、支护体系、变形控制等措施。

(8)明挖隧道风险管理

主要内容应包括:

①评价地层岩性、岩层产状、水环境、开挖深度、既有建(构)筑物、管线等因素的影响;

②评估开挖工法、支护体系、地基处理、截排水等措施;

③提出监控量测和变形控制要求。

(9)掘进机与盾构法隧道风险管理

主要内容应包括:

①评价地层条件、水环境、隧道埋深、建(构)筑物、管线等因素的影响;

②评估高地应力、高水压、高地温、断层破碎带、复杂地层等特殊地段处理措施;

③评估辅助施工方法及设备进出洞处理措施。

一般风险源控制措施应根据有关技术标准、安全管理要求来制订。

一般风险源对应的触电、高处坠落、物体打击、车辆伤害、火药爆炸、火灾等事故的风险控制应简明扼要,明确安全防护、安全警示、安全教育、现场管理等方面的具体内容。

一般风险源的控制措施,必须按照风险源辨识的结果,逐一落实,主要针对伤害较小的事故,明确现场安全防护设施、安全警示标志、安全教育培训的内容。必须满足相关法律法规、标准规范和项目管理相关要求。比如触电事故预防应按照临时用电的相关技术标准进行;车辆伤害事故预防要按照施工区警示标志、车辆安全管理的技术标准进行。

5.5.3 重大风险源控制措施

重大风险源应按照公路隧道专项风险评估的结论,充分考虑工程实际情况,按照不同风险等级,制订相适宜的风险控制措施。

针对重大风险源的控制,是安全管理的重点,也是难点。难点主要体现在技术和资金上。一般来说,重大风险源控制需要在现场监测、危险预警、安全防护等多方面投入设施、材料、设备,需要较多资金。因此,重大风险源应分级管理,在对重大风险源确定风险等级后,应根据不同风险等级,制订相适宜的风险控制措施,风险高就应该采取高标准的要求。

现场施工应建立重大风险源监控和预警预报体系,明确预警预报标准,通过对施工监控数据的动态管理,及时掌握其发展态势,发现异常或超过警戒值,应及时采取规避措施,做好风险事故处理准备工作。

参建各方应依此制定相应的管理制度,从远期预报、监控预警、事后救援方面提出要求,

这是对重大风险源在技术管理上的要求。

专项风险等级达到Ⅲ级(高度风险)及以上的施工作业活动或施工区段,其重大风险源的监控与防治措施、应急预案,应按规定组织论证或复评估后方能实施。

Ⅲ级(高度风险)重大风险源:应针对专项方案和应急预案进行专家审查,这是重大风险源在技术管理上的要求。

按照专项风险评估确定的风险等级,隧道坍塌事故可从前期调查、开挖作业、支护方式、监控量测、二次衬砌、安全教育等方面分别制订具体措施,可参照表5-23。

隧道坍塌事故控制措施建议 表5-23

<table>
<tr><th colspan="2">事故控制措施</th><th>Ⅳ级</th><th>Ⅲ级</th><th>Ⅱ级</th></tr>
<tr><td rowspan="4">1. 前期调查</td><td>资料收集</td><td colspan="3">收集相关地质资料、周边工程施工记录、事故记录(包括自然灾害)等</td></tr>
<tr><td>洞口段</td><td colspan="2">对有关滑坡、岩体崩塌等进行观测</td><td>对是否需要观测进行论证</td></tr>
<tr><td>断层、破碎带</td><td colspan="3">接近断层、破碎带时,应采用超前地质预报等方式进行确认</td></tr>
<tr><td>浅埋段</td><td colspan="3">进行地表沉降、拱顶下沉等观测</td></tr>
<tr><td rowspan="2">2. 开挖作业</td><td>开挖方式</td><td>根据地质条件、施工条件选择适当的开挖方式,并根据情况进行超前支护</td><td colspan="2">不良地质条件下应讨论改变施工方法,以及是否进行超前支护</td></tr>
<tr><td>危石</td><td colspan="3">应分段仔细检查爆破段并清除危石;
钻孔作业前后、爆破后、废渣处理时及处理后,应进行仔细检查,并去除危石;
地震后应检查各处是否存在危石,及时去除存在的危石</td></tr>
<tr><td rowspan="6">3. 支护</td><td rowspan="4">喷射混凝土</td><td colspan="3">(1)开挖后迅速喷射混凝土</td></tr>
<tr><td>(2)根据情况对掌子面喷射混凝土</td><td colspan="2">对于地质不良地段应讨论确定</td></tr>
<tr><td>(3)根据情况可二次喷射混凝土</td><td colspan="2">对于地质不良地段应讨论确定</td></tr>
<tr><td>(4)采用钢筋网、喷射混凝土进行加固</td><td colspan="2">对于地质不良地段应讨论确定</td></tr>
<tr><td>锚杆</td><td colspan="3">应根据地质条件,采用固结性好并便于施工的方式打设锚杆;施工时,进行拉拔试验确认其性能</td></tr>
<tr><td>钢拱架支护</td><td>缩小钢拱架的间隔;
扩大钢拱架的断面;
使用适合围岩条件的底板、垫板;
讨论钢拱架的性状是否合适</td><td colspan="2">不良地质地段应缩小;
不良地质地段应扩大;
不良地质地段应使用合适的底板、垫板;
不良地质地段应讨论其形式</td></tr>
<tr><td colspan="2" rowspan="4">4. 监控量测</td><td colspan="3">(1)根据地质条件和施工情况进行适当的监控量测</td></tr>
<tr><td>(2)缩小监控量测间隔</td><td colspan="2">不良地质地段应缩小</td></tr>
<tr><td>(3)增加监控量测频度</td><td colspan="2">不良地质地段应增加频度</td></tr>
<tr><td colspan="3">(4)根据监控量测、观察的结果,初期支护发生变形时,应采取有效的加固措施</td></tr>
</table>

续上表

<table>
<tr><th>事故控制措施</th><th>Ⅳ级</th><th>Ⅲ级</th><th>Ⅱ级</th></tr>
<tr><td rowspan="2">5. 二次衬砌</td><td>(1)讨论是否需要采用仰拱进行断面闭合,以及是否尽早浇筑衬砌等问题</td><td colspan="2">应对不良地质地段是否闭合及早衬砌进行讨论</td></tr>
<tr><td>(2)根据情况,可考虑是否采用临时性衬砌</td><td colspan="2">应对临时衬砌进行讨论</td></tr>
<tr><td>6. 防坍塌的培训</td><td colspan="3">应对以下内容进行相关培训:
坍塌事故的危险性;
防止事故发生的对策及注意事项;
检查方法(检查内容);
发生险情时的应急措施</td></tr>
</table>

按照专项风险评估确定的风险等级。对于隧道瓦斯爆炸事故,可从前期资料收集、施工中调查、可燃气体检测、通风、警报装置、火源管理、应急措施、防瓦斯培训等方面制订对策措施,具体可参照表5-24。

隧道瓦斯爆炸事故控制措施建议 表5-24

<table>
<tr><th colspan="2">事故控制措施</th><th>Ⅳ级</th><th>Ⅲ级</th><th>Ⅱ级</th></tr>
<tr><td colspan="2">1. 前期资料收集</td><td colspan="2">根据地形、地质资料,收集周边可燃性气体信息;收集周边已完工或在建隧道工程可燃性气体的产生状况、气体爆炸事故及其处理的对策措施等资料</td><td>根据需要,收集周边已完工或在建隧道工程可燃性气体的情况</td></tr>
<tr><td colspan="2">2. 施工中调查</td><td>根据开挖面的观察结果,进行钻探或超前地质预报,对气体的涌出量、气体压力、成分等进行调查</td><td colspan="2">根据开挖面观察结果,讨论确定是否进行钻探或超前地质预报</td></tr>
<tr><td rowspan="7">3. 可燃气体检测</td><td rowspan="2">检测设备</td><td colspan="2">同时使用便携式和固定式检测器</td><td>使用便携式检测器</td></tr>
<tr><td colspan="3">制定检测器的检查、标定要求</td></tr>
<tr><td rowspan="4">检测方法</td><td colspan="3">在开挖面顶端、隧道中间、模板台车、电气设备等附近,设定检测可燃气体浓度的位置;指定瓦斯检测员进行检测</td></tr>
<tr><td colspan="2">在可燃气体容易停滞的场所,设置固定式检测器实时进行检测</td><td>施工开始后,如有需要应经常进行测定</td></tr>
<tr><td colspan="2">在爆破作业开始前、爆破前后、地震后、低气压等情况,使用便携式检测器进行精确测定</td><td>在当日作业开始前等进行测定</td></tr>
<tr><td colspan="3">除可燃气体浓度外,氧气浓度、气压、洞内的温度、风速等也需测定</td></tr>
<tr><td>信息沟通机制</td><td colspan="3">确定检测结果的信息沟通机制,特别应明确出现异常值时向现场负责人报告的渠道和机制</td></tr>
<tr><td rowspan="2">4. 通风</td><td>通风设备、通风方式</td><td colspan="3">选定适合隧道断面、长度的通风方式;
在可能产生可燃气体的施工区域,设置能充分稀释产生气体的换气设备</td></tr>
<tr><td>通风竖井</td><td>通风设备不能将气体浓度控制在爆炸极限范围以内时,应设置通风竖井</td><td>对设置通风竖井的必要性进行论证</td><td></td></tr>
</table>

续上表

<table>
<tr><th colspan="2">事故控制措施</th><th>Ⅳ级</th><th>Ⅲ级</th><th>Ⅱ级</th></tr>
<tr><td colspan="2" rowspan="4">5. 警报装置</td><td>设置能检测瓦斯异常情况，并迅速通知附近作业人员的自动警报装置</td><td colspan="2">讨论警报装置的种类、功能，采用在出现异常时能迅速向隧道内施工人员发出警报的装置</td></tr>
<tr><td colspan="3">制定警报的标准、拉响警报时的行动要求，并向相关人员公告</td></tr>
<tr><td colspan="3">制定警报装置的检查、维护标准</td></tr>
<tr><td colspan="3">指定检查员，在每天作业前对警报装置进行检查</td></tr>
<tr><td colspan="2" rowspan="3">6. 火源管理</td><td colspan="3">制定隧道内用火标准，并向相关人员公告</td></tr>
<tr><td>将香烟、打火机、普通灯、相机用闪光灯等可能成为火源的物品在洞口标示，向相关人员公告，禁止将上述物品带入隧道内。另外，还应实施进洞前随身物品检查等具体措施</td><td colspan="2">原则上禁止带入火源，并进行标示</td></tr>
<tr><td>在隧道内，将动火作业变更为不用火的方法或转移到洞外作业；
着火用具由作业主管进行保管；
动火前对周围的气体浓度进行测定，并确保安全；
用火过程中，配监火人，由监火人进行气体浓度的测定；
制定包含以上要求的动火作业管理规定，并贯彻落实</td><td>在隧道内进行动火作业时，提前提出申请；
在作业前、作业中进行气体浓度测定，以确保安全</td><td>在隧道内用火时，应提前提出申请，并采取必要的措施</td></tr>
<tr><td rowspan="4">7. 防爆管理</td><td>机电设备防爆</td><td>在可燃性气体浓度可能达到爆炸极限范围场合使用的机电设备，应具备防爆性能。
制定防爆设备维护、检查的标准，以维护防爆性能</td><td colspan="2">在机电设备附近测定可燃气体浓度，并根据需要采用具有防爆性能的设备</td></tr>
<tr><td rowspan="2">电气设备绝缘</td><td colspan="3">为防止放电、电火花的发生，检查电气设备的绝缘情况</td></tr>
<tr><td>使用耐火性电缆</td><td>讨论是否使用耐火性电缆</td><td>根据需要讨论是否使用耐火性电缆</td></tr>
<tr><td>爆破</td><td>爆破作业，采用三级以上煤矿许用炸药</td><td></td><td></td></tr>
</table>

续上表

<table>
<tr><th colspan="2">事故控制措施</th><th>Ⅳ级</th><th>Ⅲ级</th><th>Ⅱ级</th></tr>
<tr><td>7. 防爆管理</td><td>其他</td><td colspan="2">为防止服装、通风管道的静电，采取防止带电、接地等措施</td><td></td></tr>
<tr><td rowspan="2">8. 应急措施</td><td>应急工具</td><td colspan="3">在必要的场所设置应急处理用具，向相关人员公示设置场所和使用方法</td></tr>
<tr><td>应急演练</td><td colspan="3">模拟发生紧急事件，实施应急避难演练</td></tr>
<tr><td colspan="2">9. 防瓦斯培训</td><td colspan="3">培训可围绕下列内容进行：
(1)可燃性气体的性质；
(2)气体爆炸的危害；
(3)可燃性气体的检测；
(4)通风；
(5)火源管理；
(6)应急处置措施</td></tr>
</table>

按照专项风险评估确定的风险等级，隧道涌水突泥事故可从前期资料收集、施工计划、开挖作业、警报设置、应急措施、防涌水突泥培训等方面分级制订对策措施，具体可参照表5-25。

涌水突泥事故控制措施建议 表5-25

<table>
<tr><th colspan="2">事故控制措施</th><th>Ⅳ级</th><th>Ⅲ级</th><th>Ⅱ级</th></tr>
<tr><td colspan="2">1. 前期收集资料</td><td colspan="2">收集项目周围已完工和在建隧道工程出现涌水情况的资料</td><td>根据需要，对周围隧道工程出现涌水情况的资料进行收集</td></tr>
<tr><td colspan="2">2. 施工计划</td><td colspan="2">在前期调查的基础上，选择适合地质条件的辅助施工方法，如钻排水孔、设置集水坑、降低地下水水位、止水施工法</td><td>必要时，选择适当的辅助施工方法</td></tr>
<tr><td rowspan="6">3. 开挖作业</td><td>(1)水平钻孔</td><td>采取长距离钻孔，进行涌水调查及排水，根据需要可以改变开挖方法</td><td colspan="2">进行短距离钻孔</td></tr>
<tr><td>(2)集水坑</td><td>采用水平钻孔进行排水。作业途中有障碍时，应设置集水坑</td><td colspan="2">讨论是否设置集水坑</td></tr>
<tr><td>(3)止水施工法</td><td>排水较为困难时，使用帷幕注浆</td><td>根据需要，部分地段进行帷幕注浆</td><td>根据需要，讨论是否进行帷幕注浆</td></tr>
<tr><td rowspan="3">(4)测量管理</td><td colspan="2">测量洞内的涌水量、地下水水位、水质的变化情况等</td><td>根据需要，测量洞内的涌水量、地下水水位、水质的变化情况</td></tr>
<tr><td colspan="2">利用洞外现有水井，测量地下水水位及水质</td><td>根据需要，采用调查现有水井或观测井的方法测量地下水水位及水质</td></tr>
<tr><td>连续调查开挖面的地质变化情况，并进行图示</td><td colspan="2">根据需要连续调查开挖面的地层变化情况并进行图示</td></tr>
</table>

续上表

事故控制措施		Ⅳ级	Ⅲ级	Ⅱ级
3. 开挖作业	(5)信息沟通机制	明确测量结果的联系及报告机制		
	(6)记录及保存	记录并整理施工中的各项测量结果,根据数据把握涌水的危险度		
4. 警报装置		应设置发生紧急情况的警报装置。 发出警报的标准,警报的种类、警报后的应急行动等应提前确定,并通知到相关人员。 应确定警报装置检修及维护的标准		
5. 应急措施	(1)应急器械	应将紧急情况下使用的器械设置在必要的位置上,并将其位置及使用方法通知相关人员		
	(2)排水设备	根据涌水量、隧道断面积、隧道长度、坡度等因素,设置有充分排水能力的排水设备		
	(3)避险训练	进行紧急情况避险训练		
	(4)救护训练	进行紧急情况的人员救护训练		
6. 防涌水培训		培训围绕下面的内容进行: (1)涌水的危险性; (2)防止事故发生的措施及注意事项; (3)检查方法; (4)发生紧急情况时的对策		

5.6 公路交通地下工程风险管理案例

5.6.1 概述

1)案例项目简介

坪盐通道工程位于深圳市东部地区,工程范围跨越坪山、盐田两区,道路北起坪山新区现状锦龙大道—中山大道交叉口,南至盐田区盐坝高速公路,路线全长约11.25km。本项目采用城市快速路标准,设计速度80km/h,双向六车道。全线共设马峦山特长隧道1座,隧道情况见表5-26。

马峦山隧道信息表 表5-26

隧道名称	布置形式	起讫桩号	长度(m)	洞门形式		照明方式	通风方式
				进口	出口		
马峦山隧道	分离式	YK2+585~YK10+484.91	7899.91	削竹式	削竹式	电光	分段纵向
		ZK2+590~ZK10+489.205	7899.20	削竹式	削竹式	电光	分段纵向

坪山新区南向对外交通是主要对外便道,而现有路网中南向对外通道明显不足,坪盐通道的建成可加强坪山新区南向对外的交通联系,对于进一步完善深圳市整体快速路网体系,加强坪山新区与深圳中心区、盐田区的交通联系,丰富坪山新区群众至深圳中心区的出行线路,节约出行时间和出行成本,改善坪山新区的投资环境,提升土地利用价值等有重要意义。

2)案例编制说明

(1)一致性

本案例按照《指南》内容和要求进行编制。

(2)指导性

本案例以马峦山隧道为例,进行施工阶段总体安全风险评估、专项风险评估和重大风险源评估。案例旨在进一步解释评估的步骤和方法,对施工安全风险评估起到指导性作用。本案例中的方法并非唯一的评估方法,评估小组可按《指南》要求,结合项目实际,选择合适的评估方法。

3)评估内容

安全风险评估是以实现工程安全为目的,综合运用有关的风险评估原理和方法、专业理论知识和工程经验,在对工程系统中存在的风险源进行辨识的基础上,研究工程事故发生的可能性及其产生后果的严重程度,并进行分类排序,从而为制订风险控制措施提供依据。

本案例主要的评估内容包括:

①根据隧道工程的地质环境条件、建设规模、结构特点等孕险环境与致险因子,结合隧道施工组织设计文件,评估隧道工程的整体风险,估测其安全风险等级,属于静态评估。

②对隧道开挖阶段进行专项风险评估。

③对辨识出的重大危险源进行重大风险源评估。

④提出风险控制措施。

5.6.2 工程概述

1)地形地貌

深圳市全境地势东南高、西北低,大部分为低山丘陵区,间以平缓的台地;西部为滨海平原。深圳市境内最高山峰为梧桐山,海拔943.7m。

马峦山隧道工程进洞口位于黄竹坑采石场东北约500m处马峦山山体,在盐田端(南端)大水坑盐坝高速公路以北出洞,线址原始地貌为丘陵,局部人工改造成居住区、景区(东部华侨城景区和马峦山公园)及采石场,山体植被发育、树木茂盛。沿线地形起伏较大,高程在60~412m之间变化。

2)地质构造与地层岩性

隧址区地质构造比较复杂,在区域构造上紧邻莲花山断裂带,处于莲花山断裂的南西段,受地质构造影响,场地内基岩节理裂隙发育,岩体较破碎,风化带厚度大,基岩面起伏较大。在区域构造应力作用下,本区以北东向断裂为主干构造,其次为北西向断裂。深圳断裂、清林径—南澳断裂带、暗山—田头山断裂带以及横岗—盐田断裂带是区内的主导构造,控制着区内的地质构造和地貌发育。

隧址区北东向断裂为压扭性,北西向断裂性质早期为张性,晚期为压扭性,具有反扭特征,断裂在平面上微呈S形舒缓波状分布延伸。东西向断裂以压性为主,兼有扭性力学性质。

隧道区地层岩性:

根据野外地质钻探及区域地质资料,隧址区上覆为第四系松散层,下伏基岩主要为花岗岩(燕山晚期)。第四系松散层主要由人工填土层、冲洪积层及残积层等组成。地层岩性分述如下:

①第四系(Q):主要是人工填土层(Q_4^{ml})、冲~洪积沉积层黏土、砾砂和(Q^{al+pl})残积土层(Q^{el})共3大层。

②花岗岩(γ^{53}):隧址区下伏花岗岩为粗粒花岗岩。分布范围为马峦山隧道工程区,左线 ZK2 +590 ~ ZK10 +489,右线 YK2 +581 ~ YK10 +485 段。

3)区域气象

项目区域属亚热带海洋性季风气候。由于受海陆分布和地形等因素的影响,全年气候温和湿暖,夏长冬短,雨量充沛,日照充足,干、湿分明。年平均降水量为 1966.3mm,地域分布自东向西减少,东南部年平均雨量达2200mm 以上,西北部地区只有约1500mm。降水主要集中在夏、秋两季。全年主要风向为东风和北东风,多年平均风速 2.6 ~3.6m/s。由于本区位置濒海,台风的影响较显著。台风影响时间为每年的 5 ~12 月份,以 6 ~10 月份较多,尤以 7 ~9 月份为高峰期,台风季节年平均 82d,历次台风登陆和影响都会带来强降雨或暴雨。

4)水文地质

隧址区水系较发达,北侧隶属于坪山河流域,南侧水系经短距离径流后流入大鹏湾。地表水主要为山间溪流、水库及水塘。线路穿越多处溪流、水库地段。

地表水体与隧道位置关系简述如下:

(1)地表水

本隧道所处地势较高,隧道沿线没有大、中型河流,受地形控制,地表水体主要为山间溪流、水库、塘,地表水部分向较低洼的沟谷、水库汇集,一部分汇聚后流出区外。在隧道工程范围内对隧道影响较大的地表水体有上坪水库、上下水肚水库及盐田采石场(出口段)积水塘。

(2)地下水

本隧道穿越地貌单元为丘陵、低山,由于本区段受断层影响,山体间冲沟、沟谷发育,地下水情况存在一定的差异。勘察期间,大部分钻孔可见地下水。本工程沿线主要含水层有三类:覆盖层潜水、基岩裂隙水和构造裂隙水,隧道沿线区以基岩裂隙水及构造裂隙水为主。

(3)地下水水质

本项目勘察期间在隧址区采取 10 个水试样进行水质分析,按《公路工程地质勘察规范》(JTG C20—2011)中相关规定综合判定:隧址区岩体渗透性为微 ~ 中透水性,地下水水质对混凝土具有微腐蚀性,对钢筋混凝土中的钢筋具有微腐蚀性。地表水(HCO_3^-)在直接临水或强透水地层中对混凝土具有中腐蚀性,故本工程不考虑地表水腐蚀性。

5)不良地质与特殊性岩土

据沿线地质条件分析,区内基岩为非可溶性岩石,未见地面塌陷及土洞、岩溶现象。原始自然地形坡度一般在 10° ~50°之间,边坡稳定。

沿线花岗岩中 ~ 微风化球体发育,花岗岩微风化球体最大直径可达 5m,仅对进口边坡的施工有影响。

另外,隧洞出口处及其浅埋段场地曾辟为采石场(盐田大水坑采石场),分布有较厚(0.5 ~18.7m)的填石层,对隧洞进出口段边坡稳定性影响较大。

6)场地稳定性与建筑适应性评价

(1)区域稳定性

隧址区的现今地质构造活动量微弱,处于地质构造活动相对微弱、稳定 ~ 较稳定地质环境,地壳相对基本稳定。至目前尚未发现明显的应力和能量集中迹象,近期可排除突发性活动的可能性,区域地壳稳定性为基本稳定。

根据《深圳市区域稳定性评价》(1991年)等技术资料分析结果:隧道穿越的各断层均为非活动性断裂,适宜工程建设。

(2)地震

隧址区现代地震活动多以微震和弱震为主,频率高、烈度小、震源浅。从区域地质及地震的角度来看,评估区地震活动水平较低,断裂活动性较弱,未发现全新世以来的深大活动断裂,不具备形成中、强地震危险地段的地质背景。

7)隧道围岩分级

(1)主洞围岩特征与围岩分级

隧道围岩主要由强风化花岗岩、中微风化花岗岩、微风化粗粒花岗岩,局部为碎裂岩和糜棱岩组成的构造破碎带。区内主要断裂带有13条,隧道部分受断裂带影响,构造裂隙发育,形成地下水渗透通道。隧道开挖时,可能出现地下水股状流水或线状流水。

总体评价:本隧道围岩岩性较为单一,岩体完整性总体较好,隧道左右线围岩分级统计见表5-27。

隧道左右线围岩分级统计表 表5-27

隧道部位	围岩级别(级)	总长(m)	长度(m)	所占比例(%)
隧道左洞	Ⅱ	7886	550	6.97
	Ⅲ		4450	56.43
	Ⅳ		2026	25.69
	Ⅴ		860	10.91
隧道右洞	Ⅱ	7886	470	5.96
	Ⅲ		4660	59.09
	Ⅳ		1740	22.06
	Ⅴ		1016	12.88

(2)洞口岩土体特征

①坪山端洞口:坪山端洞口位于坪山区黄竹坑采石场以东凹槽沟谷内,该区地势较高,坡度为26.5°~30.4°,主要为残积砾质黏性土,强~微风化花岗岩,基岩埋深浅,植被发育,开挖易形成临空面造成松散层滑动。受断裂F2影响,存在产状一致的构造裂隙,洞口仰坡及左、右侧边坡属于较稳定型结构边坡,但基岩覆盖层薄,残积砾质黏性土抗冲刷能力弱,易产生水土流失、冲刷破坏,对边坡稳定不利。

②盐田端洞口:盐田端洞口及浅埋段位于盐田区盐三路以东、大水坑以南采石场,洞口断面线与采石场西边线呈斜角状,主要地层为填土、填石及中~微风化花岗岩,总体呈松散~稍密状,地表植被较发育。场地主要地层为填土、填石及中~微风化花岗岩,地表植被较发育,洞口北130m右为采石坑积水塘,场地地下水以基岩裂隙水为主。受断裂F12影响,存在产状一致的构造裂隙,构造裂隙与出洞口仰坡走向、倾向一致,洞口开挖放坡可能产生洞口岩体裂隙与边坡顺层滑动。

8)隧道设计概况

(1)建筑限界设计

单洞行车道宽:3.5m+2×3.75m=11m。路缘带宽:左侧0.5m、右侧0.5m。单洞路面宽度:0.5m+11m+0.5m=12.0m。检修道宽:双侧各0.75m。

单洞建筑限界总宽为0.75m+12m+0.75m=13.5m，限高5m。

(2)内轮廓设计

隧道内轮廓以建筑限界为基础，综合考虑路面超高、衬砌结构受力特点、照明及消防设施布置空间、沟槽尺寸及隧道内装等拟定断面形式及具体参数。在满足建筑限界、运营设备安装空间、方便维修保养等前提下，力求使净空断面利用率高，结构受力合理。经对衬砌受力、造价等因素比较，根据《公路隧道设计规范》(JTG D70—2004)和《公路工程技术标准》(JTG B01—2014)，并结合本线技术标准和特点，拟定隧道内轮廓为圆弧连接的三心圆，Ⅴ级、Ⅳ级围岩地段均采用有仰拱断面，Ⅲ级、Ⅱ级围岩地段采用无仰拱断面，部分Ⅲ级围岩地段采用有仰拱断面。路面采用1.5%的单面横坡。

(3)洞口、洞门、明洞设计

隧道洞口位置的选择考虑了场地的地形、地质条件、环境保护等要求，经综合比选，按"早进洞、晚出洞"的原则确定，尽可能减小边仰坡的开挖高度，以利于环境保护、洞口段隧道施工和运营安全。洞口范围结合周边环境做景观设计。"削竹式"洞门简洁明快力线清晰，两端洞门方案均采用"削竹式"。

坪山端隧道暗挖入洞位置洞身与地形等高线有一定程度斜交，地面横坡较大，洞门采用"加长式明洞"，洞口范围回填绿化。

盐田端洞口平面受制于大水坑和盐三公路，洞门位置位于采石场，路面高程受制于盐港东立交，开挖深度较大。洞门周围须作刷坡修整，边仰坡采用钢筋混凝土骨架护坡，洞口范围设截水天沟和洞顶排水沟，防止雨水漫流。

(4)隧道衬砌结构设计

隧道洞身段支护衬砌按新奥法原理设计，采用初期支护和二次衬砌相结合的复合式衬砌，即以锚杆、湿喷混凝土、格栅钢架、型钢钢架等为初期支护，模筑混凝土为二次衬砌。复合式衬砌分为洞口加强段/浅埋段复合式衬砌和深埋段复合式衬砌。

9)隧道施工方案

本隧道分为3标段、4标段两个标段组织施工。3标段设计里程YK2+440~YK6+480，隧道左线起点里程为ZK2+590，终点里程为ZK6+486，全长3896m；右线起点里程YK2+581，终点里程为YK6+480，全长3899m。4标段设计里程YK6+480~YK10+560，隧道左线起点里程为ZK6+485.596，终点里程为ZK10+489，全长4003.404m；右线起点里程YK6+480，终点里程YK10+485，全长4005m。

隧道施工投入满足隧道施工的人员、机械设备及检测仪器，组成超前地质预报、围岩量测、"挖、装、运、锚、衬"等作业线。施工准备期内完成临建工程，隧道施工时，先行完成洞口段排水设施及坡面防护工程，再进行长管棚超前支护及正洞施工。加强超前地质预报及监控量测工作，及时调整施工方法和支护参数以策安全，确保工程质量和进度。初期支护紧跟，尽早形成闭合环；仰拱超前，根据监控量测结果适时施作二次衬砌。

①明洞段采用明挖法施工，土方自上而下采取挖掘机逐层开挖，边开挖边支护，采用人工及机械开挖相结合的方式，在局部岩体坚硬地段，可采用预裂弱爆破或毫秒电雷管爆破。

②隧道洞内主要采用爆破开挖；对于土方地段、围岩较差区段等应尽量采用机械开挖，以避免爆破振动对围岩造成破坏。

③洞口段、洞身Ⅴ级围岩地段采用双侧壁导坑法开挖,初期支护和临时支护紧跟在每一步的开挖之后。导洞开挖后,通过系统锚杆、钢筋网和钢支撑及喷射混凝土加固开挖外轮廓部分,使用砂浆锚杆、钢筋网和钢支撑及喷射混凝土加固中间核心土;分部开挖前,应根据设计及时施工超前支护。

④Ⅳ级围岩采用中隔壁导坑法施工,并以小导管进行超前支护。

⑤Ⅲ级围岩采用上下台阶钻爆法施工,采用微差控制爆破+光面爆破技术开挖,循环进尺不大于3.0m。

⑥在3标段Ⅱ级围岩地段采用全断面钻爆法施工;在4标段,由于考虑到左右线各仅有130m的Ⅱ级围岩段,施工方案调整并不利于整体进度的加快,所以仍采用上下台阶法。循环进尺不大于3.5m。

施工工序:施工测量→修筑洞外环向截水沟→洞口路堑开挖、边仰坡防护→洞口施工→超前支护(洞口段及Ⅴ级围岩地段)→洞身打眼装药爆破→通风→出渣→初期支护→监控量测→施作防水层→二次衬砌浇筑→水沟、电缆沟施作→洞内路面施工→隧道内装及机电设施安装。

⑦人行横通道开挖在主洞左右隧道开挖初期支护稳定后由两端向中部进行,开挖前先对与正洞交叉处进行加设锚杆加固后分上下台阶开挖,经过3m加强段后再采用全断面开挖,施工开挖爆破参数与正洞施工参数相同。隧道人行横洞衬砌采用组合钢模钢拱架配合立模,泵送混凝土浇筑。

⑧出渣采用无轨运输。Ⅱ级围岩地段全断面法、Ⅲ级围岩地段台阶法、Ⅳ级围岩地段中隔壁导坑法开挖采用装载机和挖掘机装渣;Ⅴ级围岩地段双侧壁导坑法开挖时,上断面采用人工开挖用手推车经流槽直接倒入导坑下部;人行横洞断面小,采用人工装渣,用小翻斗把石渣运至隧道中部,然后采用侧卸式装载机装渣,运渣采用大吨位自卸汽车运渣。车行横洞采用人工配合装载机出渣,由自卸汽车运渣。

⑨隧道修建所需的建筑材料等服从路基整体调配。沿线均有机井,水量较大,水质较好,可以满足工程用水要求,可与当地联系解决。沿线电力资源丰富,电网密布,用电方便,可直接与电力部门协商解决。

10)风险评估依据

《交通运输部关于推进安全生产风险管理工作的意见》(交安监发〔2014〕120号);

《关于开展公路桥梁和隧道工程施工安全风险评估试行工作的通知》(交质监发〔2011〕217号);

《公路桥梁和隧道工程施工安全风险评估指南(试行)》(交通运输部,2011年5月);

《公路工程技术标准》(JTG B01—2014);

《公路工程施工安全技术规范》(JTG F90—2015);

《公路工程地质勘察规范》(JTG C20—2011);

《公路隧道设计规范》(JTG D70—2004);

《公路隧道设计细则》(JTG/T D70—2010);

《公路隧道施工技术规范》(JTG F60—2009);

《公路隧道交通工程设计规范》(JTG/T D71—2004);

《岩土锚杆与喷射混凝土支护工程技术规范》(GB 50086—2015)；
《马峦山隧道工程地质勘察说明》；
《马峦山隧道工程地质纵断面图》；
《马峦山隧道工程地质平面图》；
《马峦山隧道施工图设计说明》；
《马峦山隧道施工图设计图》；
马峦山隧道工程各阶段(工可、初步设计、详细设计等)审查意见及执行情况；
《马峦山隧道工程实施性施工组织设计(3、4标段)》；
《马峦山隧道工程安全施工专项方案(3、4标段)》。

5.6.3 总体风险评估

1)建立风险评估指标体系

根据马峦山隧道工程的地质条件、建设规模、气候与地形条件等评估指标,分析确定该隧道工程总体风险评估的指标体系及赋值,见表5-28。

马峦山隧道总体风险评估指标体系　　表5-28

<table>
<tr><th>评估指标</th><th colspan="2">分　类</th><th>评估</th><th>分值</th></tr>
<tr><td rowspan="10">地质
$G=a+b+c$</td><td rowspan="4">围岩情况
a</td><td>1. Ⅴ级、Ⅵ级围岩段长度占全隧道长度70%以上</td><td></td><td></td></tr>
<tr><td>2. Ⅴ级、Ⅵ级围岩段长度占全隧道长度40%以上、70%以下</td><td></td><td></td></tr>
<tr><td>3. Ⅴ级、Ⅵ级围岩段长度占全隧道长度20%以上、40%以下</td><td>√</td><td>1</td></tr>
<tr><td>4. Ⅴ级、Ⅵ级围岩段长度占全隧道长度20%以下</td><td></td><td></td></tr>
<tr><td rowspan="3">瓦斯含量
b</td><td>1. 隧道洞身穿越瓦斯地层</td><td></td><td></td></tr>
<tr><td>2. 隧道洞身附近可能存在瓦斯地层</td><td></td><td></td></tr>
<tr><td>3. 隧道施工区域不会出现瓦斯</td><td>√</td><td>0</td></tr>
<tr><td rowspan="3">富水情况
c</td><td>1. 隧道全程存在可能发生涌水突泥的地质</td><td></td><td></td></tr>
<tr><td>2. 有部分可能发生涌水突泥的地质</td><td>√</td><td>1</td></tr>
<tr><td>3. 无涌水突泥可能的地质</td><td></td><td></td></tr>
<tr><td rowspan="4">开挖断面
A</td><td colspan="2">1. 特大断面(单洞四车道隧道)</td><td></td><td></td></tr>
<tr><td colspan="2">2. 大断面(单洞三车道隧道)</td><td>√</td><td>3</td></tr>
<tr><td colspan="2">3. 中断面(单洞双车道隧道)</td><td></td><td></td></tr>
<tr><td colspan="2">4. 小断面(单洞单车道隧道)</td><td></td><td></td></tr>
<tr><td rowspan="4">隧道全长
L</td><td colspan="2">1. 特长(3000m以上)</td><td>√</td><td>4</td></tr>
<tr><td colspan="2">2. 长(大于1000m、小于3000m)</td><td></td><td></td></tr>
<tr><td colspan="2">3. 中(大于500m、小于1000m)</td><td></td><td></td></tr>
<tr><td colspan="2">4. 短(小于500m)</td><td></td><td></td></tr>
<tr><td rowspan="3">洞口形式
S</td><td colspan="2">1. 竖井</td><td></td><td></td></tr>
<tr><td colspan="2">2. 斜井</td><td></td><td></td></tr>
<tr><td colspan="2">3. 水平洞</td><td>√</td><td>1</td></tr>
<tr><td rowspan="2">洞口特征
C</td><td colspan="2">1. 隧道进口施工困难</td><td>√</td><td>2</td></tr>
<tr><td colspan="2">2. 隧道进口施工较容易</td><td></td><td></td></tr>
</table>

注:1. 指标的取值针对单洞。
2. 表中“以上”表示含本数,“以下”表示不含本数。

2)总体评估

马峦山隧道工程施工安全总体风险大小计算公式为:

$$R=G(A+L+S+C)=(1+0+1)\times(3+4+1+2)=20$$

其中,评估指标体系中 G、A、L、S、C 各指标所赋值结合工程实际,综合考虑了各种因素的影响程度,数值取整数。计算得到的马峦山隧道工程施工安全总体风险值 $R=20$。

按照表 5-2 评估马峦山隧道工程施工安全总体风险等级为Ⅲ级,即为高度风险,根据《指南》规定及现场实际情况,需要进行专项施工安全风险评估。

5.6.4 专项风险评估

1)施工作业程序分解

将马峦山隧道施工作业程序按表 5-29 分解。

马峦山隧道施工作业工序分解 表 5-29

分部工程	分项工程	单位作业
洞口工程	洞口开挖	清表作业
		挖掘作业
		爆破作业
		超前管棚
		支护钢拱架
		喷射混凝土
	洞口边仰坡防护	地锚布设
		混凝土格框施工
		危石清除
		截水沟施工
		边坡植被恢复
	明洞回填	明洞浆砌砖回填
		明洞回填
洞身开挖	钻爆作业	钻孔
		装药和起爆
		通风
		危石清除
	洞内运输	装渣
		无轨运输/有轨运输
		卸渣
		爆破器材运输
洞身衬砌	初期支护	超前支护或超前小导管
		立拱架

续上表

分部工程	分项工程	单位作业
洞身衬砌	初期支护	铺设钢筋网
		喷射混凝土
	二次衬砌	铺设防水层
		绑扎二次衬砌钢筋
		浇筑二次衬砌混凝土
		填充仰拱混凝土

2)风险源普查

隧道围岩主要为强风化花岗岩、中微风化花岗岩、微风化粗粒花岗岩,局部为碎裂岩和糜棱岩组成的构造破碎带。区内主要断裂带有13条,隧道部分受断裂带影响,构造裂隙发育,形成地下水渗透通道,隧道开挖时,可能出现地下水股状流水或线状流水,岩石塌陷和部分地段极易出现冒顶现象。

根据上述对于隧道工程地质条件和隧道施工作业主要内容的分析,并结合表5-29所示马峦山隧道施工作业程序分解,本次评估通过相关人员调查、评估小组讨论、专家咨询等方式,对作业中可能发生的典型事故类型进行了分析。马峦山隧道施工安全风险源普查清单见表5-30。马峦山隧道施工作业活动与典型事故类型见表5-31,表中事故类型参照国家标准《企业职工伤亡事故分类标准》(GB 6441—86)。

马峦山隧道施工安全风险源普查清单　　表5-30

序　号	风　险　源	判断依据
1	洞口施工	可能导致坍塌、冻害、物体打击、高处坠落、触电、机械伤害、车辆伤害、倒塌
2	边仰坡防护	可能导致坍塌、物体打击、高处坠落、机械伤害、倒塌
3	钻爆作业	可能导致坍塌、爆炸、涌水突泥、物体打击、高处坠落、触电、机械伤害
4	洞内运输	可能导致坍塌、爆炸、涌水突泥、物体打击、车辆伤害
5	初期支护	可能导致坍塌、爆炸、涌水突泥、物体打击、高处坠落、触电、机械伤害、倒塌
6	二次衬砌	可能导致物体打击、高处坠落、触电、火灾、机械伤害、车辆伤害、倒塌

3)风险分析

根据风险源辨识的成果,结合马峦山隧道具体工程特点,对施工中可能发生风险途径进行系统分析。

(1)洞口工程施工风险分析

马峦山隧道坪山端和盐田端洞口浅埋偏压,围岩等级均为Ⅴ级。洞口工程分为洞口施工和边仰坡防护两个分项工程,洞口施工过程中,如果支护不及时,隧道围岩自由变形可能会过大,导致塌方或失稳。同时在施工过程中也应注意实时进行监控量测,尤其需要把握二次衬砌的施作时机,二次衬砌采用模筑钢筋混凝土结构,防排水措施要到位。同时施工过程中可能引发物体打击、高处坠落、触电、机械伤害、倒塌等事故。

表 5-31

马峦山隧道施工作业活动与典型事故类型

主要作业内容	事故类型												
	物体打击	高处坠落	触电	起重伤害	爆炸	冒顶片帮	突水涌泥	放炮	火灾	机械伤害	车辆伤害	倒塌	其他
一、洞口工程													
1. 洞口施工													
（1）清表作业		√								√			
（2）挖掘作业	√	√								√		√	
（3）爆破作业	√		√		√	√	√	√					
（4）超前管棚		√	√				√						
（5）支护钢拱架		√	√							√		√	
（6）喷射混凝土	√	√											
（7）明洞工程	√	√	√									√	
2. 洞口边仰坡防护													
（1）地锚布设	√	√											
（2）混凝土格框施工	√	√											
（3）危石清除	√					√	√			√			
（4）截水沟施工		√											
（5）边坡植被		√											
二、洞身开挖													
1. 钻爆作业													
（1）钻孔		√	√		√	√	√	√		√			
（2）装药与起爆	√		√		√	√	√	√					

续上表

主要作业内容	事故类型												
	物体打击	高处坠落	触电	起重伤害	爆炸	冒顶片帮	突水涌泥	放炮	火灾	机械伤害	车辆伤害	倒塌	其他
(3)通风			√										
(4)危石清除	√					√	√			√			
2. 洞内运输													
(1)装渣	√				√	√	√	√					
(2)无轨运输/有轨运输	√									√			
(3)卸渣	√									√			
(4)爆破器材运输					√								
三、洞身衬砌													
1. 初期支护													
(1)超前支护/超前小导管	√	√	√		√	√	√			√			
(2)立拱架			√		√	√	√					√	
(3)铺设钢筋网		√	√		√	√	√					√	
(4) 喷射混凝土	√	√			√	√	√						
2. 二次衬砌													
(1)铺设防水层		√						√	√				
(2)绑扎二次衬砌钢筋	√	√	√									√	
(3)浇筑二次衬砌混凝土		√	√							√	√		
(4)填充仰拱混凝土		√	√							√	√		

(2)洞身开挖风险分析

在隧道施工方法上,Ⅴ级围岩处采用双侧壁导坑法施工,初期支护和临时支护紧跟在每一步的开挖之后。Ⅳ级围岩采用交叉中壁法施工,并以小导管为超前支护;Ⅲ级围岩采用上下台阶钻爆法施工,采用微差控制爆破+光面爆破技术开挖,循环进尺不大于3.0m。

因此,若隧道施工中对围岩扰动较大,则要适当控制施工进尺和确保初期支护的及时性。对于断层处工程地质条件认识不足和处置措施不当,都极有可能引发坍塌、涌水突泥等事故。此外,洞身开挖过程中还可能由于管理不当、操作不当、人员安全意识不足等问题引发物体打击、高处坠落、触电、放炮、机械伤害、车辆伤害等事故。

(3)洞身衬砌施工风险分析

隧道洞口段分别设置了长度不等的明洞,明洞衬砌采用钢筋混凝土结构。隧道暗洞采用复合式衬砌支护结构,衬砌均按新奥法原理设计,采用柔性支护体系的复合式衬砌,即以喷混凝土、锚、网、拱架等为初期支护,以混凝土、钢筋混凝土为二次衬砌,并视地层、地质条件增加管棚、超前小导管注浆、超前锚杆等超前强预支护措施。

结合洞身开挖风险分析,对于断层等特殊复杂工程地质条件认识不足和处理措施不当,都极有可能引发坍塌、涌水突泥事故。另外,洞身初期支护施工过程中由于开挖后软弱围岩不稳定状态的继续发展及支护施工的扰动等的作用,也极有可能发生坍塌事故。同时,搭设施工台车、土工布铺设、二次衬砌钢筋绑扎等作业过程中,由于防护不当、机械设备带病运行等原因,可能引发物体打击、高处坠落、触电、机械伤害、倒塌、火灾等事故。

4)风险估测

本案例采用LEC法对马峦山隧道风险源进行风险估测。该方法采用与系统风险率相关的3个方面指标值之积,来评价系统中的人员伤亡风险大小:L为发生事故的可能性大小;E为人体暴露在这种危险环境中的频繁程度;C为一旦发生事故会造成的损失后果。风险分值$D=LEC$。D值越大,说明该系统危险性大,需要增加安全措施,或改变发生事故的可能性,或减少人体暴露于危险环境中的频繁程度,或减轻事故损失,直至调整到允许范围内。马峦山隧道风险估测汇总见表5-32。

综合考虑马峦山隧道的地质条件、施工组织和风险估测成果,分析认为该隧道发生坍塌、洞口失稳、涌水突泥的风险较大,因此应开展进一步的安全风险评估工作。

5.6.5 重大风险源评估

1)重大风险事件的确定

根据马峦山隧道地质情况、设计资料和施工组织等,建立了隧道安全风险事件及风险源检查表(表5-33),对隧道可能存在的重大风险事件及与之相关的风险源进行检查和辨识。

马峦山隧道风险估测汇总表

表 5-32

分项工程	危险源	潜在的事故类型	严重程度	风险估测				风险级别(级)	备注
				L	E	C	D		
洞口工程	施工人员没有戴安全帽	物体打击	死伤、财产损失	1	2	15	30	Ⅱ	一般危险
	安全帽不符合安全要求	物体打击	死伤、财产损失	0.5	6	15	45	Ⅱ	一般危险
	危石未清理	物体打击	死伤、财产损失	1	3	15	45	Ⅱ	一般危险
	装渣超高	物体打击	死伤、财产损失	1	3	15	45	Ⅱ	一般危险
	洞口重叠作业没有防护措施	物体打击	死伤、财产损失	3	6	3	54	Ⅱ	一般危险
	危险场所未设警示标志	物体打击	死伤、财产损失	6	3	3	54	Ⅱ	一般危险
	在洞口高处作业时没有防护措施	高处坠落	死伤、财产损失	3	6	3	54	Ⅱ	一般危险
	脚手架、工作平台未设置安全设施	高处坠落	死伤、财产损失	3	6	3	54	Ⅱ	一般危险
	漏电保护失灵	触电	死伤、财产损失	1	6	15	90	Ⅲ	显著危险
	供电线路破损漏电	触电	死伤、财产损失	0.5	6	15	45	Ⅱ	一般危险
	进洞电力线路不规范	触电	死伤、财产损失	1	3	15	45	Ⅱ	一般危险
	工作人员操作不当	触电	死伤、财产损失	3	2	15	90	Ⅲ	显著危险
	初期支护不及时	坍塌	死伤、财产损失	3	6	7	126	Ⅲ	显著危险
	初期支护参数不符合设计要求	坍塌	死伤、财产损失	1	6	40	240	Ⅳ	高度危险
	开挖循环步距过大	坍塌	死伤、财产损失	1	6	40	240	Ⅳ	高度危险
	超挖	坍塌	死伤、财产损失	3	6	7	126	Ⅲ	显著危险
	边仰坡开挖未按设计要求坡度施工	坍塌	死伤、财产损失	1	6	15	90	Ⅲ	显著危险
	洞顶及洞口排水系统未及时形成	坍塌	死伤、财产损失	1	10	15	150	Ⅲ	显著危险
	洞口边坡有裂缝未能及时处理	坍塌	死伤、财产损失	6	1	15	90	Ⅲ	显著危险
	在挖掘机回转范围内有人员通过或作业	机械伤害	死伤、财产损失	3	3	3	27	Ⅱ	一般危险
	机械操作不当	机械伤害	死伤、财产损失	3	3	3	27	Ⅱ	一般危险
	操作人员无证上岗	机械伤害	死伤、财产损失	3	3	3	27	Ⅱ	一般危险
	机械设备故障	机械伤害	死伤、财产损失	3	2	3	18	Ⅰ	稍有危险
	喷射混凝土时有人员在喷射范围内通过或逗留	机械伤害	死伤、财产损失	3	3	3	27	Ⅱ	一般危险

续上表

分项工程	危　险　源	潜在的事故类型	严 重 程 度	风 险 估 测				风险级别(级)	备　注
				L	E	C	D		
洞口工程	运渣车超载	车辆伤害	死伤、财产损失	3	2	15	90	Ⅲ	显著危险
	运渣车故障	车辆伤害	死伤、财产损失	1	3	15	45	Ⅱ	一般危险
	车辆超速行驶	车辆伤害	死伤、财产损失	3	2	15	90	Ⅲ	显著危险
	施工便道路况较差	车辆伤害	死伤、财产损失	1	6	15	90	Ⅲ	显著危险
	无证驾驶	车辆伤害	死伤、财产损失	0.5	3	15	23	Ⅱ	一般危险
	违反交通规则	车辆伤害	死伤、财产损失	3	2	15	90	Ⅲ	显著危险
	危险地段无指示灯或安全警示牌	车辆伤害	死伤、财产损失	1	6	15	90	Ⅲ	显著危险
	出渣车辆无人指挥,进出混乱	车辆伤害	死伤、财产损失	1	6	15	90	Ⅲ	显著危险
	钢拱架架设时支撑不牢	倒塌	死伤、财产损失	1	6	7	42	Ⅱ	一般危险
洞身开挖	施工人员没有戴安全帽	物体打击	死伤、财产损失	1	2	15	30	Ⅱ	一般危险
	安全帽不符合安全要求	物体打击	死伤、财产损失	0.5	6	7	21	Ⅱ	一般危险
	危石未清理	物体打击	死伤、财产损失	1	3	7	21	Ⅱ	一般危险
	装渣超高	物体打击	死伤、财产损失	1	3	7	21	Ⅱ	一般危险
	危险场所未设置警示标志	物体打击	死伤、财产损失	6	3	3	54	Ⅱ	一般危险
	脚手架、工作平台未设置安全设施	高处坠落	死伤、财产损失	1	6	3	18	Ⅰ	稍有危险
	洞内照明不足	高处坠落	死伤、财产损失	3	6	3	54	Ⅱ	一般危险
	漏电保护失灵	触电	死伤、财产损失	1	6	15	90	Ⅲ	显著危险
	供电线路破损漏电	触电	死伤、财产损失	0.5	6	15	45	Ⅱ	一般危险
	进洞电力线路不规范	触电	死伤、财产损失	1	3	15	45	Ⅱ	一般危险
	工作人员操作不当	触电	死伤、财产损失	3	2	15	90	Ⅲ	显著危险
	钻爆参数设计不合理	坍塌	死伤、财产损失	1	3	3	9	Ⅰ	稍有危险
	爆破药量超出钻爆设计药量	坍塌	死伤、财产损失	3	3	3	27	Ⅱ	一般危险
	爆破后危石未清理,继续钻孔作业	坍塌	死伤、财产损失	1	6	15	90	Ⅲ	显著危险
	装渣扰动渣体	坍塌	死伤、财产损失	1	6	7	42	Ⅱ	一般危险

续上表

分项工程	危 险 源	潜在的事故类型	严 重 程 度	风险估测				风险级别（级）	备 注
				L	E	C	D		
洞身开挖	超前地质预报不准确	坍塌	死伤、财产损失	3	6	40	720	Ⅳ	高度危险
	未按规定进行超前地质预报工作	坍塌	死伤、财产损失	1	6	40	240	Ⅳ	高度危险
	未采取有效加固措施，或超前加固措施不合理	坍塌	死伤、财产损失	3	6	40	720	Ⅳ	高度危险
	通过断层（含水）破碎带开挖方式不合理	坍塌	死伤、财产损失	3	6	40	720	Ⅳ	高度危险
	残炮眼上继续钻孔	爆炸	死伤、财产损失	3	1	15	45	Ⅱ	一般危险
	钻孔与装药距离近或装药人员不分区	爆炸	死伤、财产损失	3	3	15	135	Ⅲ	显著危险
	爆破人员无证上岗	爆炸	死伤、财产损失	1	6	15	90	Ⅲ	显著危险
	哑炮未处理开始作业	爆炸	死伤、财产损失	1	3	40	120	Ⅲ	显著危险
	瞎炮违规处理	爆炸	死伤、财产损失	1	3	40	120	Ⅲ	显著危险
	导火索长度达不到要求	爆炸	死伤、财产损失	1	3	15	45	Ⅱ	一般危险
	作业人员未完全撤离或撤离距离近起爆	爆炸	死伤、财产损失	1	1	15	15	Ⅰ	稍有危险
	装药时带有火源	爆炸	死伤、财产损失	1	1	15	15	Ⅰ	稍有危险
	使用电雷管或毫秒雷管时作业场所有静电	爆炸	死伤、财产损失	1	6	15	90	Ⅲ	显著危险
	用铁钎装药	爆炸	死伤、财产损失	1	6	15	90	Ⅲ	显著危险
	热炮眼装药	爆炸	死伤、财产损失	1	3	15	45	Ⅲ	显著危险
	渣堆中残留炸药未能发现或发现后没有及时处理	爆炸	死伤、财产损失	1	3	15	45	Ⅲ	显著危险
	爆破作业无统一指挥	爆炸	死伤、财产损失	1	3	15	45	Ⅲ	显著危险
	未按规定设置警戒或警戒距离不足	爆炸	死伤、财产损失	1	1	15	15	Ⅰ	稍有危险
	爆破作业未按规程操作	爆炸	死伤、财产损失	1	3	15	45	Ⅲ	显著危险
	无专人运输爆破器材	爆炸	死伤、财产损失	1	6	15	90	Ⅲ	显著危险
	雷管和炸药混装运输	爆炸	死伤、财产损失	1	6	15	90	Ⅲ	显著危险

续上表

分项工程	危险源	潜在的事故类型	严重程度	风险估测				风险级别(级)	备注
				L	E	C	D		
洞身开挖	电雷管不用绝缘箱存储和运输	爆炸	死伤、财产损失	1	6	15	90	Ⅲ	显著危险
	运输爆破器材车辆无明显标志	爆炸	死伤、财产损失	3	3	15	90	Ⅲ	显著危险
	现场临时储药量超过当班用量	爆炸	死伤、财产损失	1	6	15	90	Ⅲ	显著危险
	机械操作不当	机械伤害	死伤、财产损失	3	3	3	27	Ⅱ	一般危险
	机械故障	机械伤害	死伤、财产损失	3	2	3	18	Ⅰ	稍有危险
	洞内能见度小、车灯损坏	车辆伤害	死伤、财产损失	1	2	15	30	Ⅱ	一般危险
	危险地段无警示牌	车辆伤害	死伤、财产损失	1	6	15	90	Ⅲ	显著危险
	出渣车辆无专人指挥,进出混乱	车辆伤害	死伤、财产损失	1	6	15	90	Ⅲ	显著危险
	洞内超速行驶	车辆伤害	死伤、财产损失	3	2	15	90	Ⅲ	显著危险
	运渣车超载	车辆伤害	死伤、财产损失	3	2	15	90	Ⅲ	显著危险
	运渣车故障	车辆伤害	死伤、财产损失	1	3	15	45	Ⅱ	一般危险
	无证驾驶	车辆伤害	死伤、财产损失	0.5	3	15	23	Ⅱ	一般危险
	施工人员没有戴安全帽	物体打击	死伤、财产损失	1	2	15	30	Ⅱ	一般危险
	安全帽不符合安全要求	物体打击	死伤、财产损失	0.5	6	7	21	Ⅱ	一般危险
洞身衬砌	危石未清理	物体打击	死伤、财产损失	1	3	7	21	Ⅱ	一般危险
	拱顶掉块	物体打击	死伤、财产损失	1	6	3	18	Ⅰ	稍有危险
	作业平台随意堆放零星物料和工具	物体打击	死伤、财产损失	3	3	7	63	Ⅱ	一般危险
	脚手架、工作平台未设置安全设施	高处坠落	死伤、财产损失	1	6	3	18	Ⅰ	稍有危险
	洞内照明不足	高处坠落	死伤、财产损失	3	6	3	54	Ⅱ	一般危险
	施工台架不牢固、铺板过少、无栏杆	高处坠落	死伤、财产损失	3	6	3	54	Ⅱ	一般危险
	作业人员使用违规设施上下	高处坠落	死伤、财产损失	3	6	3	54	Ⅱ	一般危险
	跳板安装不牢或无防滑措施	高处坠落	死伤、财产损失	1	6	3	18	Ⅰ	稍有危险
	漏电保护失灵	触电	死伤、财产损失	1	6	15	90	Ⅲ	显著危险
	供电线路破损漏电	触电	死伤、财产损失	0.5	6	15	45	Ⅱ	一般危险

续上表

分项工程	危险源	潜在的事故类型	严重程度	风险估测				风险级别(级)	备注
				L	E	C	D		
洞身衬砌	进洞电力线路不规范	触电	死伤、财产损失	1	3	15	45	Ⅱ	一般危险
	工作人员操作不当	触电	死伤、财产损失	3	2	15	90	Ⅲ	显著危险
	初期支护不及时	坍塌	死伤、财产损失	3	6	7	126	Ⅲ	显著危险
	初期支护参数不符合设计要求	坍塌	死伤、财产损失	3	6	15	270	Ⅳ	高度危险
	开挖循环步距过大	坍塌	死伤、财产损失	3	6	15	270	Ⅳ	高度危险
	支护方案不合理	坍塌	死伤、财产损失	1	6	15	90	Ⅲ	显著危险
	支护质量不合格、围岩失稳	坍塌	死伤、财产损失	1	6	15	90	Ⅲ	显著危险
	支护损坏、变形	坍塌	死伤、财产损失	3	6	15	270	Ⅳ	高度危险
	开挖与二次衬砌距离过长	坍塌	死伤、财产损失	3	6	15	270	Ⅳ	高度危险
	仰拱施工不及时	坍塌	死伤、财产损失	3	6	15	270	Ⅳ	高度危险
	塌后未查明原因即开工	坍塌	死伤、财产损失	3	3	15	135	Ⅲ	显著危险
	掌子面开挖暂停施工，未及时封闭掌子面并跟进初期支护	坍塌	死伤、财产损失	3	2	15	90	Ⅲ	显著危险
	软弱破碎围岩地段超前支护跟进不及时	坍塌	死伤、财产损失	3	6	15	270	Ⅳ	高度危险
	钢拱架支撑时架设不牢	坍塌	死伤、财产损失	1	6	15	90	Ⅲ	显著危险
	围岩变形测量不及时	坍塌	死伤、财产损失	3	2	15	90	Ⅲ	显著危险
	监测布点不正确、测量频率少	坍塌	死伤、财产损失	3	2	15	90	Ⅲ	显著危险
	超前加固措施不当、施工质量不合格	坍塌	死伤、财产损失	3	2	40	240	Ⅳ	高度危险
	雨水、地下水作用导致围岩失稳	涌水突泥	死伤、财产损失	3	2	15	90	Ⅳ	显著危险
	通过断层(含水)破碎带支护 施工不合理	坍塌	死伤、财产损失	3	6	40	720	Ⅳ	高度危险
	操作不当引燃土工布、防水板	火灾	死伤、财产损失	3	3	3	27	Ⅱ	一般危险
	洞内存放易燃品	火灾	死伤、财产损失	3	3	3	27	Ⅱ	一般危险
	未按规定配备消防器材	火灾	死伤、财产损失	1	6	3	18	Ⅰ	稍有危险

续上表

分项工程	危险源	潜在的事故类型	严重程度	风险估测				风险级别(级)	备注
				L	E	C	D		
洞身衬砌	防火区域动火作业	火灾	死伤、财产损失	3	3	3	27	Ⅱ	一般危险
	机械操作不当	机械伤害	死伤、财产损失	3	3	3	27	Ⅱ	一般危险
	操作人员无证上岗	机械伤害	死伤、财产损失	3	3	3	27	Ⅱ	一般危险
	机械设备故障	机械伤害	死伤、财产损失	3	2	3	18	Ⅰ	稍有危险
	维修机械不停机	机械伤害	死伤、财产损失	3	2	7	42	Ⅱ	一般危险
	喷射机连接管路不牢、管路不通畅	机械伤害	死伤、财产损失	3	3	7	63	Ⅱ	一般危险
	违章操作机械	机械伤害	死伤、财产损失	3	2	7	42	Ⅱ	一般危险
	运混凝土车洞内超速行驶	车辆伤害	死伤、财产损失	3	2	15	90	Ⅲ	显著危险
	运混凝土车故障	车辆伤害	死伤、财产损失	1	3	15	45	Ⅱ	一般危险
	无证驾驶	车辆伤害	死伤、财产损失	0.5	3	15	23	Ⅱ	一般危险
	钢拱架架设时支撑不牢	倒塌	死伤、财产损失	1	6	7	42	Ⅱ	一般危险
	钢筋网挂网时固定不牢	倒塌	死伤、财产损失	1	6	7	42	Ⅱ	一般危险
	脚手架超重	倒塌	死伤、财产损失	1	3	15	45	Ⅱ	一般危险
	二次衬砌钢筋绑扎不牢	倒塌	死伤、财产损失	3	2	7	42	Ⅱ	一般危险
	模筑台车基础不均匀沉降	倒塌	死伤、财产损失	1	1	40	40	Ⅱ	一般危险
	漏电保护失灵	触电	死伤、财产损失	1	6	15	90	Ⅲ	显著危险
	供电线路破损漏电	触电	死伤、财产损失	0.5	6	15	45	Ⅱ	一般危险
	进洞电力线路不规范	触电	死伤、财产损失	1	3	15	45	Ⅱ	一般危险
	工作人员操作不当	触电	死伤、财产损失	3	2	15	90	Ⅲ	显著危险
隧道路面	机械操作不当	机械伤害	死伤、财产损失	3	3	3	27	Ⅱ	一般危险
	操作人员无证上岗	机械伤害	死伤、财产损失	3	3	3	27	Ⅱ	一般危险
	机械设备故障	机械伤害	死伤、财产损失	3	2	3	18	Ⅰ	稍有危险
	维修机械不停机	机械伤害	死伤、财产损失	3	2	7	42	Ⅱ	一般危险
	洞内超速行驶	车辆伤害	死伤、财产损失	3	2	15	90	Ⅲ	显著危险
	车辆故障	车辆伤害	死伤、财产损失	1	3	15	45	Ⅱ	一般危险
	无证驾驶	车辆伤害	死伤、财产损失	0.5	3	15	23	Ⅱ	一般危险

马峦山隧道安全风险事件及风险源检查表 表5-33

风险源		风险事件		
		坍塌	洞口失稳	涌水突泥
施工准备情况	气象调查	√	√	√
	设计文件的校对情况	√	√	√
	实施性施工组织设计	√	√	√
施工地质勘察	资料收集情况	√	√	√
	常规地质法情况	√	√	√
	超前地质预报情况	√	√	√
开挖情况	开挖方式	√	√	√
	循环进尺	√	√	√
	预留变形量	√		
	掌子面减压、应力释放措施	√	√	
	地下水处理	√	√	√
	爆破方法	√	√	√
	隧道超、欠挖情况	√	√	√
	落底	√		
	断面变化处或工法转换处	√	√	√
施工期防排水	注浆堵水措施	√	√	√
	排水措施	√	√	√
	降水措施	√	√	√
支护及衬砌情况	支护刚度	√	√	√
	超前支护	√	√	√
	预注浆	√	√	√
	地层加固与改良	√	√	√
	支护时机	√	√	√
	支护方式	√	√	√
	支护质量	√	√	√
	闭合成环周期	√	√	√
防护情况	机械设备防护	√	√	√
	人员防护	√	√	√
隧道特征	埋深	√	√	
	断面	√	√	
监控量测	水量	√	√	√
	水质	√	√	√
	水压	√	√	√
	掌子面稳定情况	√	√	√
	量测器材及布置	√	√	√
	量测频率	√	√	√
	规范要求监测项目	√	√	√
	监控量测制度	√	√	√
	信息反馈及处理	√	√	√

续上表

风险源		风险事件		
		坍塌	洞口失稳	涌水突泥
施工管理	培训情况	√	√	√
	检测情况	√	√	√
	应急预案情况	√	√	√
	人员管理情况	√	√	√
	施工队伍状况	√	√	√
	机械装备程度	√	√	√
	施工质量	√	√	√
	施工经验及辅助工法掌握	√	√	√
	监理情况	√	√	√

注:其中打"√"表示该风险源对风险事故有影响。

通过分析隧道风险源检查表,并结合前章的专项风险评估,马峦山隧道存在的主要风险事件有坍塌、洞口失稳、涌水突泥。

2)施工管理引发的事故可能性评估指标

马峦山隧道项目安全管理评估指标体系评分情况见表5-34。

马峦山隧道项目安全管理评估指标体系 表5-34

评估指标	分类	标准分值	评估分值
总包企业资质 *A*	三级	3	
	二级	2	
	一级	1	1
	特级	0	
专业及劳务分包企业资质 *B*	无资质	1	
	有资质	0	0
历史事故情况 *C*	发生过重大事故	3	
	发生过较大事故	2	
	发生过一般事故	1	
	未发生过事故	0	0
作业人员经验 *D*	无经验	2	
	经验不足	1	
	经验丰富	0	0
安全管理人员配备 *E*	不足	2	
	基本符合规定	1	1
	符合规定	0	
安全投入 *F*	不足	2	
	基本符合规定	1	1
	符合规定	0	
机械设备配置及管理 *G*	不符合合同要求	2	
	基本符合合同要求	1	
	符合合同要求	0	0

续上表

评估指标	分　类	标准分值	评估分值
专项施工方案 H	可操作性较差	2	
	可操作性一般	1	
	可操作性强	0	1

则 $M = A + B + C + D + E + F + G + H = 4$，相应折减系数 γ 为0.9。

3）洞口失稳危险性评估

建立表5-15所示的洞口失稳可能性评估指标。

马峦山隧道围岩为Ⅱ级、Ⅲ级、Ⅳ级、Ⅴ级，其中Ⅲ级围岩占比50%以上，围岩岩性较为单一，岩体完整性总体较好，A 为2分。隧道洞内主要采用爆破开挖，洞口段、洞身Ⅴ级围岩开挖采用双侧壁导坑法开挖，Ⅳ级围岩采用中隔壁导坑法施工，Ⅲ级围岩采用上下台阶钻爆法施工，Ⅱ级围岩采用全断面钻爆法施工，基本适合水文地质条件要求，B 为1分。洞口无明显或不可矫正偏压，洞口偏压 C 为1分。

隧道施工区段洞口失稳事故可能性分值计算公式为：$P = \gamma \cdot (A + B + C)$。代入数值得 $P = 3.6 \approx 4$ 分。对照表5-16，发生洞口失稳可能性为偶然。

参照表5-10建立的风险矩阵，洞口失稳的风险等级均为中度（Ⅱ级），有显著风险，需加强管理，并不断改进。

4）坍塌事故危险性评估

根据《指南》中“重大风险源估测”相关内容规定，隧道坍塌事故的可能性，可从施工区段的围岩级别、断层破碎带、渗水状态、地质符合性、施工方法、施工步距等指标进行估算。评估指标的分类、赋值标准见表5-13。

马峦山隧道围岩为Ⅱ级、Ⅲ级、Ⅳ级、Ⅴ级，Ⅲ级围岩占比50%以上，围岩岩性较为单一，岩体完整性总体较好，围岩级别 A 定为2分。根据本地区地质资料，隧址区地质构造比较复杂，紧邻莲花山断裂带，受地质构造影响，场地内基岩节理裂隙发育，岩体较破碎，围岩破碎 B 为3分。根据水文气资料，勘察期间，大部分钻孔见地下水，隧道沿线区以基岩裂隙水及构造裂隙水为主，隧址区岩体渗透性为微～中透水性，渗水状态 C 为1.2分。工程地质条件与设计文件基本一致，D 为1分。施工方法基本符合水文地质条件要求，E 为1分。据现场观测，二次衬砌距离掌子面距离一般均在80m左右，仰拱开挖距离一般在6m左右，施工步距 $F = a + b = 2 + 1 = 3$（分）。

隧道坍塌事故可能性分值计算公式为：$P = \gamma \cdot (C \cdot A + B + D + E + F) = 0.9 \times (0.9 \times 2 + 3 + 1 + 1 + 3) = 8.82 \approx 9$（分）。

建立如表5-14所示的隧道施工坍塌事故可能性等级标准。

从表5-14中可以看出，马峦山隧道发生坍塌的可能性为可能。

参照表5-10建立的风险矩阵，坍塌事故为高度（Ⅲ级）风险，需制定风险消减措施。

5）涌水突泥危险性评估

建立表5-17所示的涌水突泥可能性评估指标。

据沿线地质条件分析，区内基岩为非可溶性岩石，未见地面塌陷及土洞、岩溶现象，岩溶发育程度 A 为1分。隧址区穿越的各断层均为非活动性断裂，断裂活动性较弱，未发现全新世以来的深大活动断裂,断层破碎带 B 为 1 分。隧址区水系较发达,线路穿越多处溪流、水库地段,周围水体情况 C 为 3 分。

隧道涌水突泥事故可能性分值计算公式为:$P=\gamma \cdot B \cdot (A+C)=0.9\times 1\times (1+3)=3.6\approx 4$(分)。

建立表 5-18 所示的隧道施工涌水突泥事故可能性等级标准。

从表 5-18 可以看出,马峦山隧道发生涌水突泥事故的可能性为可能。

参照表 5-10 建立的风险矩阵,涌水突泥事故为中度(Ⅱ级)风险,有显著风险,需加强管理,并不断改进。

5.6.6 风险控制措施

5.6.6.1 马峦山隧道重大风险事件控制措施

1)洞口失稳风险

(1)已采取的措施

①明洞段分级开挖边坡,土石方开挖后及时进行边坡防护,对松软地层随挖随支护,以确保边坡的稳定。坡面采用网、锚、喷混凝土联合支护。

②隧道左右线进出洞口Ⅴ级软弱围岩采用双侧壁导坑法开挖。

③超前支护为超前管棚和超前小导管;初期支护采用喷混凝土、锚、网、钢支撑支护,其柔性较大,与系统锚杆焊接共同作用可增强整体性;二次衬砌采用模筑钢筋混凝土结构。

(2)正常施工情况下应采取的措施

①开挖前先进行预支护。

②洞口边仰坡开挖及明洞施工严格按照施工工序进行。正常施工工序应为先做好边仰坡开挖和支护工作,再进洞开挖。尽早施工仰坡截水沟,维护边坡稳定,防止地表水流入洞内。

③明洞施工应做好临时开挖边仰坡防护工作;明洞混凝土强度达到设计或规范要求后方可进行回填作业。

④洞口及边仰坡尽可能避开雨季施工。

⑤施工中同时开展边仰坡地表沉降监测。

(3)可进一步采取的措施

建议细化洞口浅埋段地表沉降监测方案。通过现场监测获得围岩动态和支护工作状态的信息,指导施工中优化支护及施工方案。

2)坍塌风险

(1)已采取的措施

①洞口浅埋段采用超前管棚,洞身深埋段Ⅴ级围岩区采用超前小导管作为预支护措施。

②初期支护采用喷混凝土、锚、网、钢支撑支护。

③隧道进洞口Ⅴ级软弱围岩采用双侧壁导坑法施工,该工法开挖跨度小,能确保掌子面的稳定和控制地表沉降;洞身Ⅴ级、Ⅳ级围岩分别采用双侧壁导坑法和中隔壁导坑法,超前支护为超前小导管或超前锚杆,初期支护采用喷混凝土、锚、网、钢支撑。

(2)正常施工情况下应采取的措施

①根据围岩级别选用相应的开挖方式。严格控制开挖工序、开挖进尺;

②二次衬砌与初期支护之间结合紧密；

③做好超前地质预报工作，当实际揭露地质条件较差时，及时改变施工方案和支护方案；

④做好施工监控量测工作，监测数据应准确可靠，根据监测数据及时调整和加强初期支护；

⑤严格控制爆破装药量，减少对软弱破碎围岩的扰动，尽量避免超欠挖，超挖后回填密实。

3）涌水突泥风险

（1）已采取的措施

①采用长距离和短距离超前地质预报方法，分别是超前地质预报（TSP）法、超前孔钻探和掌子面地质素描；

②隧道防排水系统由防水板、土工布、纵横盲沟及侧式排水沟等组成，洞内排水管沟与洞外排水沟截水沟形成完整有效的排水系统；

③已制定涌水突泥事故应急救援预案。

（2）正常施工情况下应采取的措施

①加强地质超前预报的频率，提高准确性；

②做好洞内防排水工作，配备必要的抽水设备。

（3）可进一步采取的措施

①施工中根据隧道实际涌水状况，收集周围隧道工程涌水情况资料，建立防涌水突泥施工预案；

②完善警报装置和应急措施；

③对施工人员进行防涌水培训。

5.6.6.2 马峦山隧道重大风险事件应急救援预案

针对工程特点和可能发生的风险事故，制定应急救援预案，旨在突发事故的情况下，及时组织有效、有序的救援工作。应急预案的工作流程见图5-4。

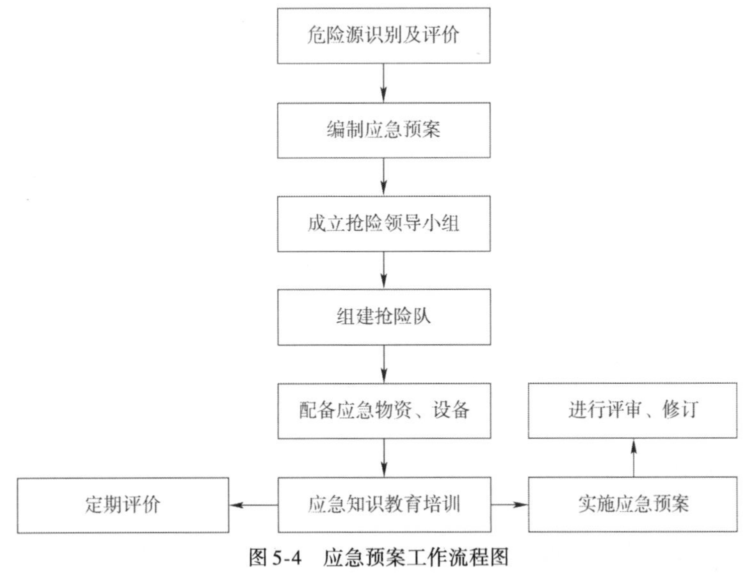

图5-4 应急预案工作流程图

1)突发事故应急反应机制

(1)重大风险事件

马峦山隧道在施工过程中可能存在的重大安全事故主要包括隧道坍塌事故、隧道洞口失稳事故、隧道涌水突泥事故。

(2)应急救援领导小组

成立风险事故应急救援领导小组,该小组可以直接由施工单位应急救援小组代替。其由项目经理负责、项目副经理、施工管理部及相关部门负责人组成,项目经理任总指挥,负责应急救援工作的指挥、协调,必要时亲临现场指挥。应急救援领导小组组织机构见图5-5。

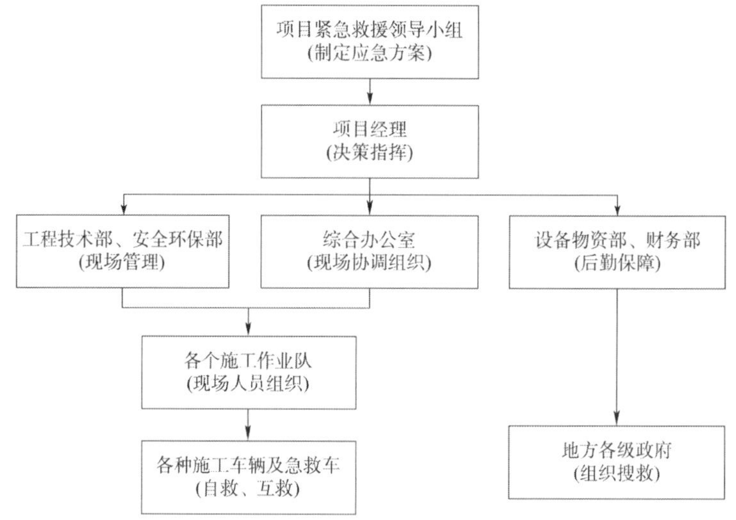

图5-5 应急救援领导小组组织机构

指挥小组职能:发布应急救援命令,组织指挥救援行动,汇报突发性事件发展,通报救治情况,参与调查、分析,善后处置。

(3)应急指挥人员与机构职责

项目经理负责调集有关人员、材料、设备及资金等资源,全面组织事故抢险救援工作。项目总工程师具体组织制定抢险方案、技术措施,并组织实施、监督。项目副经理负责按照既定方案组织实施抢险救援。

①办公室:负责传达贯彻领导指示,报告事故处理情况,负责组织危险区人员撤离,设置警戒区域,疏通道路,维护现场秩序,保障抢险道路的畅通和抢险车辆的顺利通行,协调外部消防、医疗、公安部门组织救援工作。

②施工管理部:组织制定抢险方案,提供抢险技术指导,督促抢险保护措施的落实。做好事故现场拍照、记录、收集证据工作。

③物资机械部:负责调集现场抢险所需的运输、挖掘、堵漏设备、物资,保证抢险设备、物资的供应。负责现场电力、通信、生活用品输送,保证救援工作不间断地展开。

④专业工程施工队:负责事故现场救治,控制事故扩大。如搭设临时支护、挖掘坍塌体、灭火、隔离有毒有害物质等。

(4)通信装备及联络方式

应急预案小组的成员,每人配备手机一部,总指挥与副指挥保证24h开机,确保通信联络畅通无阻。

(5)支援队伍的组成和配置

一旦发生险情,一支高效有序的救援队伍十分重要,施工单位应该在成立项目管理机构的同时,成立以项目经理为首的快速反应救援队伍,成员每人配备铁锹、铁锤、安全带、安全帽、水鞋等工具。主要成员包括各施工队队长、各施工班组组长、党团员和骨干人员。

(6)日常检查和演习

为了确保应急救助的快速反应能力和效果,还必须研究和制定安全排险救助的技术措施,做到统一指挥、分工明确、各尽其责,搞好协作和配合。同时对整个系统的各个环节进行经常性的检查并进行模拟演习。当突如其来的险情发生时,能够指挥得当,应对自如,真正发挥其抢险救助的作用,达到减轻或避免损失的目的。

2)重大工程风险事故应急救援预案

针对马峦山隧道在施工过程中可能发生的风险事故,建议采取以下应急措施进行针对性的处理和预防,具体实施过程中,应按照风险事故发生的具体情况制定更为详尽的应急救援处理措施。

(1)隧道坍塌事故应急救援预案

①应急设备、物资(表5-35)。

隧道坍塌应急设备、物资 表5-35

序号	名称	规格型号	数量	性能状态	备注
1	格栅拱架		20榀	良好	
2	管棚钢管		20根		
3	锚杆		200m		
4	喷浆机		2台	良好	
5	水泥		23t	随时更换,保持在3个月的有效期内	
6	砂石料		若干		
7	装载机	ZL-50	2台	良好	

②预防措施:

a.技术人员依据设计图纸、相关隧道施工规范进行技术交底,严格按照技术交底施工。

b.开挖掌子面应及时布点,实行监控量测。对拱部下沉、两侧收敛/鼓胀、中间弯折及发生位移进行回归分析,及时反馈至项目部和工程部,以指导开挖施工。

c.隧道开挖支护应具有超前性、及时性和实效性。根据不同类别的围岩性质,依照设计及时支护,确保围岩开挖后稳定,防止围岩变化而引起坍塌。

d.当遇到与设计地质不相符,而围岩自稳力又极差、极易坍塌时,现场必须立即果断采取支护措施,在确保施工人员生命安全的情况下,及时进行封闭支护,防止围岩变形扩大,引起坍塌。

e.支护相对稳定后,及时向监理单位、设计单位上报,根据现场实际地质情况,采取相应的变更设计施工支护措施,以防止隧道坍塌,确保施工人员安全及施工生产顺利进行。

f.若现场无法及时进行封闭,且无法保证施工安全,或已有明显坍塌预兆时,应保持秩序,按照危险部位先撤出的原则,严禁出现乱拥、乱挤的现象,以防止其他意外事故的发生。

g.所有人员撤出坍塌危险区域后,现场安全员在安全位置负责观察围岩变化情况,同时设置安全警戒线，防止其他人员进出危险区域。

③事故抢险及处理程序：

a. 值班调度员在接到报告后，立即报告总指挥，并立即通知项目部经理、副经理、技术负责人及相关人员救援小组人员到达现场，立即启动应急抢险程序，并确定相应的救援方案和抢险施工技术方案，以此指导抢险和救援工作。

b. 当发生人员伤亡时，立即采取紧急救援工作，救援时必须2人以上进行防护，在确保救援人员无生命安全威胁的情况下进行抢救工作；若坍塌继续无法救援时，则在安全位置守候待命，以便及时进行抢救。抢救过程中一定要保证抢救人员的生命安全，防止坍塌灾害事故进一步扩大。

c. 当抢救出伤员时，根据伤员人数、受伤程度，由医务人员在现场采取相应的救治措施，采取"先重后轻"的原则，及时将伤员送到医院进行抢救、治疗。

d. 若坍塌特别严重、自身救援能力有限时，应立即上报地方政府或相关救助部门，请求紧急救援，同时做好相关配合救援工作。

e. 现场采取与坍塌程度及范围相对应的施工技术方案，控制坍塌的进一步发展。在确保施工人员安全的前提下，积极进行坍塌处理，尽快恢复正常施工生产。

f. 根据伤亡程度，及时向上级机关汇报坍塌损害情况，等待上级指令或进一步调查、处理。

(2)隧道洞口失稳事故应急救援预案

①各洞口要安排人员对洞口危石掉落事故易发部位经常巡查，特别是长时间降雨和暴雨期间要派专人巡查(巡查人员不少于两人)。

②巡查人员发现危岩滑动或岩石掉落时，根据实际情况撤离人员到安全位置，并立即向上级汇报，由相关责任人根据情况发布命令，启动执行本应急预案，应急小组各就各位，组织事故的应急处理。应急组要确定事故处理的重点和中心，把抢救遇险人员和保护人身安全放在首位。

③在危石掉落事故发生期间和终止后，要按照事故调查规程和防止危石掉落事故措施要求，及时分析和预测事故发展可能带来的后果，预先采取有针对性的措施进行防范。各单位要群策群力，要顾全大局，针对事故的蔓延情况要及时采取措施，防止事故扩大。

(3)隧道涌水突泥事故应急救援预案

①应急设备、物资(表5-36)。

涌水突泥应急设备物资 表5-36

序号	名称	规格型号	数量	性能状态	备注
1	装载机	ZL-50	2台	良好	
2	汽车(自卸式)	8t	2台	良好	
3	编织袋		300个	良好	
4	注浆机		1台	良好	
5	水泥		30t	良好	
6	钢管	ϕ100mm	100m	良好	

②预防措施：

a. 技术人员首先查阅设计图纸及相关地质资料，分析地质及地下水系发育情况。

b. 实地踏勘与分析，主要进行上山描绘地质图及走向、水文水系观测等。

c. 实行超前地质预报，如进行超前探孔，了解施工地段前方的地质情况。

d. 分析可能有突泥、涌水，可采用钻孔、小导坑方式进行应力释放；对危险程度较高地段可采用设止浆墙封堵、迂回导坑通过等施工技术方案。

e. 隧道开挖施工过程中设安全防护人员，随时观察岩壁和岩缝，如有险情，及时排除或撤离。

f. 施工至软弱破碎、地下水发育段时，应实施超前地质预报：设计有超前地质钻探预报方案时，按设计进行施作；设计无超前地质预报时，一般采取长钻眼（钻眼长度5m以上），以探知前方围岩地质情况。根据钻探的地质情况，及时反馈至项目部领导和技术室，分析涌水突泥可能性。若有涌水突泥可能性，有设计则按设计方案进行处理，若设计无针对性施工方案，立即上报监理单位、设计单位及建设单位等，要求设计单位设计相应的施工方案，防止涌水突泥的发生。

g. 派专（兼）职安全员进行观察防护，以保证发生涌水突泥时，人员及机械设备不受损害。

h. 对开挖通过的软弱溶洞地段，应长期及时布点，实行监控量测。对拱部下沉、两侧收敛/鼓胀、中间弯折及发生位移时，进行回归分析，及时反馈。

i. 在确保施工人员生命安全的前提下，应积极组织人力、物力、财力对可能发生的涌水突泥进行处理，及时采取封闭支护或相应的加强支护措施，防止涌水突泥事故的发生。

j. 若发现有涌水突泥先兆，且极其危险时，必须立即停止施工，现场值班领导、领工员、工（班）长或值班安全员，要立即组织人员、机械迅速撤离危险区域，若洞内有部分无法迅速撤离的机械设备，则以人为主，先撤人，直至撤出洞外，保证人员生命安全。同时做好安全防护，必要时在洞外设置砂袋，防止突泥突水涌出洞外，对洞外机械设备造成损坏，确保人员生命安全及财产不受损失。

③事故抢险及处理程序：

a. 当发生涌水突泥突发事故时，在场值班领导、领工员、工（班）长或安全员，应立即组织人员迅速撤离危险区域，无法立即撤离的机械不予撤离，以人为主，确保施工人员生命安全。

b. 撤离危险场所（一般撤离至洞外）后，立即清点现场施工人员数量，查看有无人员未逃离现场，同时向值班调度员（通信组）汇报事故时间、地点、涌水突泥量、受伤人员等情况。

c. 值班调度员在接到报告后，立即报告总指挥，并立即通知项目部经理、副经理、技术负责人及相关救援小组人员到达现场，立即启动应急抢险程序，并确定相应的救援方案和抢险施工技术方案，以指导抢险和救援工作。

d. 当发生人员伤亡时，按紧急抢险方案及时进行救援工作。在确保救援工作人员无生命安全威胁的情况下进行抢救工作。若自身无救援能力时，及时上报当地政府或相关部门进行救援，同时做好相关配合救援工作。

e. 抢救出伤员时，根据伤员人数、受伤程度，由医务人员在现场采取相应的急救措施后，按照“先重后轻”的原则，及时将伤员送到医院进行抢救、治疗。

f. 现场采取安全警戒线或隔离措施，防止其他人员进入危险区域，避免灾害损失扩大。

g. 根据灾害损失情况，按照国家和地方各级政府有关法律、法规及条文的相关规定，及时上报上级机关或相关部门，等待下一步的调查处理。

第6章 交通地下工程风险管理发展趋势

6.1 自动化监测

改革开放40年来,城市轨道交通发展突飞猛进。轨道交通是城市公共交通中的骨干力量,是城市的生命线工程。根据中国城市轨道交通协会发布的中国内地城轨交通线路概况快报,截至2019年底,中国内地累计有40个城市建成投入运行城轨交通线路6736.2km。但在城市中心、建筑密集区建设轨道交通工程又是高风险项目,必须保证自身建设及周围环境的安全。其中,城市轨道交通工程监测工作非常重要,应做到技术先进、经济合理、成果可靠,才能保证工程结构和周边环境的安全。城市轨道交通工程监测应编制合理的监测方案,精心组织和实施监测,为动态设计、信息化施工和安全运营及时提供准确、可靠的监测成果。

不夸张地说,监测数据和成果是现场施工工程技术人员判断工程是否安全的依据,是工程决策机构的“眼睛”。结合工程实际,按照《城市轨道交通工程监测技术规范》(GB 50911—2013)、《建筑变形测量规范》(JGJ 8—2016)等规范要求,克服常规监控量测存在的监测项目多、测量慢、数据多、工作量大等困难,研究快速、高效、准确的监测新技术并应用,尤为重要。自动化变形监测主要是以智能型测量仪器、监测元件为载体,利用计算机技术和现代化的数据传输方式来实现对监测物形变测量的自动数据采集、自动数据传输和自动变形数据分析处理,以达到取代人工监测,实现自动化的目的。

6.1.1 自动化监测介绍

自动化监测是变形监测的发展趋势,优点是工效高、劳动强度小,能实现实时、连续监控,有利于提高测量精度。多元信息远程自动化监测系统是隧道、基坑工程自动化监测领域中的新产品,该系统可以实现传感器数据远程自动化采集,并在数据服务器平台发布,实现移动客户端查询。从使用传统的光学类仪器发展为现代的电子仪器,从单一的、范围受限及工作量大的作业手段发展成范围广、自动化程度高、使用方法多样的新技术,使获得的数据更加可靠,分析能力更强、更及时。

城市发展对地下空间的需求量不断扩大,深基坑工程项目也越来越常见。尽管大多数深基坑属于临时性工程,但其自身的复杂性及施工过程中大量的不可预见因素,使基坑在开挖时极易发生安全事故。因此,加强对基坑工程自身及周边环境的监测是基坑项目施工的重要环节,如何提高基坑监测技术成为岩土工程中一项值得深究的问题。通过大量传感器捕捉基坑内外的异常信息并借助互联网平台进行共享,是目前应用较为广泛的自动化监测与监控技术。在数据采集和自动处理环节,该自动化监测系统可利用传感器设备将围护结构的变形、地下水水位变化、侧向位移和支撑轴力等数据实时传输至采集仪,常见的传感器设备有固定式测斜仪、水位计、测量机器人和支撑轴力计等。为确保数据的可靠性,系统还设有可自动辨伪的数据自动处理程序。基坑远程自动化监测系统还具有报表打印、安全预报警,以及风险分析、成果质量审核等辅助功能。

6.1.2 自动化监测设备

图6-1～图6-8展示了目前市场上比较常见的自动化监测设备,包括岩土工程仪器,包括温度计、收敛计、基坑自动化系统、变形监测系统、窄带物联网(NB-IOT)数据终端、全球导航卫星系统(GNSS)、水位计、地质灾害一体化监测站、倾角仪、测斜仪、激光传感器、压力计、应变仪、钢筋计、测缝计、裂缝仪、位移计、测力计、荷载盒、沉降传感器、土压力计、混凝土应力计、智能数据采集终端、倾斜仪、数据记录仪,等等。

超低功耗无线高支模监测

NB超低功耗4通道终端

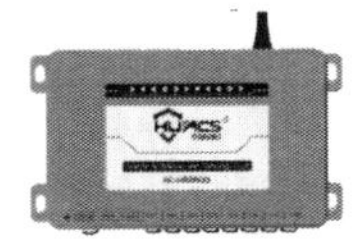
NB超低功耗智能8通道终端

综合型16通道终端

数显型32路数字无线终端

4通道震动无线采集终端

振弦数据采集终端

NB单节点数据采集终端

图6-1 数据采集终端器

八通道光纤解调仪

光纤震动传感器

光纤应变计

光纤压力计

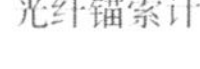
光纤锚索计

光纤裂缝计

光纤温度计

光纤位移计

图6-2 光纤光栅监测系统

压力式静力水准

智能型一体化水位/水压、渗压

磁致伸缩静力水准

无线爆破测振仪

智能全向位移计

路基物位计

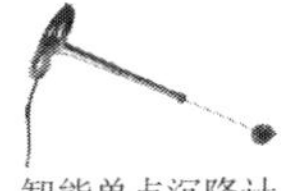
智能单点沉降计

智能多弦锚索计

图6-3 光纤光栅监测系统

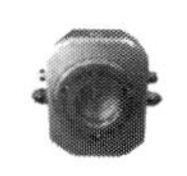

压力式静力水准
智能型一体化水位/水压、渗压
磁致伸缩静力水准
无线爆破测振仪
智能全向位移计
路基物位计
智能单点沉降计
智能多弦锚索计

图 6-4　智能物联网传感器

太阳能供电120W太阳能电池板
15Ha太阳能控制器
IP66防盗金属保护罩
亚克力透明防水防护罩
全站仪机器人主机
内置对中基座
气象补偿传感器
120Ha胶体电池
智能终端/防护箱
基础立杆250mm×0.8mm

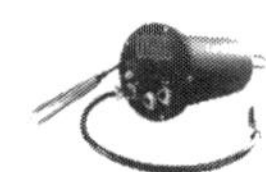

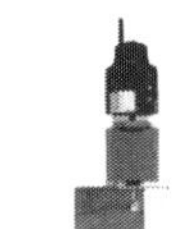

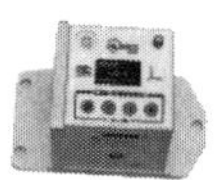

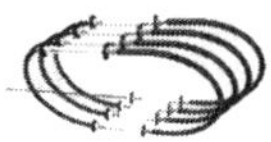

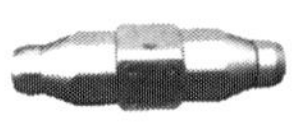

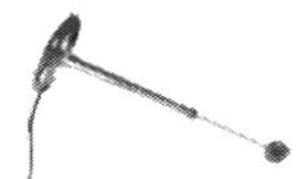

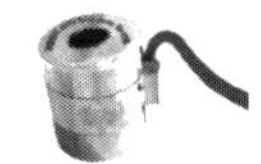

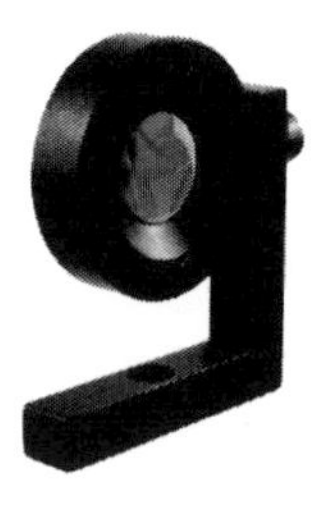

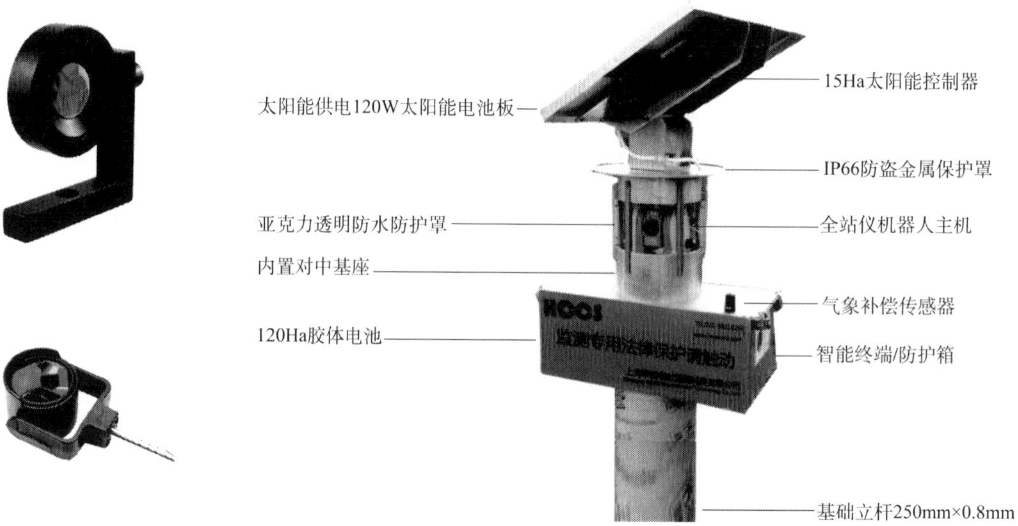

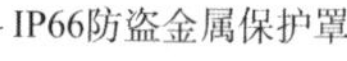

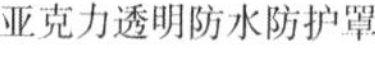

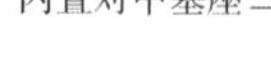

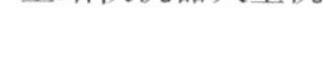

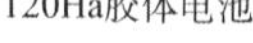

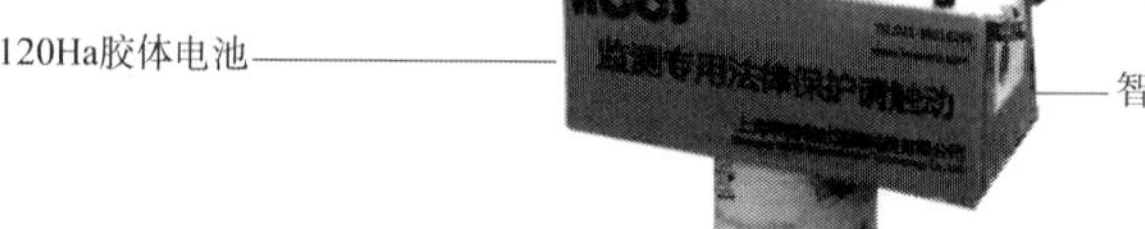

图 6-5　全站仪自动化监测设备

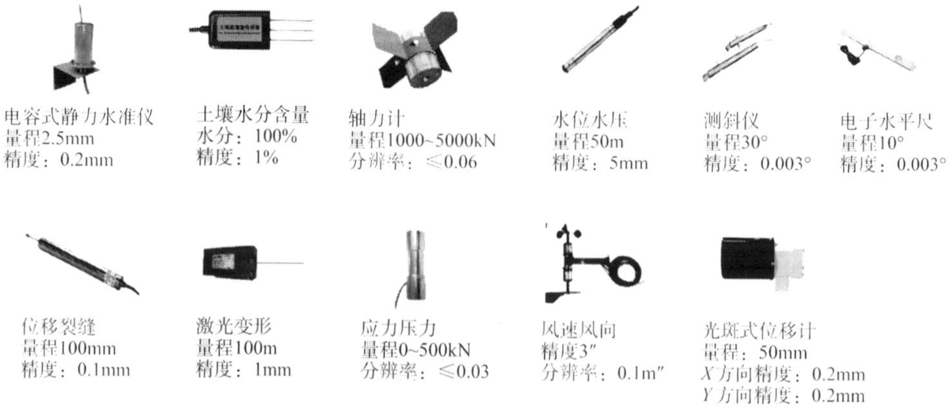

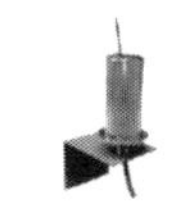

电容式静力水准仪
量程2.5mm
精度：0.2mm
土壤水分含量
水分：100%
精度：1%
轴力计
量程1000~5000kN
分辨率：≤0.06
水位水压
量程50m
精度：5mm
测斜仪
量程30°
精度：0.003°
电子水平尺
量程10°
精度：0.003°
位移裂缝
量程100mm
精度：0.1mm
激光变形
量程100m
精度：1mm
应力压力
量程0~500kN
分辨率：≤0.03
风速风向
精度3″
分辨率：0.1m″
光斑式位移计
量程：50mm
X方向精度：0.2mm
Y方向精度：0.2mm

图 6-6　数字传感器

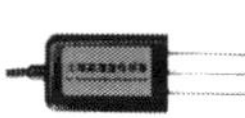

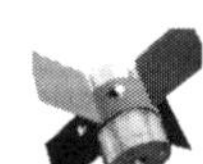

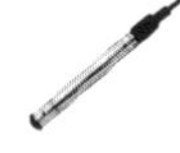

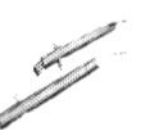

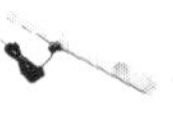

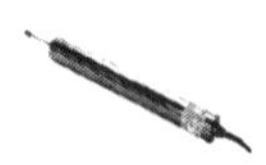

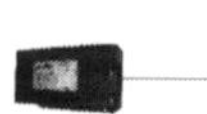

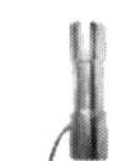

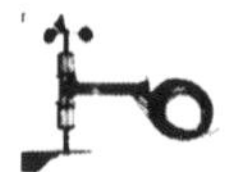

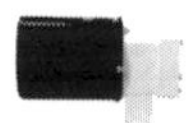

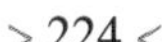

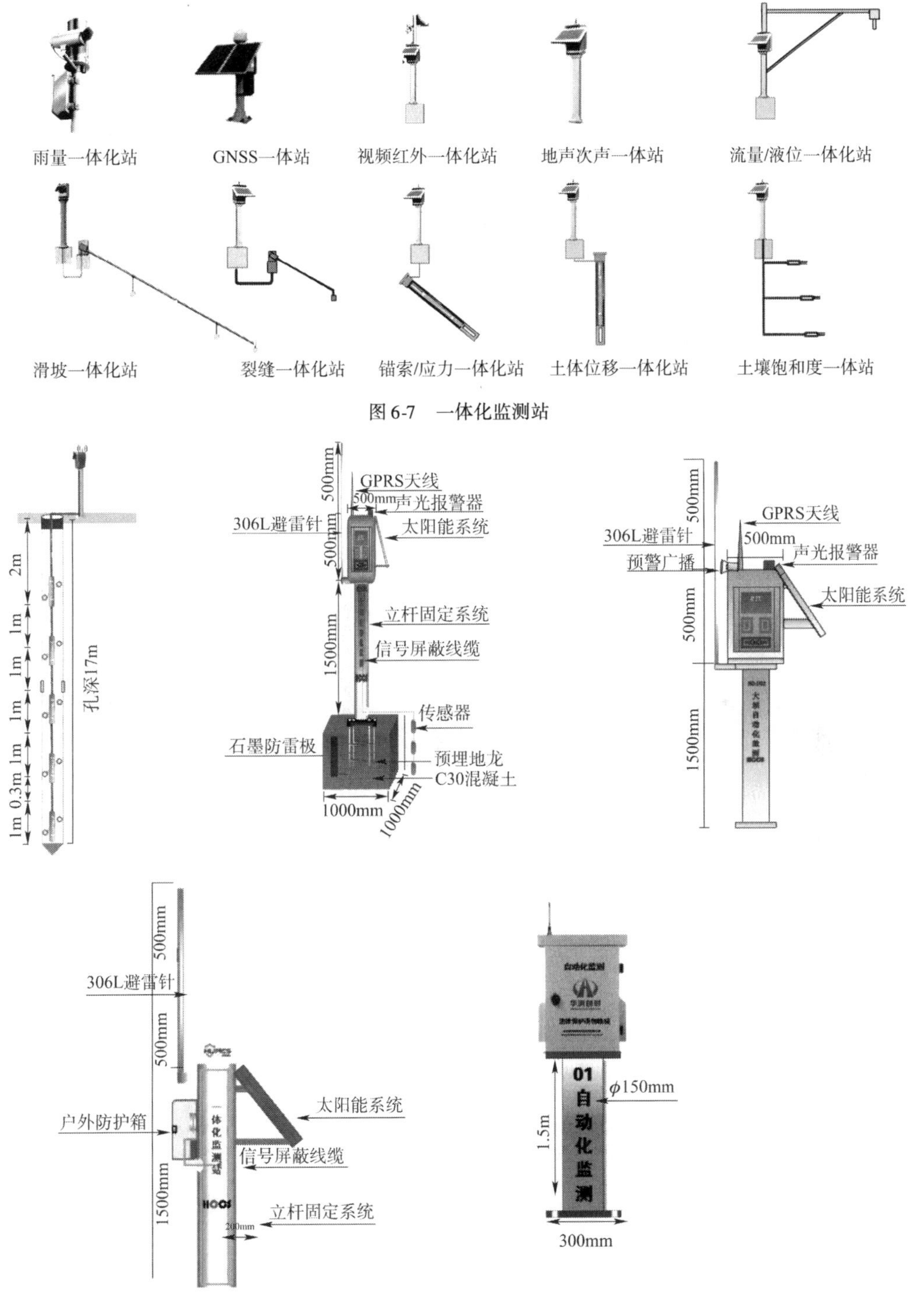

图6-7 一体化监测站

图6-8 一体化监测站矢量图

目前自动化监测设备普遍用于隧道及地下工程，在桥梁健康监测、古建筑、危房监测、滑坡、泥石流、地裂缝等方面也有广泛的应用。可以说自动化监测是大势所趋，在未来的工程建设中，自动化将扮演非常重要的角色。而自动化监测结合大数据分析的信息化系统更是未来智慧建造的发展方向。

自动化监测工程监测对象包含表面位移、沉降、裂缝、内部位移、岩土应力、空隙水压、支撑轴力、土壤饱和度、测向受压等。信息化监测系统由三部分组成:数据采集子系统、数据传输子系统、数据分析及管理子系统(监控中心)。其中,数据采集子系统由安装在地质灾害表面、内部以及其他区域的各项监测设备组成。采集的原始数据通过由无线信号搭建而成的数据传输子系统进行传输,最终传到监控中心经分析和预警。图 6-9 和图 6-10 为自动化监测平台展示。

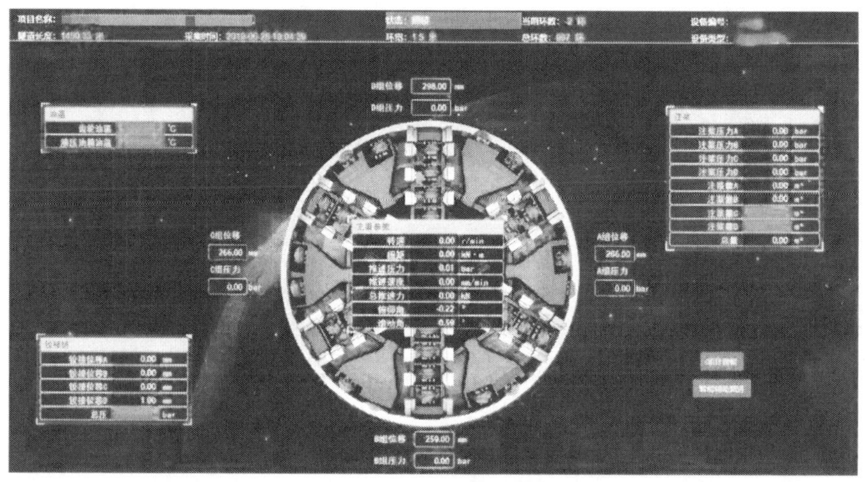

图 6-9　信息化监测系统

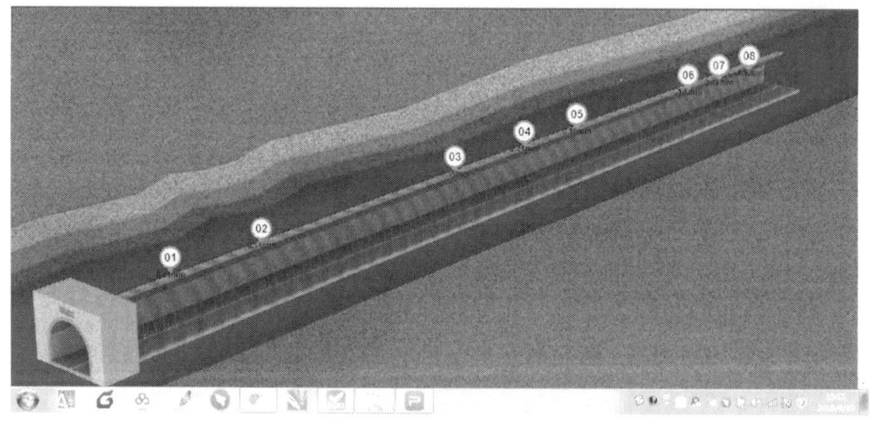

图 6-10　隧道自动化监测示意图

综上所述,隧道及地下工程施工中的风险安全管理,是当前我国地下空间进一步发展和各类轨道交通建设共同面临着的核心技术问题,因此,在实际的地下工程施工过程中,充分运用安全风险管理系统,从根本上提高地下工程安全风险管理的效率至关重要。通过该监测系统对地下工程项目的危险源进行准确辨识,对各个施工阶段存在的安全风险源进行全面分析和监测,并依据分析和监测获得的信息,对安全风险管理系统进行不断完善,构建一套真正适合的地下工程施工安全风险管理系统,辅助管理人员进行安全预测,以便尽早发现施工过程中存在的风险源与一些无法确定的危险因素,并采取对应的预防和处理对策,降低安全事故的发生率,减少安全风险事故造成的损失,从预防、预测以及控制三个方面出发,保障地下工程施工与运行的安全性。

6.2 大数据分析

6.2.1 人工神经网络分析

6.2.1.1 方法简介

人脑是一个高度复杂的、非线性的计算机器(信息处理系统),人脑能够通过它最基础的组成部分——神经元,进行比今天已有的、最快的计算机还要快许多倍速度的特定计算(如模式识别、感知和运动神经控制)。对生物神经元,特别是人脑的认识,促进了对人工神经网络的研究,逐步形成了对人工神经网络的数学描述,并演化为具有优秀计算能力的人工神经网络模型。

人工神经网络(Artificial Neural Network,ANN)能模拟人类形象思维的能力,在建立非线性、经验型知识仿真模型方面具有强大的功能和无比的优越性。更为重要的是,这种仿真模型还具有自学习功能,能不断丰富自己的知识,使得所做出的推断更加符合实际,所以被广泛应用于各领域。

人工神经网络是对生物神经网络系统的模拟,其信息处理功能是由网络单元的输入输出特性(激活特性)、网络的拓扑结构(神经元的连接方式)所决定的。它由许多互相连接的神经元组成,神经元可以计算所有输入的加权和。如果这个和值大于某个初始值,则产生一个输出。这个输出可以作为其他神经元一个兴奋或者抑制的输入。这个过程一直进行下去,直到神经网络中有一个或者多个输出产生为止。ANN 对问题的求解方式与传统方法不同,它是经过训练来解答问题的。训练一个 ANN 是把同一系列的输入例子和理想的输出作为训练的“样本”,根据一定的训练算法对网络进行足够的训练,使得 ANN 能够学会包含在“解”中的基本原理。训练完成后,可以用来求解相同的问题。

神经网络计算 n 个输入的加权和,如果这个和值大于一个域值 u,则产生一个输出,否则不产生输出。ANN 的一般训练过程:首先初始化一系列随机权值,然后用训练集去训练这个网络,通过训练不断调整权重,从而可以学习数据集合中的复杂关系。有许多算法可以训练神经网络,这些算法各有千秋,BP(Back Propagation)算法是最常用的算法。

6.2.1.2 算法

BP 神经网络是 1986 年由 Rumelhart 和 Mc Celland 为首的科学家提出的概念,是一种误差反向传播算法训练的多层前馈神经网络,是目前应用最广泛的一种神经网络。

1)BP 神经网络模型

BP 神经元模型如图 6-11 所示,它有 N 个输入,每个输入通过适当的权重 w 连接到下一层,网络输出可以表示为:

$$a = f(w_p + b) \tag{6-1}$$

式中:f——输入/输出关系的传递函数。

$$a = \text{logsig}(w_p + b) \tag{6-2}$$

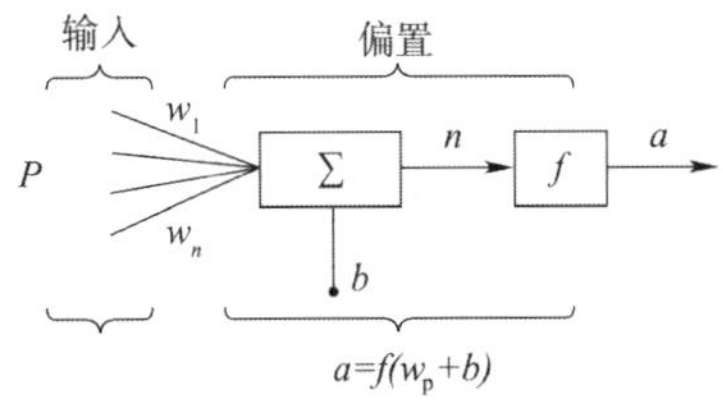

图 6-11　BP 神经元模型

BP 神经网络中隐含层神经元的传递函数通常用 sigmoid 函数或线性函数。sigmoid 函数也被称为 S 型作用函数,是目前应用最广泛的一种激励函数,为严格单调增光滑有界函数。sigmoid 函数又分为 Log-sigmoid 型函数和 Tan-sigmoid 型函数。Log-sigmoid 型函数的表达式为$f(x)=\frac{1}{1+e^{-ax}}, a>0$。其中,$a$ 为 sigmoid 函数的斜率参数,通过改变 a 可以获取不同斜率的 sigmoid 函数;Tan-sigmoid 型函数的表达式为$f(x)=\frac{1-e^{-ax}}{1+e^{-ax}}$。Log-sigmoid 型函数和 Tan-sigmoid 型函数如图 6-12 所示,均取 $a=1$。

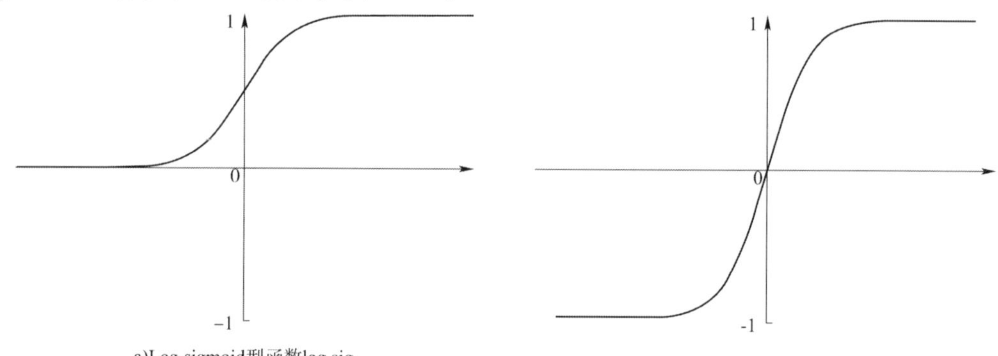

a)Log-sigmoid型函数log sig

b)Tan-sigmoid型函数tan sig

图 6-12　神经元传递函数

2) BP 神经网络结构

(1) 节点输出模型

隐节点输出模型为:

$$O_j=f(\sum w_{ij}\cdot X_i-q_j) \tag{6-3}$$

输出节点输出模型为:

$$Y_k=F(\sum T_{jk}\cdot O_j-q_k) \tag{6-4}$$

式中:f——非线性作用函数;

q——神经单元阈值。

(2) 作用函数模型

作用函数反映较低的输入脉冲对上节点刺激的强度函数,也被称为刺激函数,通常,(0,1) 内连续取值 sigmoid 函数:

$$f(x)=\frac{1}{1+e^{-x}} \tag{6-5}$$

(3) 误差计算模型

误差计算模型是反映神经网络期望输出与计算输出之间误差大小的函数。

$$E_q=\frac{1}{2}\times\sum(t_{pi}-O_{pi}) \tag{6-6}$$

式中:t_{pi}——节点的期望输出值;

O_{pi}——节点计算输出值。

(4) 自学习模型

神经网络的学习过程是连接节点与上节点之间的取值,第 i 个输入与神经元 j 的连接权

值用 w_{ij} 表示，其网络设置和纠错过程都有自学习的模式：

$$\Delta w_{ij}(n+1)=h\cdot\phi_i\cdot O_j+a\cdot\Delta W_{ij}(n) \tag{6-7}$$

式中：h——学习因子；

ϕ_i——输出节点 i 的计算误差；

O_j——输出节点 j 的计算输出；

a——动量因子。

3）BP 神经网络的算法

在确定了 BP 神经网络的结构后，要通过输入和输出样本集对网络进行训练，即对网络的权值和阈值进行修正和学习，以使网络实现给定的输入输出映射关系。BP 的学习分为两个阶段：第一个阶段是输入已知学习样本，通过设置的网络结构和前一次迭代的权值和阈值，从网络第一层向后计算各神经元的输出；第二个阶段是对权值和阈值进行修改，从最后一层开始向前计算各个权值和阈值对总误差的影响（梯度），据此对各个权值和阈值进行修改。

以上两个过程相互交替，直到收敛为止。由于误差层往回传递，以修正层与层间的权值和阈值，所以称该算法为误差反向传播学习算法，这种误差反向传播学习算法可以推广到有若干中间层的多层网络，因此该多层网络通常称之为 BP 神经网络，BP 神经网络的算法流程如图 6-13 所示。标准的 BP 算法是一种梯度下降学习算法，其权值的修正是沿着误差性能函数梯度的反方向进行的。针对标准 BP 算法存在的不足，出现了几种基于标准 BP 算法分改进方法，如变梯度算法、牛顿算法等。

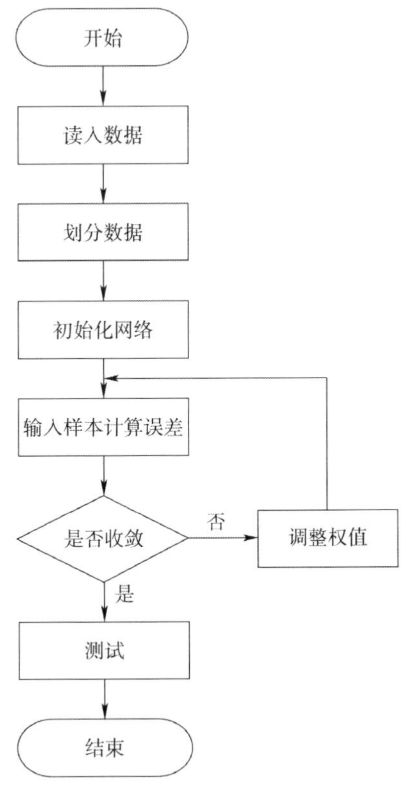

图 6-13　BP 神经网络的算法流程图

(1)SDBP 算法

最速下降 BP 算法,k 是迭代的次数,然后各层的权值和阈值进行修正,即:

$$\boldsymbol{x}(k+1)=\boldsymbol{x}(k)-a\boldsymbol{g}(k) \tag{6-8}$$

式中: $\boldsymbol{x}(k)$——第 k 次迭代各层之间的连接权向量和阈值向量;

$\boldsymbol{g}(k)=\partial E(k)/\partial X(k)$——第 k 次迭代的神经网络输出误差对各个权值和阈值的梯度向量;

负号——梯度的反方向,即梯度的最速下降方向;

a——学习速率,其默认值为 0.01,可以通过改变训练参数进行设置;

$E(k)$——第 k 次迭代的网络输出的总误差性能函数,在神经网络工具箱中,BP 神经网络误差性能函数默认值为均方误差 MSE,以二层 BP 神经网络为例,只有一个输入样本时,有:

$$E(k)=E[e^2(k)]\approx\frac{1}{S^2}\sum[t^2-a^2(k)]^2 \tag{6-9}$$

$$\begin{aligned}a^2(k)&=f^2\left\{\sum_{j=1}^{S2}[w_{i,j}^2(k)a_i^1(k)-b_i^2(k)]\right\}\\&=f^2\left[\sum_{j=1}^{S2}\left(w_{i,j}^2(k)f^{-1}\left\{\sum_{j=1}^{S1}[iw_{i,j}^1(k)p_i+ib_i^1(k)]\right\}\right)\right]\end{aligned} \tag{6-10}$$

若有 n 个输入样本,则:

$$\lim_{t\to\infty}\|x(t,x_0,t_0)-x^*\|=0 \tag{6-11}$$

根据式(6-9)或式(6-11)和各层的传输函数,可以求出第 k 次迭代的总误差曲面的梯度 $g(k)=\partial E(k)/\partial X(k)$,代入式(6-8)便可以逐次修正其权值和阈值,并使总的误差向减少的方向变化,直到达到所要求的误差性能为止。

从上述过程可以看出,权值和阈值的修正是在所有样本输出之后,计算其总的误差曲面后进行的,这种修正方式称为批处理。在样本数比较多时,批处理方式比分别处理方式的收敛速度更快。

(2)MOBP 算法

动量 BP 算法(Momentum Back Propagation,MOBP)是在梯度下降算法的基础上引入动量因子 $\eta(0<\eta<1)$,即:

$$\Delta x(k+1)=\eta\Delta x(k)+a(1-\eta)\frac{\partial E(k)}{\partial X(k)} \tag{6-12}$$

$$x(k+1)=x(k)+\Delta x(k+1) \tag{6-13}$$

该算法基于前一次的修正结果来影响本次修正量,当前一次的修正量过大时,式(6-12)等式右边第二项的符号将与前一次修正量的符号相反,从而使本次的修正量减小,起到减小震荡的作用;当前一次的修正量过小时,式(6-12)等式右边第二项的符号将与前一次的修正量的符号相同,从而使本次的修正量增大,起到加速修正的作用。可以看出,动量 BP 算法,总是力图使在同一梯度方向上的修正量增加。动量因子越大,同一梯度方向上的"动量"也就越大。

在动量 BP 算法中可以采用较大的学习速率,而不会造成学习过程的发散。因为当修正过量时,动量 BP 算法总是可以修正减小量,以保持修正方向向着收敛的方向进行;另一方面,动量 BP 算法总是加速同一方向上的修正量。上述两个方向表明,在保证算法稳定的同时,动量 BP 算法的收敛速率较快,学习时间较短。

(3)RPROP 算法

多层 BP 网络的隐含层一般采用传输函数 sigmoid,它把一个取值范围为无穷大的输入变量,压缩到一个取值范围有限的输入变量中。函数 sigmoid 具有这样的特性:当输入变量的取值很大时,其斜率趋于零。这样在采用最速下降 BP 算法训练传输函数为 sigmoid 的多层网络时就带来一个问题,尽管权值和阈值距最佳值相差甚远,但此时梯度的幅度非常小,导致权值和阈值的修正量也很小,这样就使训练的时间变得很长。

弹性算法(Resilient back-propagation,RPROP)可以消除梯度幅度的不利影响,所以在进行权值的修正时,仅仅用到偏导数的符号,而其幅值却不影响权值的修正,权值大小的改变取决于与幅值无关的修正值。当连续两次迭代的梯度方向相同时,可将权值和阈值的修正值乘以一个增量因子,使其修正值增加;当连续两次迭代的梯度方向相反时,可将权值和阈值的修正值乘以一个减量因子,使其修正值减小;当梯度为零时,权值和阈值的修正值保持不变;当权值的修正发生震荡时,其修正值将会减小。如果在相同的梯度上连续被修正,则幅度必将增加,从而克服了梯度幅度偏导的不利影响,即:

$$\Delta x(k+1)=\Delta x(k)\cdot \mathrm{sign}[g(k)]=\begin{Bmatrix}\Delta x(k)\cdot k_{\mathrm{inc}}\cdot \mathrm{sign}[g(k)]\\ \Delta x(k)\cdot k_{\mathrm{dec}}\cdot \mathrm{sign}[g(k)]\\ \Delta x(k),g(k)=0\end{Bmatrix} \tag{6-14}$$

式中:$g(k)$——第 k 次迭代的梯度;

$\Delta x(k)$——权值和阈值第 k 次迭代后的幅度修正值,其初始值 $\Delta x(0)$ 是用户设置的;

k_{inc}、k_{dec}——增量因子和减量因子,也是用户设置的。

(4)CGBP 算法

所有变梯度算法(Conjugate Gradient Back Propagation,CGBP)的第一次迭代都是从最陡下降方向开始的。

$$p(0)=-g(0) \tag{6-15}$$

然后,决定最佳距离的线性搜索沿着当前搜索的方向进行,即:

$$x(k+1)=x(k)+ap(k) \tag{6-16}$$

$$p(k)=-g(k)+\beta(k)p(k-1) \tag{6-17}$$

式中:$p(k)$——第 $k+1$ 次迭代的搜索方向。

式(6-17)是由 k_c 产生的梯度和方向搜索,在不同的梯度计算方法中,系数 $p(k)$ 由不同的计算方法。

①Fletcher-Reeves 修正算法。Fletcher-Reeves 修正算法是由 R. Fletcher 和 C. M. Reeves 提出的,在式(6-17)中,系数 $\beta(k)$ 定义为:

$$\beta(k)=\frac{\Delta g^{\mathrm{T}}(k)g(k)}{g^{\mathrm{T}}(k-1)g(k-1)} \tag{6-18}$$

②Powell-Beale 复位算法。所有变量的梯度算法,其搜索方向将定期被重置为负梯度方向,通常出现在一些减少迭代次数和网络参数(权值和阈值)相等的地方,为了提高训练效果,其他还原算法被提出,包括 Powell-Beale 复位算法。在这个算法中,如果梯度满足:

$$|g^{\mathrm{T}}(k-1)g(k)|\geqslant 0.2\ \|g(k)\|^{2} \tag{6-19}$$

则搜索方向被复位成负梯度方向,即 $p(k)=-g(k)$。

(5)拟牛顿算法(Quasi-Newton algorithms)

牛顿算法是一种基于二阶泰勒级数的快速优化算法。其方法是:

$$x(k+1)=x(k)-A^{-1}(k)g(k) \tag{6-20}$$

式中:$A(k)$——误差性能函数在当前权值和阈值下的 Hessian 矩阵,即:

$$A(k)=\Delta^2 F(x) \tag{6-21}$$

其中,$x=x(k)$。

(6)LM(Levenberg-Marquardt)算法

LM 算法与拟牛顿法一样,是为了在近似二阶训练速率进行修正时,避免计算 Hessian 矩阵而设计的。当误差性能函数具有平方和误差的形式时,Hessian 矩阵可以近似表示为:

$$\boldsymbol{H}=\boldsymbol{J}^{\mathrm{T}}\boldsymbol{J} \tag{6-22}$$

此时梯度的计算公式为:

$$\boldsymbol{g}=\boldsymbol{J}^{\mathrm{T}}\boldsymbol{e} \tag{6-23}$$

式中:$\boldsymbol{J}$——雅可比矩阵,它的元素是网络误差对权值和阈值的一阶导数;

$\boldsymbol{e}$——网络的误差向量。

雅可比矩阵可以通过标准的前向型网络技术进行计算,比 Hessian 矩阵的计算要简单得多。类似于牛顿算法,LM 算法对上述近似 Hessian 矩阵按照下式进行修正:

$$\boldsymbol{x}(k+1)=\boldsymbol{x}(k)-[\boldsymbol{J}^{\mathrm{T}}\boldsymbol{J}+\mu\boldsymbol{I}]^{-1}\boldsymbol{J}^{\mathrm{T}}\boldsymbol{e} \tag{6-24}$$

当标量 μ 等于 0 时,该算法与牛顿算法相同;当 μ 增大时,梯度的递减量减小。因此,当网络的误差要减小时,减小 μ 的值;当网络的误差要增大时,增大 μ 的值。这样就保证了网络的误差性能函数始终在减小。LM 算法是为了训练中等规模的前向型神经网络(多达数百个连接权值)而提出的最快速算法。

6.2.2 智能预测风险

以人工神经网络预测潜在地震危险区为例,说明人工神经网络预测风险的过程。

地壳岩石中剪应力的大小是导致岩石破裂而发生地震的主要因素,剪应力场较高的地区相对而言容易发生地震;反之,剪应力场较弱的地区则不大容易发生地震。因此,如果能提前 1 ~2 年对某一地区的环境应力值变化趋势作出预估,则可大幅度提高对潜在地震危险区判断的准确性。

1)基本思路和方法

(1)基本思路

将某个地区分割成若干小区进行环境应力值的全时空扫描,分析各小区环境应力值的变化,画出环境应力等值线图;然后根据等值线图高低区域,预测危险区。一般而言,现阶段具有较高环境应力值并经预测在未来仍有较高或更高环境应力值地区,应作为未来潜在地震危险区的首选地区;其次是经预测未来环境应力值有大幅升高的地区。那些经预测环境应力值将保持较低水平的地区,不宜作为潜在地震危险区。

(2)资料的预处理方法

将某一地区划分成若干小区,将每一小区内环境应力值随时间的变化换算成一定时间段内平均值所构成的时间序列。资料的起始时间尽可能早比较好,如果某一时间段内没有小地震发生，则可选用勒让德(Legendre)插值或3次样条插值等方法来填补该点处的数值，使其在每一时间段都有1个值。

2)非线性时序的神经网络建模方法

(1)网络输入窗口大小的确定方法

输入窗口是指输入给神经网络(在时间序列上顺序排列的数值)的个数，即输入神经元个数(n)。窗口大小选取是否合适，对网络学习能否收敛及网络预测模型的预测精度有很大的影响。如果窗口太小，网络学习或者不易收敛或者结果不能恰当反映所要建模的时间序列内在的非线性规律；输入窗口如果选得过大，会降低网络预测的精度。采用通常的不断试验的方法来确定输入窗口的大小不仅计算量大，而且工作效率较低。本书采取一种简易实用的确定网络输入窗口大小的方法：由于用神经网络预测时间序列根据时间序列在时延状态空间中的相关性，窗口大小至少应大于或等于时间序列相空间的一个足够高的嵌入维数m，以便保存时间序列的某些确定性的性质。根据混沌理论，当嵌入维数$m \geqslant 2D+1$(D是吸引子维数)时，就可以在只差拓扑变换的意义下保存其原来的动力学特性，因此窗口的大小不应小于$2D+1$。在确定了窗口大小的下限之后，由小而大地改变窗口的大小并比较其相应的预测误差，可确定出预测误差最小的一个输入窗口，这样做可大大减小窗口选取的范围，减少计算量。

(2)网络训练

把窗口中的n个数值($n \geqslant 2D+1$)顺序送入输入层，通过前向过程得到一输出结果。将结果与目标模型进行比较，如果存在误差立即进入反向传播过程，修正网络中的各个权值，以减小该误差。正向输出计算与反向传播过程权值修改交替进行。为了加快收敛，网络训练和预测的数值应预先做归一化处理，即将所有数据缩小若干倍，使其满足$0 \leqslant x_i \leqslant 1$。不断移动窗口，以便获得新的输入输出并重复该过程，直到误差达到允许的范围。应当指出的是，在网络训练中窗口须随机提供给网络，若顺序提供就有可能在训练时造成网络的振荡和不可控。

三层网络反向传播过程中权值按如下调整：

设$x_1, x_2, \cdots, x_i, \cdots x_n$为窗口中的一组数据，$w_j$表示中间层中第$j$个神经元到输出的权值，$w_{ij}$表示输入层中第$i$个神经元到中间层中第$j$个神经元的连接权值，$z$为模型输出，该网络的前向过程可写成：

$$y_j = f\left(\sum w_{ij} x_i\right) \tag{6-25}$$

$$z = f\left(\sum w_j y_j\right) \tag{6-26}$$

式中：f——非线性的sigmoid函数，且取$f(x) = [1 + \mathrm{e}^{-x}]^{-1}$。

令实际输出值为V，输出误差$E = (z - V)^2/2$，则中间层到输出层的权值调节：

$$w_j = w_j + \eta \delta y_j \tag{6-27}$$

式中：η——学习系数，且$\delta = -(z - V)z(1 - z)$。

输入层到中间层的权值调节：

$$\begin{gathered} w_{ij} = w_{ij} + \eta \delta_j x_i \\ \delta_j = \delta w_j y_j (1 - y_j) \end{gathered} \tag{6-28}$$

网络训练结束后，得到的神经网络模型就是对该时间序列的未来过程的一个有效预测器。

3）模型预测

（1）网络预测及多步预测

将时间序列的最后 n 个数值作为输入窗输入到神经网络输入层的神经元中，此时的输出就是该序列的下一步预测值。窗口再向后移动 1 次，使它包括原时间序列的最后 $n-1$ 个值及预测值，然后再进行第二步预测，这样继续下去能够连续得到数步后的预测值。显然，这是一个迭代的过程。

（2）检验方法

如果想要知道神经网络的预测效果，可预留时间序列最后的若干点作为验证区而不参加训练。这样，通过网络训练和预测得到的预测值就可以与验证区内的实测值进行比较，从而可得知其预测效果。人工神经网络预测潜在地震危险区流程如图 6-14 所示。

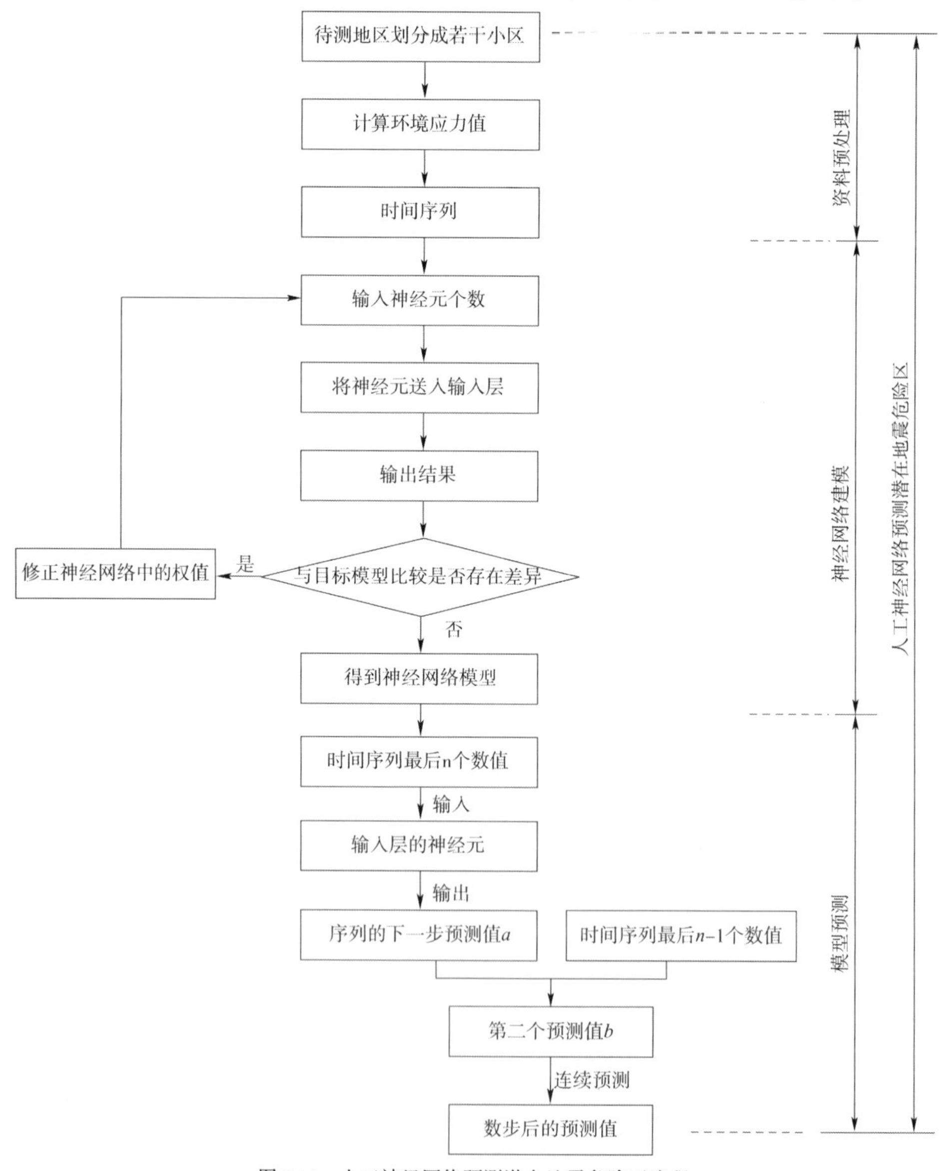

图 6-14　人工神经网络预测潜在地震危险区流程

6.3　BIM 技术应用

6.3.1　BIM 技术

1）BIM 发展历程与简介

BIM 理念启蒙受到 1973 年全球石油危机的影响，理论基础源于集计算机辅助设计（CAD）、计算机辅助制造（CAM）于一体的计算机集成制造系统（Computer Intergrated Manufacturing System，CIMS）理念、产品数据管理（Product Data Management，PDM）和标准产品信息模型（Standard for the Exchange of Product Model Data，STEP）。1975 年，“BIM 之父”——佐治亚理工学院 Chunk Eastman 教授在研究课题“Building Description System”中提出“a computer-based description of a building”，以实现建筑工程的可视化和量化分析，提高工程建设效率，开启 BIM 技术理念。但直至 1992 年，G. A. Tolman 和 Van Nederveen 的论文《建筑建模的多种视角》才正式提出 BIM 概念（Building Information Model）。BIM 技术正式引入工程建设行业大约始于 2003 年美国推行的 3D-4D-BIM 方案，及在 2006 年制定的 BIM 技术发展规划。2007 年，美国建筑科学研究院开始着手 BIM 技术专项研究；2008 年，美国已形成比较成熟的 BIM 应用标准，发起与其相关的科学杂志 *JBIM*；2009 年，美国开始要求新建大型公共建筑时使用 BIM。2009 年，日本也开始逐步推行 BIM 技术，并将其应用到特殊工程中；欧洲和韩国等也均在大力发展本国 BIM 技术及 BIM 技术标准化。中国建筑业 BIM 技术起步较晚，BIM 软件的研发和标准化尚属于起步阶段。

建立在信息技术基础上的 BIM 技术经过几十年的发展，已经极大丰富了理论创建之初的内涵。该技术作为开放式系统，随着科技的进步还将被赋予新的内涵，其学术灵魂也将得到进一步提炼和升华。BIM 理论建立之初，无非是将计算机（Computer）技术与建筑工程（Building）结合，利用计算机技术描述和分析建筑工程问题，那时的计算机技术仅仅体现了工具意义；21 世纪初至今，BIM 技术引入建筑工程领域之时，其学术灵魂虽然还是在建筑工程的工具化描述和分析，但其内涵已经扩大至全寿命周期的规划、设计和管理，重点体现了管理功能的强大。不难预测，在当今信息化、大数据、云计算、智能化背景下，BIM 技术的发展将迅速拓展至建设模拟、建设控制和（远程）协同工作，BIM 平台建设将显得尤为重要，可能未来较长一段时间内将展开 BIM 远程协同工作平台研发及统一工作。但是，随之而来的智能化将彻底打破 BIM 的工具性作用，基于大数据、云计算的智能化背景的 BIM 技术重点又将转向去平台化，并势必促进建设行业里生产关系的彻底改变，BIM 技术将是辅助实体建设的工具，极大解放和发展生产力。

BIM 技术与隧道及地下工程是当前科学研究的热点课题之一。关于 BIM 的定义众说纷纭，目前的主流认识是根据其主要功能和操作要义，认为 BIM（Build Information Modeling）是以建筑工程项目的各项相关信息数据为基础，通过数字信息去仿真模拟建筑物真实信息的计算机仿真信息系统模型，利用数字化的建筑组件表示真实世界中用来建造建筑物的构件，展示整个建筑生命周期。从定义上可知，与传统计算机辅助设计用矢量图形构图来表示物体的设计方法相比，BIM 设计和管理的理念发生了根本的改变。但是，隧道及地下工程相对于工民建,其建筑材料与建筑环境关系更为密切,甚至可视为一体,故其定义仅局限于信息模型的结构显得狭隘。作者认为可以修订为:BIM 在技术上是以三维数字空间技术为基础,集成了部分项目信息的工程数据和建设环境模型,是对该工程项目信息的尽可能详尽表达;管理上是一种应用于规划、设计、建造、运维等全寿命周期的数字化全局管理方法,支持建设工程的集成管理环境,可以在建设进程显著提高效率和大量减少风险。

BIM 具可视化、协调性、模拟性、优化性和可出图性,涵盖几何学、空间关系、地理信息系统、建筑组件的性质及数量,是工程建设信息化发展的必然趋势,具有重要应用价值和广阔应用前景。将 BIM 技术应用到隧道及地下工程中,可显著实现设计精细化、施工安全化、后期运营条理化,提高设计施工质量和效率,降低工程造价和劳动强度,加强不同工作方协作程度。图 6-15 展示了 BIM 应用过程。

a)

b)

图 6-15 基坑 BIM 技术应用

2)隧道建设的 BIM 技术

近两年来,BIM 技术在隧道及地下工程领域得到了广泛应用。BIM 技术平台整合多源数据,以数字化、信息化和可视化的方式提升了规划、设计阶段的精度和深度,实现了施工阶段的动态模拟和信息化管理,并为运营维护阶段实现信息化、精细化资产管理提供技术支持。

隧道大数据平台建设技术现代信息技术的积累与突破性发展,为隧道行业构建大数据平台奠定了技术基础。隧道大数据平台是基于多维海量信息构建的,利用 BIM 技术应用管理平台,使不同地点、不同专业的设计人员通过网络基于同一 BIM 模型进行三维协同设计,提高不同设计专业间信息传递效率和传递质量,避免信息失真;做到监测和预警,生产风险识别和风险管理,实现安全生产保障。

以 BIM 模型为基础,可实现进度动态三维在线、二维视角下的推进信息展示,可实现设备状态的实时监测、质量的监控及周边环境变化的监控,以及实时动态推进数据监控与施工质量动态智能预警,并实现对设备状态的变化自动预警(距离实际要求还有一定差距,但这是未来的发展方向),以及可实现对地下作业人员的动态定位、人员运动轨迹的动态三维显示、人员讯息捕获及人员所在区域的快速预警等。

通过监控量测、超前预报与 BIM 技术的结合,力图实现动态化设计施工。监控量测即要打通 BIM 施工管理与现有监控量测平台之间的数据接口,集成现有监控量测平台,在不增加现场技术人员工作量的前提下,实现在 BIM 模型上实时查看测点的数据、变形曲线及状态。超前预报方面,以石鼓山隧道为例,采用 TSP 系列地震超声波探测技术(物探)判断前方地质情况,虽不能获取直观详细的空间地质信息形成有效的三维地质模型,但可通过超前地质预报的信息化管理和三维 BIM 模型,直观显示前方地质情况,与掌子面地质的比较分析加以判断,适时修订,实现动态化设计和施工,很好地体现和发挥 BIM 技术的三维展示功能和作用。

作者认为信息化协同生产管理才是 BIM 的技术核心和发展动力之所在。现阶段基于 BIM 技术的信息化管理,重点是将项目管理和三维动态模型联系起来,开发相应的信息化管理系统,通过点击三维模型相应构件,导出项目管理信息、工程进度等内容,协助管理者及时、准确掌控工程现场,让决策者能在远程指挥指导工程进展,避免传统的烦琐呈报程序,减少传递过程中的时效损失和信息误差,并能动态调整方案。图 6-16 为信息化管理平台的拓扑图。

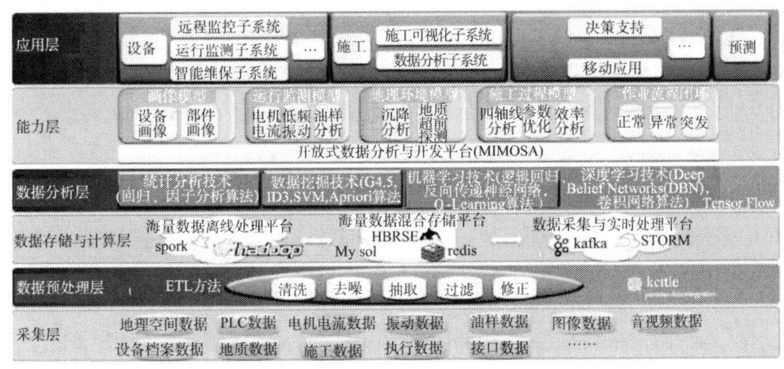

图 6-16　信息化管理平台的拓扑图

6.3.2　3D 可视化施工

传统施工组织设计是在二维施工图上想象构思的,利用施工经验主观选择施工方案的装备、工艺等,往往存在装备选型不合适、工艺烦琐或可行性差,以及相当简单但又不可避免的无可奈何的"错、漏、碰"等问题。BIM 技术可通过真实描述施工方案的三维数字模型实现施工方案 3D 可视化和 4D 虚拟仿真,实现实时交互的过程模拟,虚拟推演施工过程,动态检查方案可行性以及存在问题,优化施工装备、工艺、工序。

利用 BIM 的 4D 模拟实现"工、料、机"等生产资源的配置,实现生产管理宏观指导。例如,可通过 Autodesk Navisworks 导入 NWC 模型文件,得到虚拟仿真环境下的模型,建立虚拟仿真环境,再用 Time liner 模块添加施工步序时间任务项数据源 CSV 文件,生成虚拟环境下的时间任务项,并使用规则自动附着于模型,使得施工步序的时间任务项与模型构件一一对应,生成虚拟仿真环境下由时间驱动的 4D 动态模型,从而实现施工方案的虚拟推演。

力图实现隧道现场生产作业适时指导。BIM 技术常常结合现场工法、工序等,将 BIM 设计模型转变为施工模型,按施工组织实际情况,对施工资源(工、料、机)进行合理适时分配,做到生产、安全、质量、进度、成本等的多方管理和控制,最大程度降低或避免无序管理造成失控。同时,BIM 模型有很好的三维渲染功能,利用虚拟现实(VR)技术给人以真实感和视觉冲击,使管理、技术及作业各层级人员能更好理解工程重点、难点、关键点、风险点,不断优化施工工法,减少返工乃至达到零返工,降低重复工序、无效工序的施工和管理成本。

典型工程如厦门地铁,应用的主要体现:

①场地仿真 3D 建模。

②管线迁改模拟。

③交通疏解模拟。

④协同设计,利用 BIM 技术应用管理平台,使不同地点、不同专业的设计人员通过网络

基于同一 BIM 模型进行三维协同设计，提高不同设计专业间信息传递效率和传递质量，避免信息失真。

⑤管线综合硬(软)碰撞检查。

⑥空间利用及开洞检查。

⑦基于 BIM 模型的图纸生成，如效果图、平面图、立面图、剖面图、3D 视图、大样图等，设计变更后实现图纸自动更新。

⑧施工模拟，按施工计划进行 4D 动画演示。

⑨大型设备安装及检修运输路径检查。最大成功之处在于尝试了协同设计，实现了 BIM 的平台功能(尽管仅仅作为管理平台，距离设计协作平台尚有不小距离)；此外，对于城市地下工程最为重要的施工碰撞(对外)检测和安装、检修路径检查，进行了 4D 的 VR 模拟。

3D 可视化施工如图 6-17 所示，手持终端三维技术交底如图 6-18 所示。

a)

b)

图 6-17　3D 可视化施工

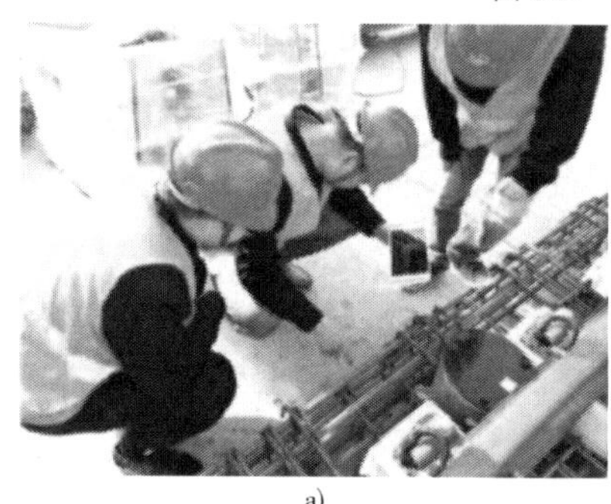

a)

b)

图 6-18　手持终端三维技术交底

目前，BIM 技术应用的瓶颈在于不能将 BIM 技术与生产工具相结合，实现真正的 BIM 条件下的施工，因此智能设备的研究以及与 BIM 技术结合将是落地的重要方向，是 BIM 技术在隧道应用上从概念应用到实质应用的跨越性一步。

6.4　智能远程视频监控管理

6.4.1　应用现状

随着我国城市建设的快速发展，建筑业已成为国民经济发展的支柱产业之一。与其他行业相比，建筑施工具有高处作业多、作业面变化多、室外作业多、设施设备多、安全隐患多等特点，这些特点决定了建筑施工过程具有较大的危险性和突发性，在生产过程中容易出现伤亡事故。如何控制安全事故的发生，搞好现场施工安全管理，成为相关企业关注的焦点。且建设项目点多面广，对监督管理工作带来很大难度，对生产安全及时有效的监管控制已成为管理部门工作难点。

为提高对施工现场安全的管理成效，各级政府高度重视，各地监管部门、企业不断探索，提出了采用信息化手段进行施工现场管理的思路。2010 年，《国务院关于进一步加强企业安全生产工作的通知》（国发〔2010〕23 号）要求推行先进适用的技术装备，大型起重机模设备要安装安全监控管理系统，建立高效应急救援体系。《住房和城乡建设部关于贯彻落实〈国务院关于进一步加强企业安全生产工作的通知〉的实施意见》（建质〔2010〕164 号）要求积极推进信息化建设，充分应用高科技手段，建立安全监控管理系统。

各地方政府主管部门提出加强对工地等高危区域信息化监管要求，通过信息化手段规范施工管理，确保建筑工地安全。

远程视频监控管理技术是对施工现场进行管理的高效手段。该系统是基于互联网传输和云计算的存储技术，利用计算机实现自动化、程序化的实时监控，是一种智能化、信息化、数字化、网络化的集成系统。利用数字视频监控系统和远程通信技术。对现场施工情况进行实时监控，通过信息化手段实现对施工安全的监控和管理。通过建立网络监控平台，可以人为远程控制监控设备，调阅实时或历史视频，发现施工现场安全隐患，将远程视频监控系统应用到建设工程施工现场，可以将施工现场的声音、图像、视频传递到监控平台，实现信息的及时共享，增强了生产的安全性，同时提高施工质量与经济效益。

利用远程视频监控管理技术的远程、实时、可视化等特性对施工工地进行监管指导是目前施工现场安全信息化管理的趋势和重要手段。远程视频监控可不间断、全方位对施工工地进行远程实时监控，可实现无人值守的全天候记录，同时也可以减少人为因素对监管工作的影响。

目前国内共有 24 个省（自治区、直辖市）建设主管部门推广了远程视频监控管理技术。

广东省，广州市住房和城乡建设委员会 2006 年印发《关于广州市建筑工地安装视频监控装置的通知》（穗建筑〔2006〕551 号），2017 年印发了《广州市住房和城乡建设委员会关于全市建设工地纳入视频监管的通知》（穗建质〔2017〕1166 号）。

重庆市，《重庆市城乡建设委员会关于印发“智慧工地”建设工作方案的通知》（渝建〔2017〕414 号），对于申报智慧工地的项目一律要求设置。设备为：远程视频监控子系统。

上海市，上海市建设工程安全质量监督总站编制的《建设工程远程监控系统应用技术规程》，自 2007 年 10 月 1 日起实施。2012 年 9 月印发《关于推进本市建筑工地污染防治实时监控试点工作的通知》。

山西省，2011 年山西开始要求 5 年内，施工现场都要视频监控，2012 年 12 月印发《山西省住房和城乡建设厅关于加快推进建筑工地远程视频监控系统建设工作的通知》（晋建质函〔2012〕967 号），2013 年 4 月召开全省建筑工地远程视频监控推进会，要求在建项目实施视频监控。

四川省，2012 年印发《成都市城乡建设委员会关于在全市建设工程实行视频管理的通知》(成建委〔2011〕622 号),各地市自行开发,在四川省如成都、攀枝花等地在远程视频监控系统方面开展较好。

广西壮族自治区,实行企业自主应用项目施工现场视频。如视频监控是广西建工二建公司建设智能化工地的必备项目。

江西省,2014 年江西昌吉回族自治州印发《昌吉州住房和城乡建设局关于规范在建工程远程视频监控系统安装、验收及使用等工作的通知》(昌州建安〔2015〕7 号)补充说明,现已停用。

甘肃省,2011 年印发《关于在生产建设重点场所和人员密集场所安装使用视频监控系统的通知》(甘安监发〔2014〕36 号)。

北京市,2013 年印发《关于在建设工程施工现场推广使用远程视频监控系统的通知》(京建法〔2013〕17 号)。

天津市,2015 年 9 月印发《天津市建筑工程施工现场视频监控管理办法》,在全市建设工程施工现场推广使用远程视频监控系统。2017 年 9 月印发《天津市建筑工程施工现场视频扬尘监控管理办法(修订)》要求全市新建工程项目均需安装视频扬尘监控设备。

内蒙古自治区,2012 年印发《内蒙古自治区房屋建筑和市政工程施工现场远程视频监管系统建设工作实施方案》在全区启用施工现场远程监控系统。2014 年印发推行《关于全面实施施工现场远程视频监管工作的通知》(内建工〔2014〕123 号)。

山东省,青岛市城乡建设委员会根据国家、省市关于安全生产工作的有关要求,进一步贯彻落实安全生产相关法律法规,结合我市实际,按照《建筑工程施工现场视频监控技术规范》(JGJ/T 292—2012)有关规定,为提升建设工地施工现场管理水平,发挥科技监管手段,实现安全生产、文明施工的综合动态监管。

福建省,2011 年印发《关于房屋建筑和市政基础设施工程施工现场启用重大危险源远程监控系统的通知》(闽建建〔2011〕51 号),对达到一定规模的建筑工地实行远程视频监控;2017 年 4 月印发《关于全面实施房建和市政工程质量安全远程视频大数据管控的通知》(闽建建〔2017〕5 号),进一步明确细化了应该实行远程视频监控的项目。

青海省,自 2017 年 3 月起青海省在全省集中连片拆迁场地和大型建筑施工现场安装视频监控设施。目的是通过在施工(拆迁)现场出入口、料堆等重点部位安装视频监控设施,实现应用视频信息网络对工程质量、安全生产和现场文明施工情况进行实时图像监控管理。

辽宁省,2016 年印发《关于在全省建设工程施工现场安装视频监控设备的通知》(辽住建〔2016〕66 号)在全省建设工程施工现场(含房屋建筑工程、市政基础设施工程和城市轨道交通工程)安装视频监控设施。

河南省,河南洛阳、济源市等地自 2014 年起在施工现场重点区域安装红外高清摄像机,以视频图像监控工地安全生产、文明施工情况。

湖北省,湖北部分县市如江陵县启动建筑工程在线视频监控系统的建设,打造数字化工地。对安装监控系统的建筑工地进行现场实时监管。

江苏省,江苏省部分地区实施视频监控可视化系统,提高工地的信息化管理水平,逐步实现智慧工地。

海南省,2017 年 9 月海南省实行建筑面积超 2 万 m^2、工程造价 5000 万元项目,或申报省级安全文明标准化(AA)示范项目、绿岛杯、优质结构工程项目,必须在施工现场安装远程视频监控系统,实时监控材料加工和工地全貌,进一步加强建设工程施工安全和文明施工管理。

6.4.2 应用问题

从市场情况来看,现场画面远程可视的优势,使远程视频监控系统受到越来越多的关注,需求量应用量不断上升。从总体上看,国外的远程视频应用市场已从“规模应用”阶段向“专业应用”阶段转换,远程视频“专业应用”已经形成为该产业发展方向。

远程视频应用的概念模型出现后不久,一些国外的公司就已经开始着手研发相关的软硬件产品,并推出一些智能视频产品,具备较强的图像处理能力,可支持第三方应用软件模块的运行和开发。如人数统计智能视频应用模块可以使视频监控设备通过对监控画面的分析自动为用户计算进/出特定区域的人数,能够有效帮助服务、零售等行业的管理者分析营业情况或提高服务质量。

与国外相比,国内的高端智能视频市场还有很大的差距,一般在监控系统中提到的“智能视频监控”实际上还停留在普通的网络视频监控(IP❶监控、数字化监控)上,或者开发出一些初级智能视频应用模块,包括车牌号识别、非法滞留等。

目前,远程视频监控在行业实际应用中存在如下问题:

①维护管理不到位。目前,远程视频监控应用在运行一段时间后,均易发生由于维护不及时造成的故障。

②使用制度不完善。目前,部分使用单位未能建立管理制度,管控责任落实不到位,监控人员不确定,管理手段浮于形式等问题,使远程视频监控成为摆设。

③受限于网络环境。网络带宽对远程视频监控带来了成本、建设等多方面的限制。

④视频监控不够“智能”,使应用手段较为单调。

应用建议措施:

①结合行业需求、行业业务技术应用特点,完善使用度。

②综合应用第四代通信技术(4G)、第五代通信技术(5G)、Wi-Fi❷、本地网络硬盘刻录机(NVR)等无线网络技术作为补充。

智能远程视频监控管理系统是联系各级监管主体、连通各个监管环节、完善建筑市场现场联动机制的重要手段。

利用无处不在的网络和先进的远程视频、物联网、大数据处理技术,结合双随机监管机制,创新监管方式,以施工现场管理为主体,将独立、分散的工程项目进行联网,形成统一的监管信息平台,实现跨地域、大范围的统一监控、统一管理、统一存储,实现监管部门和企业对建设生产过程的远距离、集约化智能监管,同时运用物联网技术,对项目建设过程实施动态、多角度、指标量化的监督与管理,规范现场安全管理、强化施工质量监管。

6.4.3 技术介绍

远程视频监控技术是近年来快速发展起来的新兴技术,就目前发展趋势来看,应用越来

---

❶ IP,即 Internet Protocol,译为因特网协议。

❷ Wi-Fi,即 Wireless-Fidelity,译为无线保真。

越广泛,科技含量越来越高。尤其是信息时代的来临,更为该专业技术的发展提供新动力。远程视频监控技术,就是通过网络系统、遥感摄像机及其他辅助设备(云台、镜头等)来监控远端的现场情况,并把监控的图像和声音记录下来,为日后处理事件提供依据。

远程视频监控技术由前端设备、图像传输、控制中心三部分组成。

(1)前端设备:这部分是系统的前沿部分,主要设备为摄像机,是整个系统的“眼睛”。它布置在监控场所,选择适当的位置,使其视场能覆盖监控目标。当监控目标范围较大时,为了节省摄像机的数量、简化传输系统及控制与显示系统,有时把摄像机安装在电动云台上,通过控制中心的远程控制,可以使云台带动摄像机进行水平和垂直方向的转动,从而使摄像机能覆盖的角度更广、面积更大的监控范围,在摄像机上装载电动的(可远程控制的)、可变焦距(变倍)镜头,使摄像机能观察的距离更远、目标观察得更清晰。总之,摄像机就像整个系统的“眼睛”一样,它把监控的内容变为图像信号,传送到控制中心,通过监视器,展现现场的实时场景、监控目标的状态。

(2)图像传输:这部分就是系统的图像信号通路。一般来说,传输部分指的是传输图像信号。由于需要通过控制中心对摄像机、镜头、云台、防护罩等进行控制。因传输系统中包含信号的传输,所以传输部分通常是指由所有要传输的信号形成的传输系统的总和,传输部分的传输介质主要包括视频电缆、控制信号传输电缆、光缆等。如果采用数字摄像机,则需要利用互联网来传送信号,传输线路就是综合布线系统的双绞线。目前,随着无线通信技术的发展,也可以是 Wi-Fi、3G、4G 等。

(3)控制中心:控制部分是整个系统的“心脏”和“大脑”,是实现整个系统功能的指挥中心。其主要功能是对摄像机、镜头、云台、防护罩等进行遥控,以完成对被监控场所全面、详细的监控或跟踪监控,并可以随时把被监控场所发生的情况用图像记录下来,以便作为事后备查的重要依据。

6.4.4 未来目标

党的十八大以来,按照《国家信息化发展战略纲要》要求,各部门积极推进落实国家大数据战略、“互联网+”行动。中共中央政治局于 2017 年 12 月 8 日就实施国家大数据战略进行第二次集体学习。

为提升建设领域的信息化、数字化管理水平,落实国务院关于建立健全“双随机、一公开”监管机制,推进放管结合、优化服务。近年来通过不断实践,结合双随机监管机制,创新监管方式,视频监控技术也逐步转向视频大数据监管技术。利用先进的网络、物联网和大数据处理技术,引进视频图像识别、数据分析等技术,将独立、分散的工程项目进行联网管理,实施跨地域、大范围的统一监控、统一管理、统一存储,已初步形成统一的管理平台,监管部门和企业实现对建设生产过程的远距离、集约化智能监管;同时运用物联网技术,对项目建设过程实施动态、多角度、指标量化的监督与管理,提高建设项目工程质量、安全生产的监督管理力度和服务水平。平台为管理者提供了一套智能、直观的管理工具,是联系各级监管主体、连通各个监管环节、完善建筑市场、完善现场联动机制的重要手段。

交通地下工程风险演化机理、风险量化评估、风险智能控制、风险快速应急等已成为交通地下工程建设面临的具有挑战性的关键科学问题与技术难题,亟须开展交通地下工程时空致险机制、风险演化规律、精细化风险辨识，定量化动态化风险评估、智能化风险决策与控制、可视化智慧化风险管理等方面的研究，以完善风险防控机制，健全风险管理体系，及时掌握建设过程中的安全动态，建立具有辨识、分析、评价、控制和应急功能的智慧化风险防控与管理平台。亟待揭示风险孕育演化机理，建立精细化风险辨识模型、定量化风险分析模型、动态化风险评价模型、风险自动化监测与预警模型、风险智能决策与控制模型、风险应急响应模型，实现隧道工程技术、风险管理理论、物联网技术、信息技术等多学科交叉融合。

附　　录

附录 A　动态风险跟踪表

动态风险跟踪主要记录已识别的风险清单中各个风险事件变化情况、风险事件表征值的变化情况和过程中采取的风险预控措施及落实时间，由项目实施单位的技术人员填写，见附表 A-1。主要填写要求如下：

①初始状态主要记录风险事件开始跟踪时的状态，包括风险等级、风险表征形式、风险表征值（如果可量化）等信息。

②当前状态主要记录风险事件跟踪过程中的阶段状态，包括风险等级、风险表征形式、风险表征值（如果可量化）等信息。

③风险事件描述主要记录风险事件的发展情况、等级变化情况等信息。

④风险预警信号描述主要记录风险是否达到了预警指标、预警等级等信息。

⑤风险控制措施主要是指针对风险的变化情况、等级变化情况和预警等级情况所采取的针对性的技术和管理措施。

动态风险跟踪表　　附表 A-1

风险事件		风险序号	
识别日期	年　月　日	最后监测日期	年　月　日
初始状态			
当前状态			
风险事件描述			
风险预警信号描述			
风险控制措施			
落实日期	年　月　日	责任人（签字）	

附录 B 风险管理工作月报

风险管理工作月报主要记录本月度内工程进展情况风险工作的回顾与总结、阶段建议和下个月度的风险管理重点，由项目实施单位的技术人员填写，见附表 B-1。主要填写要求如下：

①工程进展情况主要记录本月工程的开展情况、完成的工程量。

②风险管理情况汇总主要记录本月的风险管理总体情况，包括风险跟踪情况和应急管理情况。

③风险管理情况建议主要记录针对本月的风险事件进行的相关风险管理工作的建议。

④风险管理落实情况主要记录本月风险管理建议和相关措施的落实情况。

⑤下个月风险查勘重点主要记录根据目前工程进展情况和风险现状，明确下个月的重点管理风险事件。

风险管理工作月报 附表 B-1

年 月 日 — 年 月 日 第 期编号：

工 程 名 称	
工程进展情况	
风险管理情况汇总	
风险管理情况建议	
风险管理落实情况	
下个月风险查勘重点	

参考文献

[1] 住房和城乡建设部. 城市轨道交通地下工程建设风险管理规范:GB 50652—2011[S]. 北京:中国建筑工业出版社,2012.

[2] 住房和城乡建设部. 城市轨道交通工程监测技术规范:GB 50911—2013[S]. 北京:中国建筑工业出版社,2014.

[3] 中国铁路总公司. 铁路隧道工程风险管理技术规范:Q/CR 9247—2016[S]. 北京:中国铁道出版社,2016.

[4] 交通运输部. 公路桥梁和隧道工程施工安全风险评估指南(试行)[S]. 北京:人民交通出版社,2011.

[5] 何山,阮大伟,石雷. 城市交通工程风险分级管控和隐患排查治理双重预防机制实施指南[M]. 北京:中国建材工业出版社,2019.

[6] 何山,吴波. 城市轨道交通工程施工风险信息化管理实践[M]. 北京:中国建筑工业出版社,2020.

[7] 解东升,钱七虎,戎晓力. 地铁工程建设安全风险管理研究[J]. 土木工程与管理学报,2012,29(01):61-67.

[8] 熊自明,卢浩,王明洋,等. 我国大型岩土工程施工安全风险管理研究进展[J]. 岩土力学,2018,39(10):3703-3716.

[9] 钱七虎. 工程建设领域要向智慧建造迈进[J]. 建筑,2020(18):17-18.

[10] 黄宏伟,顾雷雨. 基坑工程风险管理研究进展[J]. 岩土工程学报,2008,30(S1):651-656.

[11] 胡群芳,刘爽,黄宏伟. 盾构隧道施工风险数据库系统设计与开发研究[J]. 地下空间与工程学报,2012,8(S2):1656-1659,1664.

[12] 包小华,付艳斌,黄宏伟. 深基坑开挖过程中的风险评估及案例分析[J]. 岩土工程学报,2014,36(S1):192-197.

[13] 孙景来,刘保国,储昭飞,等. 隧道坍塌事故类型划分及其主要特征[J]. 中国铁道科学,2018,39(06):44-51.

[14] 何山. 宁波软土地区地铁深基坑施工风险评估与管控研究[J]. 建井技术,2017,38(06):52-57.

[15] 何梦超,吴波,王鸣涛,等. 基于 FFTA 的地铁盾构隧道下穿既有轨道风险评估[J]. 武汉大学学报(工学版),2016,49(06):911-916.